LE JAPON

LE JAPON

Des samouraïs à Fukushima

Pluriel l'Histoire

Ouvrage publié dans la collection Pluriel
sous la responsabilité d'Anthony Rowley.

Articles parus dans la revue *L'Histoire*.

ISBN : 978-2-8185-0136-8
Dépôt légal : septembre 2013
Librairie Arthème Fayard/Pluriel, 2010

© Sophia Publications, 2011.
© Librairie Arthème Fayard, 2011, pour la présente édition.

Sommaire

Avant-propos,
Par Pierre-François Souyri 9

I. LA VOIE JAPONAISE

« Un petit pays, manquant de ressources et surpeuplé »
Trois idées reçues sur le Japon,
Par Philippe Pelletier 15

Une civilisation sans agriculture,
Par Laurent Nespoulous 22

Faire du japonais avec du chinois,
Par François Macé 30

La triade alimentaire : poisson-riz-thé,
Par Mieko Macé 40

II. LE PAYS DES SAMOURAÏS

Le temps des samouraïs,
Par Pierre-François Souyri 47

Japon : les Mongols attaquent !,
Par Francine Hérail 61

La dernière bataille des seigneurs de la guerre,
Par Christian Kessler 78

« Yakuza » : la mafia du Japon,
par Philippe Pons 82

Seppuku : la mort sur ordre,
Par Guillaume Carré 99

III. UNE GUERRE DE QUINZE ANS

Asie-Pacifique : un océan de violences,
Par Jean-Louis Margolin 113

Nankin, 1937 – Le premier massacre
de la Seconde Guerre mondiale,
Par Jean-Louis Margolin — 130

Le raid japonais sur Pearl Harbor : du mythe à la réalité,
Par André Kaspi — 141

Pearl Harbor : la responsabilité américaine,
Par Michel Vié — 161

Les Kamikazes,
Par Christian Kessler — 167

Fallait-il bombarder Hiroshima ?,
Par Christian Kessler — 178

Le procès des criminels de guerre japonais,
Par Franck Michelin — 183

Nationalisme et crimes de guerre au Japon
Le dossier Hiro-Hito,
Par Christian Kessler — 198

Le manga, enfant de la Bombe ?,
Par Jean-Marie Bouissou — 214

IV. QUAND LE JAPON S'ÉVEILLERA

Deux cents ans de fermeture ?,
par Guillaume Carré — 227

La révolution Meiji,
Par Pierre-François Souyri — 242

1889, la première Constitution,
Par Lionel Babicz — 253

Comment le Japon a envahi la Corée,
Par Lionel Babicz — 256

1905, la première victoire sur les Blancs,
Par Lionel Babicz — 261

La vérité sur le « miracle » économique,
Par Sébastien Lechevalier — 267

La puissance paradoxale,
Par Karoline Postel-Vinay — 278

Liste des auteurs — 289

Avant-Propos

Fukushima : un tournant
dans l'histoire du Japon contemporain ?

Le Premier ministre japonais Kan l'a déclaré lui-même, la double catastrophe sismique et nucléaire du 11 mars 2011 marque la plus grave crise que ce pays ait eu à subir depuis la fin de la « guerre d'Asie Pacifique ». Il y aura désormais un « avant » et un « après ». L'histoire immédiate du Japon se fracture autour de cette date sinistre.

Anéanti et atomisé en août 1945, le pays a su vaille que vaille puiser des forces en lui-même pour jeter aux orties les vieilles lunes d'un conservatisme expansionniste et revanchard et poser les bases d'un développement économique fulgurant qui fait de lui, dès la fin des années 1960, le « troisième Grand » et lui permet de rattraper vers le début des années 1980 le niveau de vie des pays les plus développés de la planète. Certains voyaient même alors dans l'entreprise japonaise en expansion un « modèle » productif et pronostiquaient que le Japon deviendrait la grande puissance du XXIe siècle.

Et puis les choses se délitent au début des années 1990. La bulle spéculative éclate, le revenu national stagne, la croissance économique devient molle. On évoque une

« décennie perdue ». Le Japon rate le grand tournant des nouvelles technologies de la communication. La vague de la mondialisation anglo-saxonne laisse de côté les entreprises nippones : aucune nouvelle entreprise japonaise n'émerge depuis vingt ans dans les secteurs de pointe. L'Archipel contemple sans grande réaction la montée des autres pays d'Asie, notamment de la Chine qui lui vole la vedette dans la région. Il reste passif devant le vieillissement de sa population.

Alors qu'il disposait dans les années 1980 via ses grandes entreprises d'un réseau couvrant le monde entier, le pays se replie peu à peu sur lui-même, s'isole par rapport au monde extérieur, sa voix devient inaudible, voire elle indiffère. Les Japonais ont inventé une expression pour désigner le phénomène : alors que le monde se « globalise », le Japon lui se « galapagonise », en référence à l'archipel isolé des Galapagos au large des côtes sud-américaines, dont la faune et la flore sont restées en dehors de l'évolution du reste du monde…

Pourtant ce n'est pas faute d'avoir fait des efforts. Le Japon a maintenu pendant la première décennie du XXIe siècle un gros effort dans la recherche et le développement et reste leader dans de nombreux secteurs de pointe. Il a cherché à se muer en « pouvoir doux », en usant d'une stratégie d'influence sans jamais rechercher la confrontation. Devenu la seconde puissance exportatrice de biens culturels derrière les États-Unis, le Japon inonde certes l'imaginaire des adolescents occidentaux et le gouvernement cherche depuis les années 2000 à imposer l'image d'un « Cool Japan » pour redresser une image pas toujours positive, notamment dans le reste de l'Asie orientale.

La crise que traverse le pays renvoie aussi à l'inanité d'une classe politique incapable de susciter les enthousiasmes, qui apparaît comme indécise, sans imagination, incapable de montrer le cap, laissant le pays en pilotage automatique en quelque sorte, ou plutôt capitulant devant une haute bureaucratie arrogante et de collusion avec les dirigeants des secteurs industriels traditionnels, prompts à former des lobbies disposant de forts relais au cœur de l'appareil d'État, notamment dans la justice. Des procureurs disposant de pleins pouvoirs pour mener des enquêtes sur les financements politiques lancent des accusations – qui s'avèrent souvent n'être que des manipulations – contre ceux qui cherchent à critiquer ou dénoncer les conflits d'intérêt, entretenant une étrange atmosphère de désinformation voire de dissimulation.

Telle une voiture patinant sur la glace, le pays semble incapable de répondre aux défis du monde d'aujourd'hui. On s'en remet alors à une « force cachée » dans lequel le pays devra puiser pour se remettre un jour à flot.

Et c'est dans un pareil contexte que le Japon se retrouve confronté au drame. Dès le premier choc passé, le monde entier a souligné la dignité, le sens des responsabilités, le courage des Japonais face au malheur. Images d'Épinal ? sans doute mais pas tout à fait quand même. En 1923, suite au terrible tremblement de terre du Kantô qui avait fait plus de 140 000 morts à Tokyo et dans sa région, des excités s'en étaient pris aux travailleurs étrangers, et avaient déclenché de véritables pogroms : plus de 6 000 Coréens et quelques centaines de Chinois accusés d'empoisonner les puits avaient été lynchés par des « sauveteurs » armés de crocs à incendie, tandis que plusieurs leaders anarchistes et syndicalistes étaient égorgés dans des commissariats de police. La barbarie était au rendez-vous de la peur provoquée par le séisme et les incendies. Dieu merci, rien de tel dans le Japon d'aujourd'hui.

Les bouleversements subis par le pays depuis la dernière guerre n'ont pas entamé l'extraordinaire capacité de solidarité et d'intégration des normes sociales que savent manifester les gens ordinaires de ce pays. Et du coup, c'est peut-être la première grande leçon à tirer de ce peuple dans l'épreuve. Malgré la haute croissance des années 1960 qui a remodelé le pays de fond en comble, malgré l'entrée du Japon dans l'ère technologique, malgré les difficultés du pays aujourd'hui, le lien social tient, la société résiste et ne se délite pas, le pays garde sa cohésion.

De cette capacité à tenir face à la catastrophe, il faudra sans doute tirer une leçon, positive celle-ci et gage d'avenir. C'est là, la « force cachée » du peuple japonais, celle qui sans doute lui permettra de se relever.

I
LA VOIE JAPONAISE

« Un petit pays, manquant de ressources et surpeuplé » Trois idées reçues sur le Japon

Avec ses 6 852 îles, ses 108 volcans actifs et ses petites plaines, le Japon fait partie des pays où la géographie semble contraignante. Mais la géographie n'est pas donnée une fois pour toutes, elle se fait aussi. Le Japon n'échappe pas à la règle. Que n'a-t-on écrit sur ce qui serait « le manque d'espace » ou « l'absence de matières premières » dans ce pays ? Sur l'insularité censée imposer des « frontières naturelles », susciter un sentiment national fort et précoce, favoriser un État puissant et centralisé qu'incarne une dynastie impériale ancienne et ininterrompue ? Quels peurs et fantasmes n'a-t-on pas suscités avec les discours sur la « surpopulation » ?

Tout n'est pas complètement faux dans cette accumulation. Mais, à s'y complaire, on risque de rater l'essentiel. Il s'agit de comprendre la dynamique d'un milieu où, comme l'a bien montré le géographe Augustin Berque, l'interrelation entre le naturel et le socioculturel s'effectue dans un constant va-et-vient.

La munificence du milieu et la diversité géohistorique des situations relèvent de ce qu'on pourrait appeler le monde japonésien, c'est-à-dire un ensemble insulaire où s'est développée une civilisation originale. La « Japonésie » (des mots « Japon » et *nesos*, « île » en grec) est organisée autour d'un archipel complexe, à la fois guirlande insulaire et poussière d'îles sur plus de 3 000 kilomètres, des latitudes subpolaires aux latitudes subtropicales. Il est formé de 6 852 îles selon la comptabilité officielle de 1987 (sur la base d'un pourtour côtier supérieur ou égal à 100 mètres), dont 430 environ sont habitées. De tout cela résultent des milieux géophysiques et écologiques extrêmement variés, support de sociocultures d'origines diverses : malayo-polynésiennes (comme dans les îles océaniques), ouralo-altaïques (les populations de langues parlées par les Mongols ou les Mandchous), ou sinisées.

Le cœur de l'archipel est structuré par un ensemble de trois puis quatre grandes îles, le « bloc centralinsulaire » ou « Mainland » *(Hondo)* : Honshû, Kyûshû, Shikoku puis Ezo/Hokkaidô, plus tardivement intégré dans ce centre. Il est entouré par une périphérie « surinsulaire », comprenant plusieurs centaines d'« îles éloignées » *(ritô)* caractérisées par « l'insularité au carré ».

La périphérie surinsulaire démarque le *Hondo* des espaces voisins, notamment de la péninsule coréenne et du continent eurasiatique. Ses frontières ont bougé dans l'histoire : des petites îles comme dans les Ryûkyû, au statut politique et à l'appartenance socioculturelle variables, font office de sas ou de barrières. La piraterie, qui régna du Xe siècle jusqu'à la fin du XVIe siècle dans l'ouest et le sud-ouest de l'archipel, fut, pour les pays voisins et pour le pouvoir central japonais, un obstacle bien plus préoccupant que les rochers ou les courants marins.

La variété même de la Japonésie rend l'histoire du Japon riche et complexe. Elle articule les tensions entre les tendances d'autonomies plurielles et de centralisation nationale uniformisante.

Géologiquement placé sur la ceinture de feu sismique et volcanique du Pacifique, soumis aux violences du climat tropical, l'archipel japonais est confronté aux soubresauts d'une nature destructrice : séismes, tsunamis, éruptions volcaniques, typhons, inondations, éboulements et glissements de terrain, déluges au sud, coups de froid au nord, abondantes chutes de neige sur le littoral de la mer du Japon... Mais, à l'exception majeure des séismes, toujours imprévisibles, ces manifestations de la nature sont cycliques, régulières et, en un sens, prévisibles. Les Japonais ont appris depuis des siècles à s'y préparer. Leur adaptation au milieu physique repose sur une dynamique séculaire d'aménagement, comme le creusement de canaux d'irrigation ou d'étangs-réservoirs dès l'Antiquité, qui est un gage de développement économique – on en trouve les excès dans l'actuel État keynésien japonais, bâtisseur et bétonneur forcené. Le peuple japonais est caractérisé par une véritable culture cyndinique – une gestion du risque.

Le Japon de l'immédiat après-guerre, frappé par les bombardements et marqué par la défaite, a durement subi les aléas survenus à cette époque, comme le séisme de Fukui en 1948 (près de 4 000 morts) ou les inondations causées par le typhon de la baie d'Ise en 1959 (plus de 5 000 morts). À intensité physique égale, ces catastrophes ne causeraient pas les mêmes dégâts actuellement, dans un Japon hyperaménagé. Le séisme de Kôbe en février 1995 (plus de 5 500 morts) a surtout révélé des malfaçons architecturales et des incertitudes dans la connaissance sismique.

En fait, l'archipel japonais n'a pas manqué de matières premières. Du moins jusqu'à la seconde révolution industrielle fondée sur les hydrocarbures dont le Japon ne dispose pas – comme d'autres pays industrialisés d'ailleurs.

En revanche, il est richement doté en eau. Or l'eau est une ressource fondamentale pour l'agriculture (la riziculture irriguée), l'artisanat puis l'industrie, la vie domestique, l'urbanisation (eau potable, eau courante) et pour les énergies qui en découlent (motrice, puis hydroélectrique). En 1960, en pleine croissance économique (à deux chiffres), l'énergie hydraulique couvrait la moitié de la production électrique du pays avant d'être progressivement remplacée par l'énergie d'origine thermique ou nucléaire et de chuter à moins de 10 % actuellement.

Le Japon bénéficie également d'une grande richesse végétale, bois et forêts notamment avec de multiples essences qui permettent de construire des maisons, meubles, outils et infrastructures.

Le Japon dispose enfin de ressources halieutiques exceptionnelles. Les agriculteurs ont appris à les utiliser depuis longtemps. La fumure à base d'algues ou de poisson a permis des rendements élevés jusqu'à l'arrivée des engrais chimiques. Le régime alimentaire traditionnel reposant sur la forte consommation de produits marins et de légumes est sain et varié. Il explique la plus grande espérance de vie au monde (85,6 ans à la naissance pour les femmes, 78,7 pour les hommes), confortée par la médecine et le système de santé modernes.

Dans le passé, le Japon a connu de sévères famines, souvent circonscrites régionalement ou socialement (1732, 1782-1787, 1833-1836), mais le pays a atteint l'autosuffisance alimentaire au milieu du XIXe siècle. Aujourd'hui, il est autosuffisant en riz, mais pas dans les autres productions agricoles. La pêche japonaise régresse, sa production ayant chuté de moitié depuis une vingtaine d'années malgré l'essor de l'aquaculture. Les importations japonaises, qui font du Japon le premier client mondial de produits halieutiques (tout confondu, poissons, coquillages, algues...), dépassent la production locale depuis le milieu des années 2000.

Au bout du compte et malgré des périodes de crise et de grandes inégalités régionales, il est indéniable que, bien exploité, le milieu naturel japonais est propice à l'activité humaine. Même ses aléas catastrophiques peuvent être corollaires de bienfaits. L'eau chaude et le thermalisme résultent par exemple de la sismicité élevée et de l'abondante pluviométrie; les typhons permettent l'ultime remplissage des rizières avant la moisson.

Le Japon n'a pratiquement pas de pétrole, mais il est riche en minerais de toutes sortes. Les métaux précieux ont fait la fortune du pays jusqu'au XIXe siècle. L'extraction de l'obsidienne (utilisée pour les bijoux, outils et comme objet d'échange) alimenta un vaste réseau dès la Préhistoire. Pendant des millénaires, les Chinois ont importé le précieux soufre japonais (qu'on retrouve dans la poudre à canon, les allumettes, la pharmacopée...). Grâce aux progrès technologiques empruntés aux Européens et à des politiques de développement économique, le Japon fournit un tiers de la production mondiale d'argent à la fin du XVIe siècle et au début du XVIIe, ainsi que la majeure partie du cuivre au XVIIe et au début du XVIIIe siècle.

Le protectionnisme des Tokugawa à l'époque d'Edo (1603-1867) a freiné l'exode des métaux précieux et rétabli l'échange à l'avantage du Japon, tout en favorisant un réinvestissement sur place de la richesse qui en découlait. Cette accumulation primitive du capital a permis une proto-industrialisation, préalable d'une véritable industrie avec l'ère Meiji (1868). Le Japon n'exploite plus de charbon actuellement mais l'extraction de la houille était, en 1950, aussi importante que celle de la France. La richesse géologique a son revers: résultant d'une tectonique très active qui en a tourmenté les filons, ceux-ci sont moins faciles à exploiter et moins rentables à l'ère industrielle. À partir des années 1950, l'industrialisation massive du Japon s'est faite par de la matière première importée.

L'idée reçue du « Japon étroit et petit » et « manquant de ressources » a pour corollaire le cliché de la surpopulation. Certes, le pays est montagneux, les plaines n'en occupent que le quart. Seuls 28 % du territoire sont considérés comme techniquement habitables selon les critères du ministère de la Construction, qui se fondent sur une déclivité inférieure à 8 degrés. Ces facteurs sont effectivement contraignants. Mais, ce qui est vrai, c'est que la pression démographique a depuis longtemps conduit le pays à choisir des systèmes agricoles de plus en plus intensifs, très gourmands en main-d'œuvre mais capables, en retour, de nourrir la population.

L'élevage intensif ainsi que la production de fromage, qui existait pourtant dès l'Antiquité, ont été négligés au profit de la sylviculture. La rareté des prairies naturelles, la médiocrité des herbages comestibles et l'importance des cultes attachés aux montagnes sacrées ont contribué à leur abandon.

La civilisation japonaise a donc privilégié un surinvestissement en travail et un sous-investissement en capital. Ce choix a perduré jusqu'à la révolution industrielle contemporaine. Cela s'est traduit par une surdensification des zones littorales, des plaines et des villes, une sous-densification des espaces montagnards et un avancement assez lent du front pionnier rizicole vers le nord. L'île d'Hokkaidô n'est vraiment occupée qu'à partir de Meiji, avec une colonisation qui s'effectue au détriment des aborigènes Ainu.

Contrairement à une idée reçue, ce n'est pas la pression démographique qui explique la répartition de la population japonaise. Pendant la Haute Croissance (1950-1975), c'est surtout le phénomène d'exode rural et d'immigration vers les villes qui a provoqué d'importantes mutations démographiques aboutissant à la mégalopolisation.

Par son étroite bande littorale, le site de Kôbe frappe les imaginations et démontrerait la nécessité absolue des villes japonaises à recourir aux terre-pleins construits sur la mer. Mais il faut rappeler le contexte de l'essor de cette ville. Elle a été choisie à partir de 1858, dans le cadre des traités inégaux imposés par les puissances occidentales obligeant le Japon à s'ouvrir, parce qu'il pouvait être un port en eau profonde favorable à la marine moderne et qu'il permettait d'éloigner les étrangers des Japonais (en particulier d'Ôsaka). Son site est donc ambivalent. Et pour Kôbe, Kitakyûshû ou Nagasaki qui lui ressemblent, combien de Tokyo ou de Nagoya installés au bord de vastes plaines alluviales qui ne seront urbanisées qu'à partir des années 1960 ?

Le Japon n'est pas « surpeuplé ». Une civilisation millénaire a habitué les Japonais – par l'éducation familiale, l'école, les habitudes collectives – à fonctionner en groupe, tout en se préoccupant d'autrui. Il s'agit non seulement de faire face au « regard de l'autre », mais aussi de tenir compte de son voisin par respect sinon par solidarité. La vie collective dense est régulée par la politesse, ce qui n'exclut pas des formes violentes d'échappatoire.

Une civilisation sans agriculture

Dans l'évolution des sociétés humaines, une étape essentielle est franchie avec le passage à une économie agropastorale, souvent rapidement caractérisée par la production de poteries ainsi que par la sédentarisation. Cette évolution correspond à ce qu'on appelle le Néolithique. Bref, une société néolithique est une société agraire.

La néolithisation de l'Extrême-Orient (avec la culture du riz puis du millet selon les régions) débute vers 6000 avant notre ère et elle aurait atteint la péninsule coréenne vers l'an 1000 avant notre ère. Au Japon, le processus de néolithisation s'enclenche autour des vi[e] et ve siècles avant notre ère, avec l'apparition des premières sociétés à caractère véritablement agraire, accompagnées de leur habitat groupé et d'une forte production de poterie. Pour désigner ces premiers riziculteurs, les archéologues japonais parlent de période et de culture Yayoi – du nom du quartier de Tokyo où fut mis au jour pour la première fois le type de poterie qui les caractérise.

L'originalité du terrain préhistorique japonais tient en réalité davantage à la période qui précède l'avènement des sociétés agraires « néolithiques » : la période Jômon, qui ne se laisse pas aisément catégoriser. Celle-ci doit son nom au décor « cordé » de sa poterie (*jômon* signifiant en japonais « décor [en impression] de corde »). Elle est définie comme le cadre d'une société de chasseurs-collecteurs, établis des îles principales de l'archipel des Ryûkyû (Okinawa) jusqu'au nord extrême de l'archipel japonais. Chronologiquement, l'intervalle qui couvre la période Jômon est particulièrement long, puisque, de la fin du XIe millénaire au VIe siècle avant notre ère, ce sont presque dix mille ans d'histoire qui sont concernés.

Le début de la période Jômon compte de fortes ressemblances avec ce que connaît l'Europe au Mésolithique, la période qui précède le Néolithique : fabrication d'outils et d'armes en pierre (obsidienne dans le cas japonais), utilisation croissante de l'arc et de la flèche, adoucissement climatique de l'Holocène consacrant l'avènement de la vie dans la grande forêt et augmentation de l'importance des ressources aquatiques sur les côtes. Très rapidement cependant, à partir du VIIIe millénaire avant notre ère, le Jômon connaît des évolutions qui en font, dans l'est du pays, un cas « à part » : une sédentarisation, une production importante de poteries, comme les sociétés néolithiques… mais pas d'agriculture.

Faisant écho aux changements climatiques qui se produisent à l'échelle terrestre, après le dernier épisode rigoureux de la dernière glaciation, il y a entre 13 000 et 11 000 ans, l'archipel japonais, durant la première moitié de l'Holocène, voit ses côtes modifiées au fur et à mesure que le niveau des mers s'élève. À ce phénomène coïncide une hausse des températures, suivie d'une stabilisation du niveau de la mer qui va durer environ un millier d'années. Après quoi s'enclenchera un long processus de régression marine ainsi qu'un refroidissement.

Dans un premier temps, celui de la stabilisation, les conditions climatiques demeurent extrêmement favorables aux sociétés humaines. C'est durant cette période, entre le VIIe et le IVe millénaire avant notre ère, que les groupes se stabilisent et se sédentarisent durablement. En témoignent les spectaculaires concentrations d'amas coquilliers découverts par les archéologues. Il s'agit de « déchets de cuisines » : ces imposants monticules sont formés par les rejets de consommation de mollusques au fil des siècles ; on y trouve également d'autres restes d'animaux consommés (canards sauvages, poissons, cervidés, etc.). Ils prouvent que les groupes étaient présents à l'année sur des aires relativement limitées.

La poterie, déjà discrètement présente au début de la période, alors que le mode de vie était sans doute encore nomade, devient une donnée archéologique extrêmement abondante à partir du IVe millénaire. Quant à l'habitat, et les bâtiments de type semi-enterré qui se développent dans l'est de l'archipel, il peut être fort dense, au point qu'on peut presque parler de « villages ». Ainsi en est-il du site de San.nai Maruyama (fin IVe-fin IIIe millénaire), tout au nord-est de Honshû. On y observe des sortes d'îlots, gravitant autour d'une « place » centrale. À côté de l'espace domestique que constitue la maison semi-enterrée, un certain nombre de bâtiments imposants, à vocation probablement collective, apparaissent : lieu de stockage (silos enfouis) ou lieu dédié à la « production » de biens domestiques (vannerie, laque, « traitement » des marrons et des glands). Enfin, un espace funéraire, intégré à ce lieu de vie, est organisé et réparti le long des chemins d'accès reliant les différents « îlots » au cœur du « village ».

Les milliers de sites recensés par l'archéologie japonaise laissent entendre que, en près de quatre mille ans, les sociétés de la période Jômon atteignent un niveau de croissance très élevé que seule l'absence d'agriculture empêcherait de qualifier de « néolithique ».

Cette croissance concerne surtout les régions de l'est et du centre-est de l'archipel (comme dans le cas de Nagano). Ce sont aussi ces régions qui sont le plus concernées par le regroupement de l'habitat en villages, les dispositifs d'ensilage pour le stockage des fruits de la collecte (châtaignes, marrons et glands), l'exploitation forestière raisonnée et la mise en place d'une « forêt de châtaigniers » (la concentration de châtaigniers autour des grands sites d'habitat montre que la forêt d'origine a été éclaircie par la main de l'homme pour que les châtaigniers y prennent davantage de place).

Ainsi donc c'est l'absence d'agriculture qui fait du Jômon un cas « à part ». Avec cette dernière, la civilisation Jômon aurait pu être comparable avec les autres sociétés, de l'Atlantique au Pacifique, où se mettaient progressivement en place des dynamiques agricoles.

Pourtant, ce n'est pas par absence d'espèces végétales domestiquées ou susceptibles de l'être, ou pour avoir méconnu l'aspect technique de l'agriculture que les sociétés du Jômon demeurèrent en dehors d'une économie de production généralisée. En effet, l'archéologie a mis en évidence que des espèces cultivables étaient connues très tôt des populations qui peuplaient l'archipel, probablement vers 3000 avant notre ère : l'orge, le panic (graminée cultivée comme céréale ou comme plante fourragère) ainsi que deux variétés de millet ou le sarrasin, plus tard. Le riz, quant à lui, apparaît au IIe millénaire dans le grand ouest de l'archipel. Mais de toutes les espèces, ce sont les fabacées (haricots mungo et haricots azuki) qui sont le plus souvent repérées, ainsi que la *perilla*, une plante toujours utilisée aujourd'hui comme condiment. Toutes ces plantes sont bien des espèces domestiques.

Plusieurs arguments peuvent mettre en cause l'existence d'une véritable agriculture. D'une part, les traces archéologiques sont relativement discrètes et ne sont pas proportionnelles à l'importance des principaux sites repérés.

D'autre part, ce qui frappe dans la répartition et la nature de ces espèces domestiquées, c'est que celles qui auraient permis de bâtir une économie de production (telles que l'orge, le millet, le sarrasin) sont en nette infériorité face aux haricots et, surtout, à la *perilla*, cette dernière étant très représentée. Il est en effet difficile de croire à l'existence d'une économie vivrière fondée sur la culture d'une plante condimentaire.

Lorsqu'une espèce fait son apparition dans l'archipel, c'est souvent pour disparaître peu de temps après, sans forcément être remplacée, et réapparaître en une autre région, pour en disparaître à nouveau. Ce qui conduit d'ailleurs à affirmer qu'il n'y a pas de « front » de progression, régulier et cohérent, des espèces concernées, rien qui ne laisse percevoir des modifications, même très lentes et progressives, vers une économie agraire.

La densité de la couverture archéologique du Japon rend par ailleurs peu probable que les archéologues soient passés à côté de gisements paléobotaniques qui laisseraient entendre l'installation du phénomène agraire. Si des sites comme San.nai Maruyama, fort riches en données archéologiques de toutes sortes, en activité pendant près de mille cinq cents ans, avec un total de près de 600 bâtiments, ne montrent pas la prédominance progressive de cultures, alors il est bel et bien difficile, voire impossible, d'appliquer le terme de néolithisation à la période Jômon. Plutôt que d'agriculture, il conviendrait de parler de « jardinage ».

Qu'est-ce qui retint les sociétés du Jômon de franchir le pas qui les aurait menées de l'horticulture à l'agriculture, du jardin au champ ? C'est sur ce point que la période Jômon est particulièrement importante, dans la mesure où pourrait alors émerger une histoire différente de celles jusqu'ici proposées des sociétés juste avant le Néolithique.

Il est possible de relever un certain nombre d'occasions « manquées », de moments où les groupes du Jômon auraient eu intérêt à embrayer vers une stabilité et un contrôle de la production de subsistance, menant à l'agriculture.

Un premier moment serait survenu vers la fin du IVe millénaire, lors de la première régression marine. De nombreux sites cessèrent leur activité dans le Kantô, l'actuelle grande région de Tokyo. L'écosystème connut alors une déstabilisation assez profonde, qui aurait pu pousser les groupes sédentaires à s'orienter vers des modes de production qui, bien qu'assujettis au climat, auraient été néanmoins davantage prévisibles que ce que la nature pouvait offrir d'elle-même. Au IIIe millénaire, dans le centre-est de l'archipel, semblent s'installer des cultures domestiques autour des fabacées et de la *perilla*.

Mais les changements climatiques eurent un second effet dans l'est de l'archipel : celui d'augmenter les terres émergées, qui furent rapidement gagnées par la forêt. Celle-ci n'a cessé de soutenir l'économie des sociétés de l'archipel. Finalement, le retour de la couverture forestière, et l'entretien dont elle fit l'objet autour des sites d'habitat, fut suffisant pour ne pas changer la société du Jômon.

Le deuxième moment se produisit dans la première moitié du Ier millénaire : une régression marine et une baisse des températures amenèrent progressivement le climat à ce qu'il est de nos jours au Japon. Les sites d'habitat cessèrent leur activité, les amas coquilliers ne croissaient plus ; et c'est sur cette lancée que la période Jômon elle-même s'acheva. À telle enseigne qu'un retour à un mode de vie nomade ou semi-nomade ne paraît pas impensable. Tout se « termine » au milieu du Ier millénaire avant notre ère, trois mille ans après que les premières espèces domestiques ont touché l'archipel, sans que le Jômon n'ait jamais été une culture productrice de sa subsistance.

Les sociétés du Jômon sont restées tournées vers des logiques d'exploitation du milieu qui rendaient possible la sédentarisation puis la croissance démographique sans avoir recours à des productions qui sont celles des premières sociétés de paysans. L'agriculture n'a donc pas joué de rôle dans l'évolution socio-économique de ces dernières. La période Jômon ne vit jamais l'apparition de sociétés agraires peut-être « simplement » parce que les groupes qui la composaient étaient avant tout des chasseurs-collecteurs, tant économiquement que culturellement, et donc « psychologiquement ».

D'autres raisons peuvent expliquer que les sociétés Jômon ne soient pas passées à l'agriculture. On peut considérer que celles-ci surent apporter une réponse à la crise à laquelle elles étaient confrontées au début du Ier millénaire, à savoir la dispersion. Les ressources rendent-elles difficile de demeurer sédentaire ? Un mode de vie empreint de nomadisme s'impose à nouveau.

L'histoire mondiale ne manque pas d'exemples de sociétés incapables de se réformer. Trop tard conscient des problèmes, et trop violemment confronté à une crise, l'homme peut se retrouver dans l'impossibilité de réagir. C'est peut-être ce qui s'est passé pour la culture Jômon.

Indirectement, un tel schéma permettrait de saisir pourquoi ce n'est tout d'abord qu'au prix d'une dispersion, d'un éclatement, à la fin de Jômon, que les sociétés ont fini par se réorganiser selon un fonctionnement agraire, avec l'arrivée d'un nouveau modèle (et de nouvelles populations) depuis le continent, fondé sur la riziculture irriguée. L'organisation sociale du Jômon a pu s'étioler, mais son histoire la rend « compatible », presque immédiatement, avec la nouvelle civilisation que représente la culture Yayoi. Déjà il y a cinq mille cinq cents ans, certains groupes du Jômon « savaient » ce que cultiver voulait dire.

Faire du japonais avec du chinois

C'est au travers de textes chinois que le Japon sort du relatif anonymat des civilisations sans écriture. Les rédacteurs de ces premières sources, au IIIe siècle de notre ère, considèrent ces hommes des confins comme des barbares : ils n'ont pas d'écriture, se tatouent tout le corps. Les sources chinoises nomment ces hommes des *Wa* (en chinois contemporain *Wo*). On ignore la raison de cette appellation ; on sait en revanche que le caractère chinois qui servait à transcrire ce son « *wa* » désigne des « nains ».

La réunification de la Chine sous la dynastie des Sui en 589 provoqua une série de bouleversements dans les marges de l'empire. Dans la péninsule coréenne, le royaume de Silla commença à s'agrandir au détriment de ses voisins. Avec l'aide des Chinois, Silla réussit en 668 à unifier la péninsule en un État construit sur le modèle de son puissant voisin et lui fait allégeance. L'onde de choc se fit également sentir au Japon, qui entretenait des relations assez intenses avec les royaumes de la péninsule coréenne.

Face à la crainte d'une attaque de la Chine des Tang (618-907) et de son allié coréen, le Japon ressentit alors l'impérieuse nécessité de se doter des outils qui faisaient la force de la civilisation continentale. C'est dans ce contexte que le modèle chinois allait s'imposer, non par la force, à la différence de beaucoup de royaumes satellites de la Chine, mais selon la volonté du Japon, à son rythme, avec ses choix. Toutes proportions gardées, on peut comparer cette acculturation volontaire à celle qui aura lieu à partir du milieu du XIXe siècle vis-à-vis de l'Occident.

L'un des éléments les plus marquants de la supériorité technique de la Chine résidait sans conteste dans son écriture. Les Japonais connaissaient l'écriture chinoise depuis longtemps. Des inscriptions sur des épées du milieu du Ve siècle montrent que sa maîtrise était acquise. Pourtant, tout laisse à penser que cette société pré-étatique n'avait pas encore basculé dans l'écrit. Le basculement se fit au cours du VIIe siècle, avec le chinois.

Cette écriture idéographique est inséparable de la langue chinoise. Son adoption signifie celle de la langue qu'elle retranscrit. Or celle-ci était porteuse d'une haute culture, riche d'un corpus de textes considérable. En même temps que l'écriture, c'est une grande partie de cette culture qui se trouva dès lors accessible. C'est donc en chinois que se fit la transformation du Japon en un État doté de toutes les caractéristiques de la civilisation selon les critères imposés par l'Empire chinois des Tang.

Le premier chantier fut, semble-t-il, politique et symbolique. Au début du VIIe siècle, sous l'impulsion du clan des Soga et du régent, le prince Shôtoku, la Cour imposa des rangs de cour à l'aristocratie, rangs attribués en théorie selon les mérites. Vers le milieu du même siècle, la Cour entreprit une série de réformes qui visaient à doter le souverain d'un pouvoir direct sur toutes les terres et tous les hommes. Les rizières devaient être redistribuées régulièrement en fonction de l'accroissement ou de la diminution des familles des cultivateurs. On lança alors cadastres et recensements. Nous ignorons jusqu'à quel point ces mesures furent appliquées. Il est probable qu'elles ne touchèrent dans un premier temps que les provinces centrales.

C'est aussi sur le modèle chinois que se fit l'organisation administrative. Des bureaux spécialisés se constituèrent pour arriver en 701 à un système complet: les Codes de l'ère Taihô dont de nombreux articles sont directement inspirés des codes des dynasties des Sui ou des Tang. Pourtant l'architecture de l'État est différente des modèles chinois. En particulier, le ministère des dieux (en charge des rites offerts aux dieux) a une prééminence qu'on ne retrouve pas en Chine. Les compilateurs ont tenu compte des réalités locales et des institutions qui s'étaient mises peu à peu en place. Les règles de deuil sont par exemple très simplifiées par rapport aux rites chinois.

Ce code servit de cadre à l'État japonais jusqu'au XIIe siècle, qui correspond aussi à l'entrée dans le Moyen Âge. Au moment de Meiji (1868-1912), c'est ce modèle administratif que le nouveau régime voudra restaurer. Les premiers décrets de Meiji seront promulgués par le ministère des Affaires suprêmes, l'organe central du régime des codes de l'Antiquité.

Ce beau cadre ne doit toutefois pas faire illusion; il représentait une sorte d'idéal administratif. De plus, au fil du temps, il fut de moins en moins en prise sur la réalité. Ainsi, le contrôle direct de la Cour sur les rizières perdit rapidement de son efficacité du fait de la délégation du contrôle aux notables provinciaux, puis de la multiplication des domaines, *shôen*, attribués aux grandes institutions religieuses et à la haute aristocratie.

L'année 701 n'en marque pas moins le début de l'État antique et la première année d'une nouvelle ère : Taihô. Le Japon adopta alors définitivement le mode chinois de découpage du temps – encore en usage aujourd'hui (ère Heisei). C'est le souverain qui décide des changements d'ère à l'instar de l'empereur chinois. Peu de temps auparavant, en 694, avait été construite la première capitale digne de ce nom, centre de l'administration de l'État et résidence du souverain : Fujiwara. L'urbanisme était calqué sur la Chine : plan carré, avenues se coupant à angle droit et délimitant des quartiers réguliers. Ce découpage géométrique fut aussi imposé aux rizières. En 710, la capitale fut déplacée un peu plus au nord, à Nara. Enfin en 794 fut inaugurée Heian (Kyôto) qui restera la résidence du souverain jusqu'en 1868, toujours construite sur le même plan géométrique chinois. En revanche, ces capitales ne furent jamais entourées de remparts contrairement aux villes chinoises. Par ailleurs, leur superficie, bien moindre au Japon, n'était même pas entièrement occupée.

L'espace urbain était orienté par le palais qui était lui aussi construit selon les critères de l'architecture chinoise : les bâtiments étaient édifiés sur des terrasses de terre battue ; les piliers reposaient sur des assises de pierre ; les toits étaient couverts de tuiles de terre cuite ; les murs de pisé étaient enduits de blanc, les poteaux et poutres étaient peints en rouge, les ouvertures en vert. Mais, malgré l'existence de ce palais, le centre du pouvoir fut loin d'être vraiment fixe. À l'époque de Heian, les très nombreux incendies rendirent les empereurs nomades. Ils habitaient dans les résidences des grands aristocrates en attendant les reconstructions. Finalement, le palais ne fut plus bâti à son emplacement originel mais à l'est.

À en croire les plus anciennes sources, *Kojiki* (712) et *Nihonshoki* (720), les souverains du Japon archaïque changeaient de capitale à chaque règne. Ils portaient le titre d'ôkimi, grand seigneur. À l'époque classique, on se servait de plusieurs appellations, *mikado* (Auguste porte), *kôtei* (empereur), *tenshi* (fils du Ciel). Mais le nom officiel était le terme sino-japonais de *tennô* (chinois tianhuang), le « souverain céleste ».

Ce titre fut brièvement utilisé en Chine pour désigner le souverain, considéré comme le représentant sur Terre de l'étoile polaire qui gouverne les cieux. Son adoption au Japon est l'aboutissement d'un long processus qui visait à donner au souverain japonais un statut équivalent à celui de l'empereur de Chine. La première étape en fut une lettre envoyée au début du VIIe siècle à la cour des Sui. Elle commençait par : « Du souverain, *tianzi* [fils du Ciel], du pays du soleil levant au souverain, *tianzi*, du pays du soleil couchant. » Cette missive fit scandale en Chine non pas tant pour l'utilisation de « soleil couchant » pour désigner le continent, que par l'emploi du terme de « souverain » pour le chef des Japonais. Dans la vision chinoise du monde, il ne pouvait y avoir qu'un seul souverain, celui de Chine. À la fin du siècle, l'empereur japonais se désignait pourtant comme *tennô*.

Chose extraordinaire, dans cette période où le processus de sinisation fut intense, on compte un nombre considérable de femmes régnantes, le plus souvent pour éviter des querelles de succession : cinq en moins de deux siècles dont deux régnèrent deux fois. Cela constitue une vraie divergence par rapport à la norme continentale. Si l'institution des eunuques ne fut jamais adoptée au Japon, en revanche, le poids des familles des épouses impériales était, lui, comparable. Mais les conséquences furent très différentes. Très vite, au Japon, une seule famille monopolisa le rôle de fournisseur d'épouses impériales, les Fujiwara.

Occupant les fonctions de régents et de grands chanceliers, ces derniers réussirent à s'emparer de la réalité du pouvoir en choisissant des souverains très jeunes qu'ils faisaient abdiquer assez rapidement. Seiwa qui accéda à la fonction impériale en 870 avait 9 ans. Après lui, les souverains arrivant aux affaires après 20 ans devinrent l'exception. La fonction impériale fut donc réduite à un ensemble de charges rituelles. Tout était fait au nom du souverain, mais lui-même n'avait pas son mot à dire. Quand, à la fin du XIe siècle, la famille impériale réagira contre la mainmise des Fujiwara, elle utilisera la même méthode : les empereurs prétendument « retirés » dirigeront en fait le pays au nom d'un souverain confiné dans son palais.

Ces empereurs retirés étaient très majoritairement entrés en religion (bouddhiste) à leur abdication. Ce lien étroit entre le bouddhisme et la maison impériale va se maintenir tout au long de l'histoire jusqu'à l'empereur Meiji en 1868. Il avait commencé très tôt. Le bouddhisme apparaît d'abord comme une affaire de la Cour. Le roi Syöng Myöng de Paekche (dans le sud-ouest de la Corée) envoya au souverain japonais Kinmei au VIe siècle une statue du Bouddha, des moines, des sutras (textes présentent les paroles du Bouddha), des objets rituels, autrement dit tout ce qui est nécessaire pour assurer un culte. À la génération suivante le prince Shôtoku (574-622) mit le bouddhisme au cœur de l'État en train de se créer. Dans son admonestation connue sous le nom de *Constitution en dix-sept articles*, il demanda que l'on vénérât les trois trésors du bouddhisme : le Bouddha, la Loi et la communauté (les moines). On peut considérer que, dès lors, le bouddhisme était devenu une religion d'État. Les principaux monastères furent fondés par le souverain ou sa famille. Ils furent dotés et surveillés par la Cour. Dans les premières capitales, Fujiwara, Nara, ils étaient implantés au cœur même de la ville. La construction du Tôdaiji à Nara et de la statue monumentale (16 mètres de haut) de Vairocana (le Bouddha cosmique) qu'il abrite illustre la place éminente du bouddhisme dans l'État antique. Son inauguration fastueuse eut lieu en 752 en présence de l'empereur Shômu qui avait lancé le projet, et de toute la Cour. Le Tôdaiji était conçu pour couronner le système des monastères provinciaux, *kokubunji*. Chaque chef-lieu de province possédait deux monastères, un d'hommes, l'autre de femmes, qui devaient accomplir régulièrement des rites pour le pays et la famille impériale.

Le déplacement de la Cour à Heian (Kyôto) marqua une certaine prise de distance par rapport au bouddhisme. On n'autorisa pas la construction de monastères dans l'enceinte de la capitale pour essayer de maintenir le clergé à distance. Pourtant le bouddhisme resta omniprésent. Les offices bouddhiques (lectures de sutras, rite du feu, etc.) ponctuaient la vie de la Cour. Les grands établissements bouddhiques étaient dirigés par des princes. Enfin, à partir du VIIIe siècle, la mort fut entièrement prise en charge par le bouddhisme dans les milieux de la Cour : l'incinération devint le mode normal des funérailles au lieu des inhumations fastueuses des temps protohistoriques.

Les différentes écoles du bouddhisme chinois furent progressivement transmises au Japon. L'architecture, les arts plastiques, la musique, la poésie mais aussi la logique, la conception des fins dernières et même le culte des dieux indigènes furent profondément imprégnés par le bouddhisme. Au bout du compte, l'empreinte du bouddhisme sera beaucoup plus forte au Japon qu'elle ne l'a été en Chine même ou en Corée.

Faute de document, il est très difficile de suivre la propagation du bouddhisme dans les couches populaires. Toutefois, dès le VIIIe siècle, on voit des moines comme Gyôki porter secours aux populations des campagnes et leur faire connaître la loi bouddhique. Au Xe siècle, le moine itinérant Kuya parcourait le pays en psalmodiant la formule de vénération au bouddha Amida. À la fin de l'époque de Heian, on peut considérer que toutes les couches de la population étaient entrées dans l'orbite du bouddhisme.

Cependant, l'espace du sacré a résisté à l'emprise totale de la culture chinoise. À la fin du VIIe siècle, au moment où se cristallisa l'État régi par les codes, les sanctuaires d'Ise, situés au sud de l'actuelle Nagoya, commencèrent à être périodiquement reconstruits. On y vénérait principalement la grande déesse illuminatrice, Amaterasu Ômikami, considérée comme l'ancêtre de la famille impériale. Alors que l'on construisait désormais les bâtiments officiels selon les standards chinois, qui sauf accident comme les incendies leur assuraient une certaine pérennité, les sanctuaires d'Ise restaient couverts de chaume et leurs poteaux s'enfonçaient directement dans le sol. Ce choix de l'archaïsme pour la divinité ancestrale, garante de la légitimité de l'empereur, montre une des limites du prestige de la civilisation continentale.

D'une manière générale, le culte des dieux autochtones (on parlera de shinto à partir du XIIIe siècle) n'aurait pas dû pouvoir rivaliser avec le bouddhisme riche de rituels raffinés, de spéculations de haut niveau, et surtout d'un appel à l'élévation mystique. Pourtant, malgré une pénétration du bouddhisme et l'interprétation des dieux selon un schéma bouddhique[1], les dieux japonais continuèrent de prospérer non seulement grâce à la dévotion populaire mais aussi parce que l'État leur laissa toujours la priorité. Quand, par le hasard du calendrier, deux rites, l'un envers les dieux et l'autre bouddhique, devaient avoir lieu le même jour, c'étaient toujours les dieux qui avaient la préférence.

La langue japonaise a elle aussi résisté à l'emprise totale du chinois. Finalement, le Japon n'est pas devenu une province chinoise. Une fois constitué en État, il n'a jamais été absorbé dans le système de vassalité de son grand voisin – contrairement à la Corée par exemple. Les souverains, à partir du VIIe siècle, rejetèrent le titre de *ô* (chinois *wang*), le « prince vassal ». Et ils gardèrent leur propre temps, leurs ères. Là aussi, contrairement à la Corée.

Parmi les rites d'accession au pouvoir des souverains, on distingue clairement ceux venus de Chine comme l'apparition solennelle du nouveau souverain devant la Cour accompagné de la célébration du *kanjô* (transposition de l'*abhiseka*, onction royale en Inde devenue une sorte d'ordination dans le bouddhisme ésotérique). Mais les rites indigènes subsistèrent. Ainsi, la Grande Gustation, *Daijôsai* : le nouveau souverain partageait le repas de la divinité dans des bâtiments de style archaïque construits uniquement pour cette occasion et détruits par la suite.

À l'inverse, beaucoup d'éléments de la culture chinoise, disparus en Chine, ont été conservés au Japon.

---

1. Les dieux autochtones sont considérés comme les traces laissées en ce monde des terres originelles, c'est-à-dire de Bouddha et des bodhisattvas.

Les plus beaux bronzes bouddhiques de style Tang se trouvent au Japon. Il en est de même de certains textes, ou de rites. Toutefois à partir de l'immense apport chinois, le Japon antique a su créer une sorte d'équilibre en sauvegardant sa langue, capable de donner un chef-d'œuvre comme le *Dit du Genji* au début du XIe siècle, le roman fleuve écrit par une dame de la Cour qui dépeint la vie mouvementé du prince Genji, séducteur et volage[2]. Cet équilibre amena à suspendre les ambassades officielles vers la Chine en 894. Autrement dit, le Japon a préservé sa fierté d'être « le pays des dieux ». Slogan dont il sera fait un usage abusif dans le Japon de la première moitié du XXe siècle.

---

2. Le *Dit du Genji* de Murasaki-shikibu est publié dans une superbe édition illustrée par des peintures japonaises du XIIe au XVIIe siècle et dans une traduction de R. Sieffert par Diane de Selliers, « La petite collection ».

La triade alimentaire : poisson-riz-thé

L'art culinaire japonais est le fruit d'une longue histoire qui s'est cristallisée au XVIIe siècle. Selon qu'ils étaient guerriers, paysans, artisans ou marchands, les Japonais ne consommaient pas les mêmes produits. Le riz, produit par les paysans, servait principalement à payer les impôts aux guerriers. Les paysans se nourrissaient avant tout de blé, de millet ou d'avoine, préparés sous forme de bouillie, ainsi que de radis, de diverses feuilles jusqu'à celles de soja ou de haricot rouge. Parmi les végétaux, le sarrasin, connu depuis le VIIIe siècle, était depuis le XVIIIe siècle abondamment cuisiné en nouilles trempées dans une soupe chaude à base de sauce de soja.

Depuis le Moyen Âge, les populations des montagnes, mais aussi les membres de la haute société, mangeaient du sanglier, du cerf ou du lièvre. Dans le milieu monacal, qui se développa avec le bouddhisme à partir du VIe siècle, la consommation de la viande était officiellement interdite. Pourtant les moines n'hésitaient pas à consommer du gibier pour compléter les repas quotidiens peu riches en protéines. Parmi les produits alimentaires populaires consommés depuis l'Antiquité, il faut citer le soja qui, sous ses diverses préparations, forme un élément caractéristique de la cuisine japonaise : sauce à base de soja fermenté (shôyu), pâte de soja (miso), différentes sortes de fromages de soja fermenté (tôfu).

Ces habitudes alimentaires changent à l'époque d'Edo (1600-1867), période de paix et de prospérité qui permet à des couches sociales plus diverses, notamment les milieux urbains et les marchands, d'accéder aux recettes et aux modes culinaires de la classe dirigeante. Des livres de recettes circulent et s'adressent à un large lectorat. Le tôfu, par exemple, fait l'objet d'une attention toute particulière au XVIIIe siècle : le Tôfu hyakuchin (Cent manières d'accommoder le tôfu), publié en 1782, connaît un grand succès. C'est au siècle précédant le début de l'époque d'Edo, au XVIe siècle que la consommation du thé sous forme de thé vert en poudre, née en Chine au XIIe siècle, s'est transformée en un rite codifié dont l'esprit n'a pas changé au Japon depuis lors. L'infusion des feuilles entières ne se répand qu'au XVIIIe siècle. Réservée au départ à une élite, la cérémonie se diffuse à la fin du XVIe siècle. Elle se pratique dans le *chashitsu* (« cabane », « maison de thé ») que les particuliers édifient dans leur jardin, lieu « naturel » idéalisé qui rappelle un village dans une montagne. Comme le dit Sen Sôshitsu, quinzième descendant d'une lignée de grands maîtres : « Avec un bol de thé, la paix peut vraiment régner. »

L'usage des baguettes, venu de Chine au cours du VIe-VIIe siècle, devient indispensable à table pour toute la population. Jusqu'alors les gens du peuple ne les utilisaient qu'au moment des festivités. Toujours en bois, elles pouvaient être en cyprès ou laquées selon la hiérarchie sociale maintenue en vigueur lors des rituels. Si le riz blanc reste inaccessible aux plus pauvres jusqu'au XXe siècle, l'Oriza indica (de moins bonne qualité) est consommé par les paysans au cours du XVIIe siècle. Une certaine réticence face au gibier commence à se répandre à cause de la souillure liée à la mort et au sang. Inversement, on voit se développer la chasse à la baleine qui fournissait une viande bon marché.

La période d'Edo est également celle de la vogue du poisson frais qui connut un vif succès et se répandit dans les grandes villes. Le sashimi, en tranche épaisse, était déjà consommé au XVIe siècle. Les sushis tels que nous les connaissons aujourd'hui ne font leur apparition qu'au début du XIXe siècle grâce à une pêche particulièrement abondante dans la baie d'Edo (actuelle Tokyo). Le terme désignait auparavant du poisson fermenté disposé en couches alternées avec du riz ou des tranches fines de poisson macéré posé sur du riz vinaigré pressé. Pratique culinaire de luxe, le sushi est devenu accessible à un grand nombre de Japonais au cours du siècle. Les poissons les plus prisés étaient alors le chinchard, le kisu (petit poisson d'une trentaine de centimètres consommé de façon quotidienne par le shogun notamment), et le crabe.

Le poisson subissait une grande variété de préparations. Les grillades sur charbon de bois de poissons avec leur peau préalablement frottée de sel étaient l'une des plus courantes. Par contre, l'anguille, écorchée vivante et ouverte, était grillée puis nappée d'une sauce subtilement sucrée, puis à nouveau grillée. La sauce était si précieuse qu'on la conservait à l'abri des voleurs et des incendies dans des jarres. Depuis le XVIIIe siècle, l'anguille est préparée de cette façon et consommée surtout le 20e jour du 7e mois de l'année pour lutter contre l'amaigrissement en été.

C'est enfin à partir du XVIIe siècle que la gastronomie japonaise s'est diversifiée et répandue. L'origine de la « grande cuisine japonaise » vient du kaiseki. Ce terme désigna d'abord un en-cas, constitué à l'origine d'un bol de soupe et de deux plats végétariens, dans les monastères zen au XIVe siècle. Parallèlement à la codification de la cérémonie de thé née en Chine au début du XIIe siècle et son adaptation japonaise accomplie par Sen Rikyû au XVIe siècle, ce type de cuisine connut deux développements distincts. L'un resta conforme à la philosophie de thé dépouillé qui fut mise en œuvre par Rikyû et conservée par ses descendants directs. L'autre évolua avec les grandes cérémonies de thé organisées par les puissants seigneurs.

Ce dernier courant donna naissance au tout début du XVIIe siècle à la cuisine kaiseki ryôri actuelle, composée très souvent d'une dizaine de mets aux poissons, à la viande, de plats végétariens, accompagnés de soupes, d'un bol de riz, de saké, suivis de mets sucrés.

À partir du XIXe siècle, dans sa volonté de doter les Japonais d'un corps aussi robuste que celui des Européens, le gouvernement de Meiji favorisa la consommation de viande. L'empereur Meiji mangea de la viande de bœuf pour la première fois en 1872. La nouvelle fit sensation.

Aujourd'hui, avec ses 191 étoiles au Guide Michelin, Tokyo est devenue la capitale mondiale de la gastronomie.

II

LE PAYS DES SAMOURAÏS

Le temps des samouraïs

L'Histoire : *Peut-on parler d'un Moyen Âge japonais ?*

Pierre-François Souyri : La question a représenté un véritable enjeu dans l'histoire de ce pays. Les contemporains de la fin du XIIe siècle avaient bien compris qu'il s'était passé un changement politique majeur et ils avaient pris l'habitude d'appeler le temps qui succède à l'époque de l'aristocratie « le temps des guerriers » ou shogunat (le *bakufu*).

On fait officiellement commencer cette période en 1185, au moment où se met en place un gouvernement des guerriers dans l'est du pays à la suite d'une série de guerres internes. Les spécialistes, avec quelques divergences, situent sa fin au XVIe siècle lorsque la reconstruction d'un État puissant aboutit à l'émergence d'une nouvelle dynastie shogunale, les Tokugawa ; commence alors une nouvelle époque dite des Tokugawa, ou d'Edo (du nom de leur capitale), que les historiens japonais ont pris l'habitude d'appeler « les temps modernes ». Ces limites chronologiques sont proches de celles du Moyen Âge occidental, même si, comme chez nous, elles sont en réalité assez floues.

C'est dans les premières années du XXe siècle qu'un historien, Hara Katsuro, a le premier utilisé l'expression en japonais de « Moyen Âge » – « le temps intermédiaire » – pour définir cette époque, faisant clairement référence à l'expression occidentale. Il voulait montrer que l'histoire du Japon ressemblait à celle de l'Europe. Cette idée émerge dans un contexte bien particulier, alors que le Japon devient une puissance impérialiste et colonialiste. On « découvre » alors que l'histoire du Japon est différente de celle de la Chine ou de la Corée, caractérisées par une succession de dynasties et par l'existence d'une bureaucratie. Le Japon a connu, lui, une société dominée par des guerriers qui ressemblent à s'y méprendre à des seigneurs occidentaux.

Du coup, on s'est posé la question de l'existence d'une « féodalité » japonaise, ce qui avait l'avantage d'expliquer le passage au capitalisme et à l'impérialisme. En somme, le Japon était un pays occidental qui s'ignorait. Pour étayer ces thèses, on s'est appuyé sur les textes des premiers Jésuites arrivés au Japon au XVIe siècle. Ceux-ci expliquaient au pape que le Japon, à la différence des sociétés indiennes d'Amérique, ressemblait aux pays d'Europe, avec des villes libres, des chevaliers, des comtes, des ducs… et qu'il fallait donc faire un effort spécial envers lui. En 1583, Alexandre Valignano, dans une relation missionnaire, décrit le Japon comme un « monde à l'envers », et conclut : « Les Japonais sont comme nous, sauf qu'ils ne connaissent pas Dieu. »

L'H. : *Cette comparaison avec la féodalité occidentale est-elle fondée ?*

P.-F. S. : Il faut commencer par s'entendre sur la définition de la féodalité. Si on la considère comme une société fondée sur un recul de l'emprise de l'État, avec des seigneurs qui sont des propriétaires fonciers armés assurant sur place une grande part des pouvoirs régaliens et qui contrôlent des domaines sur lesquels travaillent des paysans, avec un groupe des guerriers structuré par des liens vassaliques (les guerriers devant à leurs seigneurs des services militaires contre des fonctions et des titres sur des terres cultivées qui deviennent leurs fiefs), il existe bien au Japon une société qui fonctionne ainsi au Moyen Âge. On y retrouve des seigneurs provinciaux armés à la tête de domaines sur lesquels ils rendent la justice et où ils organisent la police locale, tout en percevant des redevances sur les habitants. Ils sont aussi intégrés dans une hiérarchie de type vassalique avec, au sommet, le shogun. Comme les chevaliers occidentaux, ils doivent se mobiliser en cas de guerre et, en échange de ce service, ils obtiennent soit un renouvellement des garanties sur les terres qu'ils possèdent déjà, soit de nouvelles terres qui leur sont octroyées sur les vaincus. La ressemblance avec la féodalité occidentale est tout à fait étonnante, d'autant que nous savons qu'il n'y a pas eu d'influences réciproques.

De fait, aux deux extrémités du continent eurasiatique, des sociétés de même nature sont apparues, et cela presque à la même époque. Il y a tout de même des différences, à commencer par l'instabilité permanente qui a prévalu pendant le Moyen Âge japonais, plus grande sans doute qu'en Occident. Du milieu du XIVe siècle jusqu'à la fin du XVIe, le Japon connaît quasiment sans interruption une situation d'anarchie féodale qu'on ne retrouve pas en Occident, sauf peut-être en France pendant la guerre de Cent Ans. Et bien sûr le bouddhisme n'est pas l'Église chrétienne.

L'H. : *Comment le Japon est-il entré dans ce système de féodalité ?*

P.-F. S. : Tout commence par un délitement de l'État central dès les Xe et XIe siècles, en particulier dans les provinces périphériques où émerge un groupe de notables armés. Ceux-ci, devant l'incurie de l'État impérial, s'imposent en maintenant un semblant de sécurité avec leurs propres moyens.

Ensuite, il y a un raidissement du rapport de classes, une volonté de faire travailler la paysannerie plus durement et de faire rentrer l'impôt, ce qui passe par des mesures répressives à l'encontre de la paysannerie qui rendent nécessaire un accroissement du nombre de guerriers. Les guerriers sont plus puissants dans les régions éloignées de l'État central, loin de la capitale impériale Kyôto : dans l'extrême sud de l'île de Kyûshû, et dans le nord de Honshû, qui est en guerre contre des populations insoumises, les Emishi ou Ezo. Mais c'est l'Est qui est le cœur du système. Là se développe l'une des principales féodalités du Japon, celle des Minamoto, dans le Kantô notamment. À la fin du XIIe siècle, leur vassalité victorieuse se cristallise autour d'un nouvel État et s'impose en tant que puissance concurrente de la Cour. L'État impérial finit par déléguer au chef des Minamoto la force publique avec le titre de « shogun ». Le premier à porter ce titre est Minamoto Yoritomo en 1192. En charge des affaires militaires et policières, le shogun en vient à s'occuper aussi des relations internationales et devient le chef réel de l'État. Toutefois, le pouvoir du shogun sera progressivement remis en cause par les grands seigneurs de plus en plus indépendants.

L'H. : *Si le shogun est le chef de l'État, quels sont les pouvoirs de l'empereur ?*

P.-F. S. : L'empereur a un rôle religieux : il préside aux cérémonies ; il représente une sorte de médium entre les divinités et les humains. Il prie pour la paix et la prospérité du pays en tant que descendant du petit-fils de la déesse du Soleil. Cette divinité du Soleil est ancienne et s'est imposée entre le VIIe et le VIIIe siècle sous l'influence de la dynastie impériale qui a alors pris le pouvoir – la même qui est encore en place aujourd'hui.

L'empereur exerce également une fonction administrative : il valide les nominations aux charges importantes. Nombreux sont les seigneurs qui désirent conforter leur autorité réelle sur leurs terres par une fonction officielle qui les légitime – même si ces fonctions sont sans pouvoir. Par exemple, on les nomme à des titres théoriques de gouverneurs *(kami)* ou de vice-gouverneur *(suke)* de province. L'empereur nomme également les ministres qui sont toujours choisis parmi les quelques familles qui constituent l'aristocratie japonaise – la famille des Fujiwara notamment au pouvoir depuis l'Antiquité ; Konoe Fumimaro, Premier ministre en 1941, appartient à la très ancienne famille aristocratique des Fujiwara.

L'H. : *Qu'est-ce qu'un samouraï ?*

P.-F. S. : Samouraï est un des termes qui signifie « guerrier ». Il désigne soit les seigneurs locaux, soit leurs hommes d'armes. Les plus puissants d'entre eux, les seigneurs régionaux qui contrôlent une vassalité importante (l'équivalent des ducs et des comtes de chez nous), porteront le nom de daimyos à partir du XVe siècle.

Au Moyen Âge, le samouraï vit sur une terre, qui est son fief, reconnu par les autorités shogunales. Cette terre, soit il la tient de ses ancêtres, soit elle lui a été attribuée grâce à une victoire militaire. Il gère son domaine, il est le chef de la justice locale et des forces de police. Il est aussi responsable du prélèvement des taxes dont il reverse une partie au propriétaire officiel du domaine : un aristocrate de Kyôto, un monastère ou la famille impériale. Mais évidemment, en période de crise, les samouraïs refusent de payer, ce qui provoque des conflits. Au cours du temps, ils deviennent de plus en plus autonomes.

L'H. : *Les samouraïs, c'est une caste fermée ?*

P.-F. S. : Non, ce n'est pas une noblesse. Cela le deviendra à l'époque d'Edo, quand les statuts seront progressivement figés. Au Moyen Âge, l'instabilité permanente favorise des ascensions sociales fulgurantes. Si un paysan riche a les moyens de s'acheter un sabre et un cheval, il peut déclarer : « Je suis samouraï » ; personne ne viendra contester son nouveau statut. On désigne ces petits guerriers sous le nom de jizamurai, les « samouraïs de la terre », des guerriers-paysans en quelque sorte. À la fin du XVIe siècle, le nouveau chef du Japon, Hideyoshi, était un fils de paysan.

L'H. : *Existe-t-il une cérémonie d'adoubement ?*

P.-F. S. : Pas aussi formalisée qu'en Occident. Il existe un serment de vassalité. Le seigneur commence par réunir tous ses vassaux, puis il leur présente son nouveau vassal. Puis le seigneur et son vassal boivent dans la même coupe de saké pour sceller leur alliance. Le saké est ici le symbole du sang et indique une parenté consanguine fictive.

L'H. : *Et pour hériter d'un fief, faut-il être le fils aîné ?*

P.-F. S. : Concernant l'héritage, plusieurs mécanismes doivent être pris en compte. La société japonaise ancienne n'est pas monogame. Il y a une épouse principale, des concubines reconnues et des concubines au statut non officiel.

L'idée de pureté du sang n'existe pas. L'adoption est ainsi un phénomène courant. Il n'y a pas de primogéniture. L'héritier est désigné parmi les fils du seigneur – que sa mère soit l'épouse principale ou l'une des concubines – et les enfants adoptés. C'est parfois celui qui a été adopté qui hérite. Il arrive aussi que le seigneur vieillissant s'entiche de sa dernière concubine, la plus jeune, dont il a un enfant en bas âge. Le premier fils, qui a une vingtaine d'années, peut se retrouver déshérité. D'où d'incessantes querelles et conflits au sein des lignages seigneuriaux qui expliquent souvent la récurrence des guerres médiévales.

L'H. : *Il y a tout un imaginaire autour des samouraïs. Cela repose-t-il sur une réalité ?*

P.-F. S. : Dans les faits, au Moyen Âge, lorsque les guerriers risquaient vraiment leur vie, leurs mœurs étaient impitoyables. Le Dit des Heike, un récit racontant la rivalité des Minamoto et des Taira à la fin du XIIe siècle, est plein d'exemples qui le montrent. Ainsi, un jour, le chef des Taira, Kiyomori, vainqueur de Yoshitomo, le dirigeant du clan Minamoto, fait rechercher la femme de son ennemi, réputée très belle. Après l'avoir entendue chanter, il lui promet d'épargner ses enfants si elle devient sa concubine. Elle cède... mais il veut faire exécuter ses enfants quand même. Finalement sa propre épouse intervient pour plaider la cause des enfants, qui seront épargnés.

Un autre épisode célèbre en dit long sur les mentalités guerrières de ce temps. En pleine bataille entre les Minamoto et les Taira qui tourne manifestement à l'avantage des premiers, le récit relate un combat singulier au cours duquel un Taira est sur le point de vaincre son ennemi. Le Minamoto est à terre, prêt à être achevé. Il demande alors à son adversaire de l'épargner, lui affirmant que la bataille est déjà perdue pour son clan, que le tuer ne servira à rien mais que, s'il est épargné, il parlera à son suzerain en sa faveur et fera en sorte que le guerrier Taira, les siens et ses possessions soient épargnés.

Le guerrier Taira hésite et relâche prise. À ce moment le Minamoto en profite pour se redresser et l'abattre. Dans le récit, le Minamoto est présenté comme admirable, parce qu'au moment où il allait se faire exécuter il a eu la présence d'esprit de tenir un discours apte à ébranler son ennemi, alors qu'il s'agissait d'un leurre. Ces épisodes montrent que l'idéal du guerrier médiéval est loin du bushido idéalisé des temps modernes.

L'H. : *Quelles sont les armes des samouraïs ?*

P.-F. S. : Au début du XIIe siècle, les samouraïs sont des cavaliers et des archers. Ils s'entraînent d'abord à être d'excellents tireurs à l'arc montés sur des chevaux – qui ressemblent à ceux des Mongols, plus petits que nos chevaux d'aujourd'hui. Progressivement, le sabre prend plus d'importance, au point de devenir, à partir du XVIIe siècle, le symbole du statut de samouraï.

Les combats sont extrêmement codifiés, tout en étant d'une grande sauvagerie. On ne se bat pas contre n'importe qui. Avant chaque bataille, un guerrier commence par clamer son nom, sa filiation, et demande si quelqu'un est digne de lui. Un adversaire se lève et déclare à son tour sa filiation ainsi que sa dignité, évidemment niée par la partie adverse. Le combat individuel commence. L'objectif est avant tout de s'emparer de la terre de son adversaire ; s'il n'en a pas, risquer sa vie n'a aucun sens. Après la bataille, les guerriers du camp vainqueur se présentent devant leur suzerain avec la tête de leur ennemi abattu pour réclamer des récompenses.

L'H. : *Où vivent les samouraïs ? Y a-t-il des châteaux ?*

P.-F. S. : Des bâtiments du XIIe et XIIIe siècle qui étaient construits en bois il ne nous reste que les infrastructures : les fossés, les douves...

On a pu reconstituer deux types de demeures : la résidence guerrière, qui prend la forme d'une sorte de manoir, localisé dans les plaines, avec un début de fortification, une cour, le logement seigneurial, une réserve, etc. ; et des citadelles construites dans les montagnes qui utilisent les reliefs naturels et servent de refuge en cas de danger.

À partir du XVe siècle, on commence à construire de véritables résidences fortifiées. À l'intérieur de celles-ci, on retrouve des éléments tout à fait semblables à ce qui existe en Occident : une cour intérieure, un sanctuaire, les appartements privés du seigneur, des écuries...

À partir du XVIe siècle, les châteaux ressemblent à ceux de l'Europe. Ils sont construits en pierre avec des meurtrières, des tours et des douves profondes. Ils deviennent alors un symbole de la puissance du seigneur.

L'H. : *Existe-t-il des populations qui échappent aux relations de féodalité ?*

P.-F. S. : Selon l'historien Amino Yoshihiko, le pouvoir des guerriers a été surestimé par les historiens parce que les sources écrites traitent trop souvent de la propriété de la terre et de la fiscalité foncière, alors qu'une partie importante de la population n'appartient pas à la paysannerie. Il y a les gens des villes et puis tous ceux dont nous avons gardé peu de traces, toutes ces populations itinérantes de moines, de saltimbanques, de marchands, de prostituées... Tous ceux-là échappent à la protection des guerriers et dépendent d'un monastère, d'une famille aristocratique ou directement de l'empereur. Si l'on en croit Amino, ce sont ces populations qui ont maintenu, sous la tutelle de l'empereur, l'unité culturelle du pays, à travers la langue, la religion et l'art. Durant tout ce Moyen Âge « féodal », un État unique s'est en effet maintenu au Japon, malgré l'antagonisme de l'empereur et du shogun.

L'H. : *Dans ce Moyen Âge guerrier, quelle est la place des femmes ?*

P.-F. S. : Les femmes japonaises médiévales ont un statut bien supérieur à ce qu'il deviendra plus tard. À partir de l'époque d'Edo et jusqu'à la fin du XIXe siècle, leur condition ne cessera de se dégrader. Dans cette société, les hommes sont plutôt cantonnés dans le secteur de la production, les femmes plutôt dans la sphère des échanges. Elles manient l'argent, c'est pourquoi Luis Frois, un Jésuite du XVIe qui a vécu longtemps au Japon, explique que « les femmes sont les usurières de leur mari », et qu'elles peuvent divorcer, puisqu'elles possèdent un bien.

Mais ne rêvons pas. Tout cela dépend du milieu social. Chez les guerriers, les mariages se présentent comme des alliances entre familles, et les femmes sont réduites au rôle de monnaie d'échange. L'épouse vient vivre dans le manoir de son époux où elle élèvera ses enfants.

Dans les couches paysannes, elle continue à vivre chez ses parents, et le mari reste avec ses propres parents. Il vient lui rendre des « visites nocturnes ». La femme élève donc les enfants chez les siens, ce qui explique l'importance du rôle des grands-parents maternels. À la mort de ces derniers, le mari vient souvent s'installer chez sa femme. Il peut aussi se faire adopter par le père de son épouse. Dans ce cas, il s'installe chez son beau-père et héritera de lui.

Il n'y a pas de terme proprement japonais pour le mariage (le mot a été fabriqué au XIXe siècle dans le sens de mariage monogame à l'occidental lorsque la monogamie est devenue la norme). On trouve en japonais deux termes : yome, c'est-à-dire la femme qui, en se mariant, intègre la maison du mari ; muko, lorsque c'est le mari qui intègre la maison de son épouse et qui prend son nom. Aujourd'hui encore, un homme peut prendre le nom de son épouse.

On voit combien dans ce domaine, le Japon diffère de l'Occident. Les relations amoureuses y sont beaucoup plus libres – même si bien des contraintes pèsent sur les femmes. Dans les milieux de la noblesse de cour, pour garder les convenances, le couple, pendant un temps, se parle séparé par un paravent. Il y a d'ailleurs une expression qui dit : « faire tomber le paravent »...

Je parlais des prostituées itinérantes : ces femmes, qui sont également souvent des danseuses, des marionnettistes, des marchandes, ne subissent pas de condamnation morale. D'une manière générale, le Japon n'est pas une civilisation du péché. Luis Frois, dans son traité sur les contradictions de mœurs entre Européens et Japonais, parle des femmes japonaises en ces termes : « En Europe, l'honneur et le bien suprême des femmes sont la pudeur et le cloître inviolé de leur pureté. Les femmes du Japon ne font aucun cas de leur pureté virginale et la perdre ne les déshonore pas, ni ne les empêche de se marier. »

Les jeunes filles partaient en pèlerinage seules ou avec des amies. Dans les monastères, des injonctions étaient faites aux moines de ne pas passer la nuit avec ces jeunes filles venues en pèlerinage, avec l'argument que cela nuisait à leur travail et à leurs prières... Mais, progressivement, c'est le modèle de la famille guerrière qui va s'imposer, paternaliste et machiste. Les femmes ont de moins en moins d'autonomie.

L'H. : *La culture s'est-elle modifiée au Moyen Âge sous l'influence du pouvoir des samouraïs ?*

P.-F. S. : À l'époque ancienne correspond la culture de cour dans laquelle les femmes sont très bien représentées : entre la fin du Xe siècle et le début du XIe apparaissent des personnages féminins de premier plan, auteurs de poèmes, de recueils de maximes et d'œuvres aussi importantes que Dit du Genji qui est quasiment un roman au sens moderne. Ensuite, au Moyen Âge, on passe à une littérature guerrière, non pas écrite par des guerriers, mais qui rapporte des récits de guerriers le plus souvent racontés par des moines itinérants, mais parfois aussi des nonnes. Enfin, à l'époque d'Edo, une littérature « bourgeoise », urbaine, domine, avec l'émergence du théâtre kabuki qui rencontre un grand succès.

L'H. : *Quelle est l'importance des villes à cette époque ?*

P.-F. S. : Le Japon médiéval comptait sans doute entre 8 et 10 millions d'habitants vers le XIe siècle, 15 millions (18 millions au maximum) en 1600. Mais ces chiffres sont des estimations plus ou moins fiables. Au Moyen Âge, seules les capitales sont vraiment des villes importantes : Kyôto (on parle de 200 000 habitants peut-être au XVe), Nara et Kamakura (sans doute guère plus de 50 000 habitants à leur apogée). À côté de ces villes, il n'y a que des bourgades.

Au XVe et au XVIe siècle, on assiste à l'émergence de deux agglomérations portuaires, Sakai (proche de l'Ôsaka actuelle) et Hakata (l'ancienne Fukuoka). Les échanges maritimes s'accroissent considérablement avec la Chine, la Corée, Okinawa et même le Sud-Est asiatique, ce dont profite le Japon. Lorsque les Portugais arrivent dans cette région au début du XVIe, ils se glissent dans des réseaux qui existent déjà, ce qui a assuré la rapidité de leur réussite. Au début du XVIIe, ce trafic se réduit brusquement lorsque les Chinois et les Japonais ferment leurs côtes…

L'H. : *Comment sort-on du Moyen Âge ?*

P.-F. S. : Jusqu'au XVIe siècle, l'anarchie et l'instabilité s'accroissent. On assiste parmi les samouraïs à l'émergence de ligues, appelées les *ikki*, formées de petits seigneurs qui s'associent, sans lien de vassalité, pour résister aux pressions des paysans qui refusent de payer l'impôt et à la volonté des puissants qui cherchent à les intégrer dans leurs organisations vassaliques et à les priver de leurs libertés. Dans des régions où le pouvoir seigneurial a disparu, les *ikki* deviennent très puissants, réussissant parfois à fédérer une vallée entière sous leur autorité et constituant des sortes de républiques autonomes. L'archipel est alors en proie à une grave instabilité des couches dominantes : le paysan conteste le pouvoir du guerrier, le vassal celui de son seigneur, le seigneur celui du shogun. Les Japonais de la fin du Moyen Âge appelaient cela « le monde à l'envers ».

À l'issue des guerres du XVIe siècle qui voient s'affronter des dynasties éphémères de seigneurs de la guerre, le pays se réunifie sous la main de fer de seigneurs plus puissants qui finissent par s'imposer et rétablir vers 1600 un État fort. La période de « monde à l'envers » a tellement traumatisé les élites que ces dernières rêvent désormais d'une société immobile où les statuts et les rapports de force seraient figés. Les fiefs existent toujours, mais ils sont bien contrôlés par le pouvoir. Les daimyos gèrent leur seigneurie. Les samouraïs qui ne font plus la guerre se consacrent aux tâches administratives, ils se transforment en bureaucrates et en lettrés et, progressivement, s'intègrent à la vie urbaine.

Quant aux *ikki*, certains ont continué la lutte sous la forme de guérilla, avant de se reconvertir en troupes auxiliaires du shogun – sans avoir le statut de guerrier. Ils se sont spécialisés dans les « coups tordus » et dans l'assassinat, développant des techniques de combat spécifiques et adoptant une manière de s'habiller en noir pour passer inaperçu la nuit. Ce sont eux qu'on appelle les ninjas (ce qui signifie « gens cachés ») ; au XIXe siècle, une mythologie les a transformés en Robin des bois – ce qu'ils n'ont jamais été.

L'H.: *Que reste-t-il aujourd'hui de cette période médiévale ?*

P.-F. S.: L'architecture monastique (avec les temples), les jardins (l'art du jardin, en particulier le jardin zen, remonte au Moyen Âge). Les châteaux ont presque tous disparu. Ceux qui subsistent sont tardifs et post-médiévaux. Dans l'imaginaire collectif, le Moyen Âge est encore présent, bien qu'en réalité la plupart des histoires de samouraïs, dans la littérature comme au cinéma, se déroulent à la fin de l'époque d'Edo, c'est-à-dire au XIXe siècle.

Japon : les Mongols attaquent !

L'insularité du Japon lui a permis, durant la plus grande partie de son histoire, de limiter ses relations avec l'étranger et de les contrôler. Jusqu'au XXe siècle, il n'a jamais été l'objet d'une agression massive contre son territoire, sauf dans la deuxième moitié du XIIIe siècle, quand les Mongols, alors installés en Chine, prétendirent le soumettre. Leur échec fut imputé à la protection des divinités, au vent divin, *shinpû* ou *kamikaze*, et, jusqu'au XIXe siècle, penseurs et historiens n'ont mis en valeur que ce facteur de délivrance.

Mais quand, après la restauration de Meiji, le Japon, à la fin du XIXe siècle, inaugura une politique active à l'égard du continent, quand les autorités cherchèrent à développer le patriotisme par l'enseignement de l'histoire, les écoliers apprirent que leurs pays avait été sauvé grâce au courage de ses guerriers, à l'union nationale face à l'envahisseur et à la protection des dieux, manifestée par le vent divin. Il n'est pas étonnant que, devant la menace de l'invasion américaine, les troupes d'attaques spéciales créées pour y faire face se soient placées sous ce vocable de *kamikaze*. Dans l'après-guerre, les manuels d'histoire ont adopté une présentation plus sobre de cet épisode et insistent, peut-être avec excès, sur le fait qu'il a surtout affecté quelques cantons de Kyû Shû, au sud, et n'a pas mobilisé les guerriers du pays tout entier. La presse a récemment ravivé ces souvenirs par l'annonce de fouilles sous-marines qui ont permis de ramener au jour des bateaux de l'armée d'invasion, des objets et même, dit-on, le cachet du commandant du corps expéditionnaire mongol (dont le possesseur n'a pourtant pas péri dans le désastre).

Un bref rappel de ce qu'avaient été ses relations avec le continent montre combien l'arrivée des troupes mongoles, lancées dans une entreprise méthodique de conquête de l'Asie depuis le début du XIIIe siècle, a pu constituer pour le Japon un événement inhabituel.

Dès l'époque des Han, le Japon a subi l'influence de la Chine. À partir du début du VIIe siècle, quand la cour du Yamato commença à organiser un État, elle envoya des ambassades en Chine pour porter un tribut, acceptant, quoique à contrecœur, le principe de relations inégales, pour avoir la possibilité d'observer directement ce qui se faisait dans la grande nation voisine, considérée comme un modèle de civilisation. De 607 à 838, quinze ambassades traversèrent la mer. La décision de les interrompre ne fut pas prise, en 894, pour faire cesser une situation insupportable à l'orgueil de la cour, encore bien moins parce que celle-ci se jugeait désormais capable de se passer des enseignements de la Chine, mais parce que les désordres, qui ont marqué en Chine la fin de la dynastie des Tang, rendaient le voyage dangereux. D'ailleurs, depuis 838, aucune ambassade n'était partie et cependant les relations avec la Chine s'étaient maintenues, grâce aux bateaux de commerce chinois et aux moines japonais qui continuaient à aller s'instruire sur le continent.

Les ambassades ne furent pas reprises, quand, au Xe siècle, l'empire des Song se fut affermi, mais les échanges se poursuivirent de façon satisfaisante pour la cour. Au XIIe siècle, des bateaux japonais commencèrent à participer à ces échanges. Les luttes entre les clans Taira et Minamoto[1], à la fin du XIIe siècle, et le transfert du centre de gravité du pays dans l'Est avec la fondation du régime de Kamakura n'ont pas arrêté les échanges, car le Japon avait besoin de la monnaie chinoise pour son commerce intérieur et restait soucieux de suivre le mouvement intellectuel et artistique de la Chine. Des moines chinois de la secte Zen étaient accueillis avec intérêt à Kamakura : le régent nommé en 1268, Hôjô Tokimune (1251-1284), avait été l'élève du moine Rankei venu au Japon en 1246. Cependant, les autorités de Kamakura, un peu méfiantes à l'égard de ce qui se passait à Kyû Shû dans le sud du pays, et fidèles à des précédents anciens, ont, en 1254, réduit à cinq le nombre des bateaux chinois autorisés à venir chaque année. Néanmoins, les échanges se poursuivaient régulièrement et longtemps ne furent pas affectés par les bouleversements apportés sur le continent asiatique par la conquête mongole.

Le Japon ne s'intéressa nullement aux premiers mouvements de tribus de la Mongolie, au début du XIIIe siècle, non plus qu'aux grandes chevauchées vers l'ouest ; mais il n'ignorait pas les expéditions mongoles contre le royaume de Corée, presque annuelles depuis 1231, non plus que la soumission de ce pays, manifestée après 1258 par l'envoi du prince héritier en otage chez le grand Khan, l'extension des postes mongoles à la

---

1. Les Taïra et les Minamoto guerriers au service de la cour ont profité de l'affaiblissement de celle-ci pour organiser des groupes de combattants qui étaient souvent des administrateurs domaniaux. Les Minamoto, après leur victoire sur les Taira ont fondé le *Bakufu* de Kamakura. Mais le *shôgun*, chef nominal du *Bakufu* était dans la pratique remplacé par les membres de la maison Hōjō, régents héréditaires.

péninsule et l'installation d'occupants, d'abord dans le Nord puis dans les provinces du Sud. Le Japon pouvait aussi avoir connaissance des menaces contre l'empire des Song, réduit à la partie méridionale de la Chine. Qoubilai, grand khan à partir de 1260, chef en quelque sorte de la confédération mongole, s'était installé dans le Nord de la Chine ; il était décidé à reprendre contre les Song l'offensive commencée en 1256 et interrompue très vite. Mais ses ambitions en Chine et à l'est de la Chine étaient gênées par la nécessité où il fut, en 1264, puis en 1274 et encore en 1287, de combattre pour maintenir son contrôle sur la Mongolie et conserver sa position de grand khan, même après qu'il eut fondé en Chine la dynastie des Gen (chinois Yuan), dont il fut le premier souverain sous le nom de Seiso (Shizu).

Les Mongols, occupant la Corée, connaissaient donc l'existence du Japon qui s'y manifestait souvent par des activités de piraterie, devenues notables dès le premier quart du XIIIe siècle. Il n'est pas étonnant que, dès 1266, ils aient tenté d'entrer en relation avec ce pays ; relation qui, à leurs yeux, ne pouvait être que de soumission à leur empire. Les auteurs japonais ont quelquefois tendance à mettre sur le compte des influences chinoises la volonté des Mongols de créer un empire universel. Cependant la vision chinoise d'un empire universel, fondé sur une civilisation spontanément sentie par les voisins comme unique, supérieure et désirable, diffère profondément de celle des Mongols, née de l'idée religieuse d'un souverain, seul représentant du Ciel dans le monde et réalisant ses desseins par la conquête, sans souci d'imposer quelque religion ou culture que ce soit. Jamais la Chine n'avait exigé du Japon l'envoi d'une ambassade, elle s'était contentée de protester quand les formes, qu'elle jugeait correctes, n'avaient pas été respectées.

Avec les Mongols, en revanche, il ne s'agissait plus seulement d'envoyer de temps en temps un tribut, auquel pourraient répondre des cadeaux tout aussi importants ; les Mongols seraient en mesure d'exiger, comme en Corée, otages et tributs réguliers. Raison pour laquelle, bien qu'aucun texte ne nous renseigne explicitement sur ce point, le *bakufu*[2] a obstinément refusé toute négociation. La dynamique conquérante des Mongols, désireux d'atteindre dans tous les sens les limites du monde connu, ne rend pas compte seule de leurs exigences envers le Japon. Qoubilai, en effet, commençait son offensive contre les Song et, au dire d'historiens japonais, jugeait sans doute nécessaire de faire passer le Japon parmi les peuples tributaires pour impressionner les Chinois habitués de longue date à commercer avec l'archipel.

Dans quelle mesure l'arrêt de ces échanges et leur détournement vers les Mongols pouvaient-ils gêner sensiblement les Song ?

Une lettre au Japon, transmise d'ailleurs de fort mauvaise grâce par le roi de Corée, qui savait bien qu'en cas de guerre, son pays, épuisé par des décennies de pillages mongols, devrait fournir un gros effort, n'arriva pas à destination. Une première lettre, reçue en 1268, disait nettement : « Les princes des petits pays doivent entretenir avec nous des relations amicales, nous dont les

---

2. Bakufu : « gouvernement de la tente », ensemble d'organes administratifs qui constituent la maison du général chargé de la pacification des barbares de l'Est. Titre porté à la fin du XIIe siècle par une grande famille de guerriers chargée par l'empereur d'assurer l'ordre dans le pays.

ancêtres ont reçu le pouvoir d'un ordre du Ciel. » Elle contenait aussi une menace voilée d'intervention armée en cas de refus. Les Mongols patientèrent pendant six ans et n'envoyèrent pas moins de sept lettres, ce qui a permis au Japon de faire quelques préparatifs. Ces lettres étaient adressées à la cour, mais les représentants du *bakufu* dans le Nord de l'île de Kyû Shû, point d'arrivée des bateaux venus de Corée ou de Chine, les ont toujours transmises d'abord à Kamakura, qui les a fait passer à la cour de Kyôto. Celle-ci se décida en 1270 à faire préparer une réponse rédigée en termes mesurés, dont le sens était que le Japon, dirigé par les descendants de la déesse Amaterasu, était un pays paisible qui tenait à rester à l'écart et, n'ayant jamais eu de relations avec les Mongols, n'avait pas de raison d'en nouer. Mais le *bakufu*, jugeant qu'il ne servait à rien de chercher à gagner du temps, refusa d'envoyer ce texte à Qoubilai.

Dès 1270, le *bakufu* prévint les gouverneurs militaires des provinces de la mer intérieure et de Kyû Shû des mauvaises intentions des Mongols et de la nécessité de faire bonne garde. En même temps, ceux des guerriers de l'Est qui avaient des fonctions ou des biens dans l'Ouest, durent regagner Kyû Shû afin d'y accomplir leur devoir. Le *bakufu* profita de la circonstance pour renforcer les ordres contre les bandes de brigands. En 1272, il fit présenter des registres des rizières dans diverses provinces (il ne subsiste que les textes relatifs à quelques-unes, la mesure était peut-être générale), sans doute en vue de dispositions fiscales. Il ordonna au gouverneur militaire chargé des provinces du Nord de Kyû Shû de s'informer minutieusement des ressources des *gokenin*[3] de son ressort. Ces enquêtes avaient évidemment pour but de préparer la défense. La

---

3. Gokenin : hommes de la maison et vassaux du shôgun.

cour, de son côté, dès 1268, avait demandé des prières aux principaux établissements religieux bouddhiques et shintô. Cependant, à Kamakura, on n'était pas obsédé par les craintes d'invasion et les querelles se poursuivirent au point qu'en 1272 Tokimune fit mettre à mort son frère et quelques autres membres de l'administration du *bakufu*. Irrité par ses prédications alarmistes, il exila le moine Nichiren fondateur de la secte du même nom.

Quand, en 1274, Qoubilai se décida à ordonner une invasion du Japon, la conquête du Sud de la Chine était loin d'être achevée. Seule la Corée pouvait fournir les moyens de transport nécessaires et une base de départ. La construction des bateaux fut menée très rapidement et on a tout lieu de penser que la qualité de la flotte, qui aurait atteint le chiffre de 900 bateaux, n'était pas excellente. Il est généralement admis que l'armée d'invasion comprenait 20 000 Mongols et environ 12 300 Coréens dont 6 700 marins. Le général en chef, le Mongol Kinto (chinois, Xindu), était assisté d'officiers mongols, chinois et coréens.

Le départ avait été prévu pour le début d'août, mais il fut retardé jusqu'au début de novembre à cause de la mort du roi de Corée et du deuil qui s'ensuivit. L'armée d'invasion, partie de l'actuel Masanpo, relâcha d'abord à Tsushima, où le principal vassal du *bakufu* se fit tuer avec quatre-vingts hommes. Une semaine plus tard, dans l'île d'Iki, cent guerriers livrèrent de la même façon un combat sans espoir. La population des deux îles souffrit considérablement. Le 19 novembre, les envahisseurs débarquèrent dans la baie de Hakata, non loin du siège du gouvernement général de l'île, sans doute en trois points. La journée ne fut pas favorable aux Japonais, qui, vers le soir, durent se retirer. Cependant, les Mongols, au lieu d'occuper le terrain, se rembarquèrent et auraient dans la nuit essuyé une tempête qui les contraignit à regagner leur base. L'armée mongole disposait sans doute d'un armement supérieur à celui des Japonais, arcs de plus grande portée, flèches empoisonnées, poudre et explosifs, nouveaux et terrifiants. Surtout, elle savait manœuvrer selon une tactique élaborée. Le Japon en était resté au combat singulier qui obéissait à un protocole rigoureux : choix de l'adversaire, envoi d'une flèche d'appel, proclamation du nom.

Les Mongols, eux, combattaient en groupes qui, enveloppant les héros sortis pour porter les défis, les abattaient. Ils utilisaient tout un système de signaux et faisaient résonner gongs et tambours pour affoler les chevaux de leurs adversaires. En dépit de leur supériorité, les envahisseurs ont choisi la retraite. Les sources mongoles invoquent l'excuse de la tempête (dont les sources japonaises contemporaines ne parlent pas, mais qui est plausible) pour expliquer la perte de la moitié de leur effectif. Une pénurie de flèches, la blessure d'un de leurs chefs seraient à l'origine de la décision d'arrêter l'opération. Il est clair qu'en dépit des mises en garde des Coréens, les Mongols avaient sous-estimé les difficultés d'une expédition maritime et de l'arrivée sur un terrain totalement inconnu.

Hors des régions directement concernées, Tsushima, Iki et la baie de Hakata, défendues par quelques centaines de combattants, les événements de la fin de 1274, ce qu'on appelle la campagne de l'ère Bun.ei, n'ont pas beaucoup ému le reste du pays. La cour qui célébrait alors les Grandes Prémices du début du règne de Go.uda-tennô ne les repoussa pas, quoiqu'elle eût reçu les nouvelles de Tsushima. Tout au plus, le mois suivant, prit-elle le deuil pour l'incendie du sanctuaire de Hakozaki par les Mongols. À Kamakura, on savait qu'il ne s'agissait pas d'une délivrance définitive. On donna les ordres de routine relatifs à l'enregistrement par les gouverneurs militaires des mérites acquis au combat par les *gokenin*, mérites manifestés par le nombre de têtes présentées et par les témoignages, ceux de parents étant exclus. Une liste de cent vingt guerriers dignes d'être récompensés fut promulguée. Surtout, il fallait mieux organiser la défense. Dès 1275, les deux principaux gouverneurs militaires de Kyû Shû, Shôni Tsunesuke et Ôtomo Yoriyasu, furent chargés de mettre sur pied un système de garde des côtes par les *gokenin*. Les provinces de l'extrémité occidentale de Hondo reçurent des ordres analogues.

En 1276, on commença la construction de fortifications dans la baie de Hakata. Les vassaux du *bakufu* ayant des intérêts à Kyû Shû et les établissements religieux de l'île furent taxés en proportion de leurs biens : pour cent hectares, édification de trente mètres d'un mur d'un mètre quatre-vingts de hauteur et de trois mètres de largeur à la base. Il y eut aussi des préparatifs maritimes et une velléité de la part du *bakufu* de porter la guerre en Corée. Qoubilai ne jugeait pas que ses troupes avaient subi une défaite et espérait encore que le Japon se soumettrait. Il envoya, dès 1275, une ambassade que le *bakufu* fit venir à Kamakura pour la mettre à mort. En 1278, alors qu'on ignorait ce fait, un bateau japonais fut autorisé à aborder en Chine. En 1279, ayant achevé la conquête de la Chine, Qoubilai dépêcha une seconde ambassade qui subit le même sort que la première. Le *bakufu*, qui recueillit alors des moines chinois réfugiés, entendait ne pas succomber comme les Song. On attendait l'invasion pour 1281 et, dès 1280, la cour commanda des services religieux et mobilisa les moines les plus connus pour leur efficacité.

Qoubilai créa en 1280 un organe chargé de soumettre l'Est et nomma les préposés aux préparatifs en Corée et en Chine du Sud. Le corps expéditionnaire devait partir de deux bases : le Sud de la Corée et la région du fleuve Bleu. L'armée de Corée aurait disposé de 900 bateaux, 15 000 Mongols et Chinois, 10 000 Coréens et 15 000 marins sous le commandement de Kinto. L'armée de Chine aurait eu 3 500 bateaux et environ 100 000 hommes, les approvisionnements étant prévus pour trois mois. Le tout était placé sous le commandement du Mongol Arakan qui, malade, fut remplacé au dernier moment par Atahai, ce qui fut peut-être la cause du retard pris par la flotte partie de Chine. Les deux groupes devaient faire leur jonction à Iki vers la mi-juin. Cependant la flotte de Corée, sortie du port le 22 mai, attaqua Tsushima puis Iki et, à partir du 23 juin, porta son effort sur la péninsule de Shikanoshima (alors une île), au nord-est de la baie de Hakata, et sur diverses îles situées au sud-ouest. Mais la défense fut efficace et, en une semaine, les assaillants ne progressèrent pas.

La flotte de Chine arriva à la fin de juillet devant Hirado, entre-temps choisi comme lieu de rendez-vous, et, le 12 août, une avant-garde approcha de l'île Taka. Dès l'arrivée des bateaux dans leurs eaux, les Japonais avaient commencé à harceler les isolés, de sorte qu'ordre fut donné par le général mongol de les tenir reliés par des chaînes pour la nuit, précaution qui s'avéra désastreuse, quand, le 15 août, un typhon s'éleva. La flotte devant Taka fut détruite et la mer rejeta quantité de cadavres. Quant aux survivants, ils furent pourchassés et massacrés. La partie de la flotte restée à Hirado eut moins à souffrir : un quart environ de l'effectif total aurait pu se mettre en sûreté. Tout le reste périt dans les flots ou de la main des Japonais qui durent, pendant plusieurs jours encore, nettoyer les îlots. On raconte qu'ils élevèrent de véritables collines de têtes sur le rivage. Seuls les Chinois de l'ex-empire des Song auraient été épargnés.

Le typhon est, pour une bonne part, responsable du désastre subi par les Mongols dans la deuxième campagne, celle dite de l'ère Kôan, mais on peut invoquer aussi le caractère hétérogène de leur armée, le grand nombre de bateaux hâtivement construits, le manque de coordination entre chefs mongols et coréens, la difficulté du milieu marin, encore très nouveau pour un peuple de cavaliers nomades, ainsi que l'efficacité des fortifications de la baie de Hakata et la tactique de harcèlement des bateaux adoptée par les Japonais. Les contemporains ont tout de suite parlé du vent divin, *kamikaze*, envoyé par le dieu Hachiman. On raconta que des moines, célébrant à la capitale, en auraient eu la révélation avant même l'arrivée des nouvelles.

Peut-on parler, à propos de ces événements, d'une prise de conscience du sentiment national ? Avant la Seconde Guerre mondiale, cet épisode a servi à exalter le sens patriotique. Il a été décrit, avec un certain anachronisme, comme un sursaut national contre l'étranger. Depuis la guerre, il fait l'objet d'un réexamen et on ne le qualifie plus de moment majeur dans l'histoire de l'esprit national. L'unique récit d'un témoin oculaire, œuvre d'un guerrier vassal du *bakufu*, Takesaki Gorô Suenaga, donne des indications sur la mentalité et les motivations de ceux qui ont soutenu le poids des combats à Kyû Shû, que leur famille y fût installée depuis longtemps (cas de Suenaga) ou que, moins nombreux, ils aient dû rejoindre l'île pour la circonstance. Ce personnage a commandé à un artiste un rouleau de peintures illustrant le récit qu'il a dicté, vraisemblablement vers 1293 : c'est le célèbre *Récit illustré des invasions mongoles (Môko shûrai ekotoba)*. Il raconte de façon assez naïve comment, malgré sa belle conduite dans la campagne de 1274, à laquelle il participa avec quatre suivants, son nom ne fut pas transmis au *bakufu* parmi ceux des guerriers méritants. Passant outre à l'opposition de sa famille, il décida donc d'aller protester à Kamakura, déclarant que, s'il n'obtenait pas justice, il se ferait moine et ne reviendrait pas. En chemin, il dut vendre cheval et selle, mais il arriva chez le préfet chargé de distribuer les récompenses, Adachi Yasumori, un des hommes les plus influents auprès du régent Tokimune, et lui présenta un certificat écrit par le gouverneur militaire de sa province. Le préfet, après un premier refus, se laissa fléchir et donna un ordre particulier pour qu'il reçût sa récompense. Suenaga devait se distinguer aussi dans la deuxième campagne. Son texte montre que, guerrier besogneux, il comptait sur cette occasion de se distinguer pour rétablir sa situation. Il ne songeait pas en priorité à la défense du pays, puisqu'il était décidé à n'y plus participer par les armes s'il n'obtenait pas ce qu'il jugeait être son dû.

Un autre fait manifeste aussi la soif de récompenses, en fait de moyens de subsistance, de beaucoup de *gokenin* : en 1275, ils demandèrent à être convoqués personnellement aux gardes contre l'étranger et non par l'intermédiaire du chef de leur famille (en dépit des partages, à chaque génération était désigné un chef de la famille, par qui passaient les convocations aux services de garde ordinaire). Une telle prétention marque bien qu'ils espéraient que leurs mérites propres seraient ainsi mieux enregistrés et qu'ils auraient de meilleures chances de recevoir des récompenses. Ils ont obtenu satisfaction car le *bakufu* pensait multiplier ainsi le nombre des combattants. D'autre part, Suenaga ne raisonne pas en terme de défense du pays, il n'envisage que le service dû au seigneur qui, dans son esprit, n'était sans doute pas l'empereur mais le *shôgun*.

Paradoxalement, le sens du pays est beaucoup plus vif dans les textes écrits pour faire connaître l'efficace protection des divinités, obtenue grâce aux prières commandées par la cour et le *bakufu*. L'opuscule, rédigé sans doute par un moine du temple attaché au sanctuaire Hachiman-gû, situé au sud de Kyôto, les *Instructions faciles relatives à Hachiman (Hachiman gudô-kin)*, raconte bien quelques faits de guerre ; mais il s'étend surtout sur le salut, œuvre des divinités. Il énonce clairement que tous les habitants du Japon, de l'empereur aux derniers des sujets, sont les enfants des divinités nationales et ne dépendent de qui que ce soit, de l'Inde ou de la Chine. Ainsi, les guerriers combattaient d'abord pour servir leur seigneur, les prêtres et les moines priaient pour la sécurité et le salut du pays, quelquefois même avec un sentiment très vif de son identité, comme en témoigne le poème composé par le moine Ean en 1270, alors qu'il célébrait un service à la demande du *bakufu* : « Jusqu'à la fin des fins, jusqu'à la fin des temps, notre pays, parmi tous les pays, est le meilleur. »

Il ne s'agissait pas, en réalité, d'une nouveauté : avec plus d'assiduité et de vigueur, en raison des circonstances graves, avec une efficacité éclatante aux yeux de tous, les moines et les prêtres ont assuré à l'égard de la cour le service qui leur était de tout temps dévolu. En effet, il s'était développé très tôt dans le monde de la cour, cœur du pays et élément qui lui donne son existence et sa cohésion, un sentiment de responsabilité : la cour considérait que sa mission était de prendre les mesures spirituelles nécessaires à la conservation du pays et de ses habitants.

L'empereur était l'interlocuteur privilégié des divinités fondatrices, même s'il laissait généralement aux spécialistes le soin de les invoquer. En outre, les moines bouddhistes lui ont fait connaître comme recettes efficaces pour l'accomplissement de sa mission les enseignements de *sûtra* promettant la paix et la prospérité aux pays dont les souverains les feraient réciter. Il serait abusif d'assimiler cet état d'esprit, surtout répandu parmi l'élite, au patriotisme moderne. On peut remarquer, de plus, que les moines, à peu près seuls hommes instruits à voyager hors du Japon, avaient tout naturellement un sens plus éveillé de l'étranger. Au moment des invasions, le *bakufu*, à qui il incombait de prendre des mesures concrètes de défense, a, lui aussi, très vivement senti sa responsabilité, au point qu'empiétant sur un domaine normalement réservé à la cour, il a subventionné des célébrations religieuses pour le salut du pays et non pas seulement pour ses intentions particulières. Mais on ne sait rien des réactions de la population, ni même de celles des guerriers qui ne furent pas directement touchés. La cour, l'élite des moines et des desservants du culte national, de même que le *bakufu*, ont eu une conscience nette du danger et de leur devoir d'obtenir le départ des envahisseurs, par les moyens qui étaient les leurs. Les guerriers ont courageusement fait front, soit par obéissance à leur éthique propre, soit pour remplir leurs obligations à l'égard de leur seigneur, soit pour obtenir des récompenses. La délivrance fut imputée aux dieux, ce qui renforça le sentiment que le Japon, pays divin, peut compter sur la promesse de la divinité fondatrice et que sa dynastie est éternelle.

En effet, les ouvrages écrits au XIVe siècle, l'*Histoire de la succession correcte des divins empereurs (Jinnô-*

shôtô-ki) dont l'influence a été si grande à l'époque de Edo (début XVIIe siècle), ou le Miroir supplémentaire *(Masu-kagami)*, ou l'*Histoire de la grande paix (Taihei-ki)*, quand ils mentionnent, d'ailleurs assez brièvement, les événements de 1274 et 1281, mettent l'accent sur la protection des divinités et des buddha. Ils ne font pas état d'un quelconque élan de l'ensemble de la population face à l'étranger. Tout au plus peut-on dire qu'ils le postulent de façon implicite, car la cour est censée contenir le pays tout entier et manifester les sentiments de tous. Ces combats n'ont pas suscité de récits ; ils ne sont pas entrés dans la mémoire collective, comme si la guerre contre des gens venus d'ailleurs ne pouvait pas être considérée comme normale et exemplaire. Preuve, peut-être, d'une certaine difficulté à définir des rapports avec l'étranger.

Ces événements ont eu des prolongements et des conséquences. Pour les Mongols, une expédition manquée ne représentait pas un désastre majeur : le Japon n'était pour eux qu'un théâtre d'opérations entre plusieurs. Qoubilai n'abandonna pas l'idée de le soumettre un jour et fit entreprendre à plusieurs reprises des préparatifs, d'abord en 1283 et une dernière fois avant sa mort, en 1294. Il avait entre-temps essayé, avec des succès divers, de conquérir le Tonkin, le Champa (sur la côte d'Annam) et Java.

Jusqu'en 1294 et même au-delà, le Japon dut rester vigilant. Il fallut continuer à entretenir les fortifications du Nord de Kyû Shû et à imposer des services exceptionnels de garde des côtes aux guerriers locaux. Les enquêtes sur les mérites acquis en 1281 se poursuivirent jusqu'en 1286 et les distributions ne purent se faire que lentement : des récompenses furent encore attribuées en 1307. Le *bakufu* avait stipulé que terres et offices concédés ne le seraient que dans l'île de Kyû

Shû, car il ne voulait pas déplacer des combattants éventuels. Or les biens disponibles étaient en fort petit nombre et, outre les guerriers, les établissements religieux élevaient aussi la prétention de faire reconnaître leurs services. Les lots distribués variaient de trois à dix hectares. Les invasions mongoles n'ont pas provoqué les difficultés économiques des vassaux du *bakufu*, mais elles n'ont pas contribué à les réduire ni à raviver la reconnaissance et la fidélité des *gokenin* à l'égard du régime de Kamakura.

Les dangers courus du fait des Mongols ont permis au régent Tokimune, maître du *bakufu*, d'étendre le champ de ses interventions. Pour les besoins de la défense, il a exigé une part des redevances dues aux seigneurs, nobles de cour ou établissements religieux, qui, normalement, ne relevaient pas de lui, encourageant ainsi les usurpations des *gokenin* officiers domaniaux. Averti de l'arrivée de la flotte ennemie en 1281, il s'était arrogé le droit de mobiliser non seulement les vassaux du *bakufu* mais encore tous les hommes disponibles dans les provinces menacées. Le clan des Hôjô put aussi placer à Kyû Shû dans des postes de gouverneurs militaires des hommes de leur maison. Après 1285, ils mirent progressivement en place un organe nouveau chargé de la défense des côtes et investi de la juridiction sur toute l'île, dont les membres prirent le dessus sur les deux grandes familles de gouverneurs militaires, les Shôni et les Ôtomo, plus anciennement installées. Mais cette volonté des Hôjô d'accroître leurs prérogatives, de s'entourer des conseils de leurs propres vassaux et de les placer aux postes importants, était antérieure aux invasions mongoles, qui n'ont fait que la fortifier.

Les événements de 1274 et de 1281 n'ont pas eu d'influence notable sur les échanges avec le continent.

Sans qu'il y ait eu de relations officielles entre la dynastie mongole des Gen et le Japon, à partir de 1292, des bateaux japonais ont recommencé à fréquenter les ports de la Chine, des moines chinois sont revenus au Japon et surtout des moines japonais, assez nombreux au début du XIVe siècle, ont repris le chemin de la Chine, dont l'influence culturelle resta très forte. Dès lors, le développement des activités des pirates japonais, les fameux *wako*, allait amener une nouvelle phase dans les relations de l'archipel avec le continent.

La dernière bataille des seigneurs de la guerre

En octobre 1600, la bataille de Sekigahara, dont on a fêté à travers tout le Japon le quatre centième anniversaire, a permis d'unifier définitivement le pays et d'instaurer la paix pour plus de deux siècles, après des décennies de guerres civiles. À l'origine de ce bouleversement, un homme : Tokugawa Ieyasu, dont la dynastie régnera jusqu'en 1868.

Au début du XVIe siècle, le Japon est en effet divisé en domaines formant des entités politiques indépendantes de l'empereur qui, bien que dépourvu de pouvoir effectif, reste le dépositaire ultime de la légitimité étatique, tout comme du shôgun, chef de guerre exerçant la réalité du pouvoir politique, militaire et administratif.

À leur tête, des daimyô, seigneurs féodaux possédant un fief, qui se conduisent à l'intérieur de leur petit royaume comme des suzerains absolus. Ils sont entourés d'un état-major de militaires et de fonctionnaires qui forment une cour et sont rétribués soit par un salaire, soit par l'octroi de terres transmissibles à leurs descendants.

Dans cette époque troublée, ces grands féodaux sont incités à se doter d'une véritable puissance militaire, s'appuyant sur une paysannerie qui fournit les moyens de subsistance et le gros des troupes, ainsi que sur une aristocratie qui pourvoit à l'administration des terres et à l'encadrement des soldats.

Progressivement, les grands fiefs absorbent ou mettent sous tutelle les domaines de dimensions plus modestes.

Les arquebuses, arrivées d'Europe par les Portugais, puis rapidement fabriquées sur place, sont employées de plus en plus systématiquement, précipitant ce processus de regroupement. Ainsi, à la bataille de Nagashino, en 1572, allant à l'encontre de toute tradition, le daimyô Oda Nobunaga déploie, face à la cavalerie lourde du clan Takeda, réputée la meilleure de l'époque, des fusiliers munis de mousquets, organisés sur trois rangées, qui finissent par anéantir l'adversaire.

Un nouveau succès pour celui qui s'est déjà emparé de la capitale impériale, Kyôto, contrôlant ce qui subsistait des deux cours, celle de l'empereur et celle du shôgun. Mais son projet d'unification du pays s'évanouit lorsque, trahi par l'un des siens, il est obligé de se donner la mort.

Deuxième tentative d'unification, et deuxième échec, celui du plus grand général de Nobunaga, Toyotomi Hideyoshi, qui avait pourtant réussi à soumettre Kyushu, la grande île du Sud, ainsi que le Japon oriental et septentrional, avant d'enliser ses troupes en Corée, dans une vaine tentative de conquête de la Chine. Sa mort, en 1597, crée un vide politique qui sera bientôt comblé par son principal vassal, Tokugawa Ieyasu.

Lorsque Hideyoshi, à qui Ieyasu avait fait allégeance, lui demanda d'abandonner ses domaines patiemment constitués pour aller s'établir encore plus à l'est, dans la vaste plaine du Kantô ouverte sur la mer, il accepta malgré la réticence de ses vassaux. Cet exil dans un territoire tout neuf lui permit de consolider les bases de sa puissance.

À la mort de Hideyoshi, Ieyasu affiche ses prétentions à la succession. Il se heurte aux autres prétendants. Le 21 octobre 1600 se tient à Sekigahara la bataille décisive qui oppose les armées de l'Est à celles de l'Ouest. Inférieures en nombre mais bénéficiant de trahisons dans le camp ennemi, les troupes d'Ieyasu remportent une victoire éclatante. Tout est fini vers les 4 heures de l'après-midi. La pluie, qui se remit alors à tomber, mit fin aux poursuites. En fait si 80 à 90 000 hommes furent effectivement engagés, seule une partie a réellement combattu : le général en chef de l'armée de l'Ouest, Môri Terumoto, n'était pas présent, et ses troupes ont refusé de secourir leurs alliés.

En 1603, consécration de cette victoire, Ieyasu reçoit de l'empereur le titre de Sei-i-Taishogun, généralissime contre les « barbares », que ses deux prédécesseurs n'avaient pas réussi à obtenir. Il crée à Edo (l'actuelle Tokyo) sa capitale. C'est la naissance d'un nouveau régime, auquel les historiens donneront le nom de *bakuhan* : le pouvoir est partagé entre le shôgun *(bakufu)* et les daimyô, à la tête de quelque deux cent cinquante territoires *(han)* ; l'empereur, quant à lui, voit limiter ses attributions à un rôle cérémoniel et à la validation des nominations décidées par le shogun.

En 1605, pour régler par avance les problèmes de succession, Ieyasu reprend une vieille tradition japonaise, celle de l'abdication de son vivant en faveur de son fils Hidetada. Il se débarrasse également des derniers descendants d'Hideyoshi, en s'emparant du château d'Osaka où ces derniers s'étaient retranchés. Blessé au cours du siège, il meurt l'année suivante, à l'âge de soixante-quatorze ans.

Mais personne ne conteste plus la suprématie de la dynastie des Tokugawa. Le rêve de stabilité prend ainsi corps dans la première moitié du XVIIe siècle. Un encadrement rigide de la vie sociale sous toutes ses formes se met en place. Les seigneurs se voient soumis à un contrôle impitoyable. L'édit de 1615 n'autorise qu'un seul château par domaine, entraînant la destruction de centaines de forteresses.

Leurs alliances et leurs mariages sont eux aussi soumis à l'approbation du shogun. Ils doivent de plus résider à leurs frais une année à Edo et y laisser le reste du temps leur famille en otage : leurs incessants va-et-vient le long de la Tokaidô (voie menant de Kyôtô à Edo) avec leur suite sera le sujet de nombreuses estampes d'Hiroshige, l'un des maîtres du genre.

À cette constitution d'un État centralisé autour d'Edo et son corollaire, la pacification intérieure, s'ajoute la fermeture presque totale du pays. Ainsi, s'installe pour plus de deux cent cinquante ans la « Pax Tokugawa » dont la durée n'a d'équivalent dans aucun autre pays. Cette période de paix est aussi celle du développement économique et de la prospérité d'Edo et d'Osaka, et de l'élaboration d'une culture originale, à l'usage des marchands : théâtre du Kabuki, art des geisha.

Il n'y sera mis fin que lorsque la pression des puissances étrangères déclenchera, dans la seconde moitié du XIXe siècle, la révolution de Meiji : l'ouverture du pays à l'influence occidentale.

« Yakuza » : la mafia du Japon

Le Japon, pays policé et ordonné, a l'un des plus faibles taux de criminalité du monde industrialisé. Il n'en existe pas moins sur l'archipel une pègre organisée et active, dont le nombre dépasserait celle de la Mafia américano-sicilienne. Depuis le XIXe siècle on range les *gangsters* japonais sous le terme générique de *yakuza*, et le cinéma en a véhiculé les images. À la fin de 2010, la police nippone recensait 78 600 membres d'organisations criminelles.

Le gangstérisme n'est pas au Japon un produit d'importation venu des États-Unis comme le *baseball*. Il a derrière lui une longue tradition : les *yakuza* constituent, en fait, l'une des criminalités organisées les plus anciennes du monde, contemporaine de la Camorra napolitaine et plus ancienne encore que la Mafia sicilienne qui s'est vraiment structurée au milieu du XIXe siècle[1].

À ce titre, les *yakuza* sont inséparables de l'histoire du Japon. En effet, dans la mesure où les activités illégales des syndicats du crime japonais ne troublent pas ouvertement l'ordre public et que, en principe, les *yakuza* ne

1. E.J. Hobsbawm, *Primitive Rebels*, Manchester University Press, 1959.

mettent pas en danger la vie des citoyens, ils ont été parfaitement intégrés à la société japonaise. Jeu, prostitution, drogue, marché de la main-d'œuvre des journaliers et des dockers : les truands nippons contrôlent d'énormes affaires, parfaitement légales en apparence, et ont mis au point un système d'extorsion de fonds d'une ampleur difficilement imaginable en Occident. Toutes les organisations criminelles ont leur territoire et pratiquement pignon sur rue. Elles sont, en outre, tellement démultipliées qu'il est bien difficile de remonter jusqu'à la tête.

On range communément sous le même vocable *yakuza* toute la criminalité organisée au Japon. Historiquement et sociologiquement, cette généralisation est approximative. À l'origine le mot *yakuza* vient d'une expression employée parmi les joueurs professionnels pour désigner la combinaison la plus faible au jeu de dés[2]. Plus tard, dans le langage populaire, le mot a pris le sens de « bon à rien » puis a fini par signifier, vers le XIXe siècle, le délinquant en général. Pendant le règne des Tokugawa (1603-1868), le terme désignait soit des marchands itinérants (*yashi* ou dans la langue moderne *tekiya*) soit des groupes de joueurs professionnels *(bakuto)* auxquels se joignaient des *samouraï* en rupture de ban, les *ronin*. Il s'agissait là de guerriers sans maître, vassaux de seigneurs vaincus au cours de la période des guerres civiles qui précéda la prise de pouvoir par les Tokugawa en 1603.

Ayant assuré leur domination sur les clans adverses,

---

2. Tomura Eitaro, *Yakuza-Ko* (étude sur les *yakuza*), Yuzankaku, 1958. Selon cette explication, *ya-ku-za* seraient les premières syllabes des chiffres huit, neuf et trois, qui, additionnés, font vingt : un mauvais nombre au jeu.

les Tokugawa s'employèrent à mettre le pays en coupe réglée, instaurant d'une manière rigide quatre classes sociales : guerriers, paysans, artisans, marchands. Mais il leur restait à contrôler toute la frange de la population qui n'entrait pas dans ces catégories et allait prendre de plus en plus d'importance avec le développement de grands centres urbains comme Edo (ancien nom de Tokyo). Plutôt que de combattre de front cette masse mouvante, les autorités shogunales ont préféré les contrôler de l'intérieur en apportant indirectement leur appui aux principaux chefs de bandes, sur lesquels elles comptaient aussi pour recruter la main-d'œuvre nécessaire aux travaux publics, notamment à la construction des routes et de la ville d'Edo, – une activité de marchands de main-d'œuvre que les *yakuza* ont encore aujourd'hui sur les docks de Kobe ou dans les quartiers de journaliers d'Osaka ou de Tokyo.

La faune sur laquelle régnaient les chefs de bandes était composée de malandrins, de joueurs professionnels, de camelots, de portefaix et de *ronin*, mais aussi de parias, les *eta*, appelés depuis Meiji (1868), par euphémisme, « habitants des hameaux » *(burakumin)*. En somme, une sorte d'« intouchables » nippons, discriminés parce qu'ils travaillaient la viande et le cuir, activité impure pour le bouddhisme[3].

La politique des Tokugawa contribua à renforcer la position des chefs sur leurs bandes. Dans le cas des marchands itinérants, ou *yashi*, furent créées des associations contrôlant un territoire bien délimité sous l'autorité

---

3. Officiellement, cette discrimination a cessé à l'époque Meiji, mais, en fait, elle est toujours vivante. Sur cette question et l'histoire des *burakumin*, voir l'article de J.-F. Sabouret. *L'Autre Japon, les Burakumin*, La Découverte-Maspéro, 1983.

d'un chef, désigné à l'initiative des autorités shogunales et de celles des temples auprès desquels se tenaient les marchés. Bénéficiant du statut donnant droit à un nom de famille et au port du sabre *(myoji-taito)*, les « chefs » étaient dans une situation intermédiaire entre les *samouraï* (classe des guerriers héréditaires) et les autres citoyens. Ces « maîtres des marchés » devaient faire régner l'ordre parmi les marchands, répartissant les emplacements de vente. Ils s'étaient vu reconnaître aussi, implicitement, le droit de prélever une taxe sur les membres de leur bande. Ils devinrent ainsi un rouage essentiel du fonctionnement d'une ville comme Edo dont la population ne cessait de croître (plus d'un million d'habitants à la fin du XVIIIe siècle). Les jours de marchés – qui, au départ, étaient fixés selon le calendrier religieux comme dans l'Europe médiévale –, avaient pris le caractère de véritables foires qui tendaient à devenir permanentes. C'est à cette époque que se développèrent les « lieux animés » *(sakari-ba)* comparables à nos places publiques. Les marchands ambulants commencèrent alors à apparaître comme des groupes organisés, certes à la marge des quatre classes, mais ayant, par leur rituel et leur rôle économique et social, une position reconnue dans la cité. Les marchands itinérants avaient du reste leur dieu : Shinno, empereur chinois mythique fondateur de la médecine traditionnelle – médecine qui était aussi l'une des spécialités des *yashi*.

Pourtant, derrière une façade « civile » d'entraide et de code d'honneur, calqué sur celui des guerriers, existaient, dans le monde des marchands ambulants, des joueurs et des *samouraï* sans maître *(ronin)*, d'impitoyables rapports de force fondés sur la violence ; chacun défendant son territoire contre les incursions et les activités des autres.

Hors-la-loi, cette faune marginale, que par commodité on appelle *yakuza*, n'allait pas tarder à devenir une source de mythologie populaire. D'abord parce qu'elle représentait la déviance dans une société rigide où il était difficile d'exprimer une critique, même minime, de l'ordre social. Mais aussi parce que ces hors-la-loi furent rapidement assimilés aux défenseurs du pauvre et de l'opprimé. De là, les légendaires exploits des « bandits d'honneur » véhiculés par les conteurs d'autrefois et repris aujourd'hui par la télévision et le cinéma : par exemple dans le film de Kurosawa, *Les sept samouraï*. En ville, les *yakuza* étaient souvent confondus avec les « gardiens de la cité » *(machi yakko)*, qui défendaient les marchands contre les *ronin* belliqueux. En fait, les guerriers sans maître, non intégrés à la marginalité urbaine et déplorant l'état de paix régnant, cherchaient des occasions de donner libre cours à leur agressivité en provoquant des incidents avec les citadins désarmés qu'ils pouvaient pourfendre de leur sabre en toute impunité ou presque. Au début du XVIIe siècle, les « gardiens de la cité » n'allaient pas tarder à devenir des hommes de main à la solde du plus offrant. Avec leur code d'honneur (*ninkyodo*, « la voie du *ninkyo*, c'est-à-dire de la « lutte contre les méchants et de la défense des faibles », calquée sur la « voie du guerrier », le *bushido*), ces hommes de main sont le prototype du *yakuza* tel qu'on se le représente aujourd'hui. Mais, en réalité, nous l'avons vu, ce mot recouvre une frange beaucoup plus large de la marginalité des villes.

En fait, dans une société hautement hiérarchisée où l'individu ne pouvait subsister isolé, tout ce monde en marge des classifications officielles avait besoin de se doter d'un statut et d'un code afin d'exister en tant que groupe et de se justifier vis-à-vis de lui-même. Au code des relations entre le patron *(oyabun)* et son dépendant *(kobun)*, instaurant des rapports de fidélité et loyauté consacrés par la cérémonie de l'échange de la coupe de saké, s'ajoutaient un argot[4] et un ensemble de rituels et de marques distinctives qui ont fait du monde des *yakuza* le creuset d'une sub-culture.

La structure d'un groupe de *yakuza* reproduisait celle de la « famille élargie » *(ie)* de modèle traditionnel. Il adoptait en général le nom du chef assorti du mot « famille » *(ikka)* ou, dans la langue moderne, du terme de « bande » *(kumi* ou *gumi)* ou d'association *(kai)*. La succession à la tête du groupe s'opérait par cooptation selon l'ancienneté (au demeurant, il était fréquent au Japon que le chef d'un clan adopte une personne de sexe masculin, mais étrangère à sa famille au sens étroit du terme, pour en faire son successeur). La présentation du nouveau chef se faisait au cours d'une cérémonie *(shumeihiro)*. Si la majorité du groupe s'opposait au choix du chef *(oyabun)*, celui-ci devait y renoncer et procéder à une nouvelle désignation. Même en cas de succession le nom de groupe demeurait celui du fondateur.

L'absence de relation de parenté entre les membres d'une « bande », ou *kumi*, est compensée, aujourd'hui encore, par des rituels qui consacrent des liens fictifs. L'un des plus spectaculaires étant la section du petit doigt en signe de repentir dans le cas où l'on a failli à un engagement. Ce rituel, toujours observé aujourd'hui, s'opère de la manière suivante : un tissu blanc est étendu sur une table ; en présence de l'offensé, le coupable tranche d'un coup de sabre son auriculaire, puis le lui

---

4. Un argot qui est encore vivant aujourd'hui et qui consiste le plus souvent à inverser des syllabes ou à abréger des mots : ainsi *doya* pour *yado* (dortoir), *santaku* pour *takusan* (beaucoup), etc.

remet enveloppé d'un linge. L'expression *otoshi-mae*, qui désigne cette cérémonie, est passée dans la langue courante pour signifier « faire des excuses à quelqu'un ». Un autre trait distinctif du monde des *yakuza* est le tatouage : c'est à la fois une forme de communication et surtout un signe d'individualisation dans une société qui n'en a guère.

Avec assurément des particularités tenant à la culture et à l'histoire du Japon, les *yakuza* ne s'en inscrivent pas moins dans une tradition de banditisme et de hors-la-loi qu'ont connue, à des degrés divers, toutes les civilisations. À l'origine, c'est-à-dire au début de la période Tokugawa (1603), comme à la fin de celle-ci (1868), les *yakuza* tiennent du « banditisme social » et sont l'expression de la révolte parcellaire d'une paysannerie pauvre contre les injustices sociales et les grands féodaux ; révolte à laquelle se joignent guerriers en rupture de ban *(ronin)* et bandits professionnels : « Le banditisme social de ce type est l'un des phénomènes les plus universels de l'histoire et présente une extraordinaire uniformité [...] qui n'est pas la conséquence d'une diffusion culturelle mais une réaction à des situations semblables survenues à l'intérieur de sociétés paysannes [5]. »

Selon E.J. Hobsbawm, ce type de situation apparaît lors des phases de désagrégation sociale et de passage d'une société patriarcale à un capitalisme agraire. Le brigandage tendant, d'autre part, à devenir endémique à des époques d'appauvrissement et de crise économique : ce qui était le cas, en raison des guerres incessantes, au cours de la période qui précéda la prise de pouvoir par les Tokugawa. On notait à l'époque nombre de révoltes pay-

---

5. E.J. Hobsbawm, *Bandits*, Weidenfeld and Nicolson, Londres, 1969.

sannes qui aboutissaient parfois à la création de villages autonomes, formant même des ligues contre les seigneurs. Il semble donc s'agir d'un banditisme lié à des mouvements sociaux plus vastes. Avec la reprise en main du pays par les Tokugawa fut liquidé en quelques années ce type de banditisme imbriqué dans les mouvements paysans du XVe et du XVIe siècle. Mais la liaison entre hors-la-loi et paysans, se rétablira sur une grande échelle, lors des grandes révoltes de la fin du règne Tokugawa et des mouvements populaires, quasi anarchistes, du type *ei ja nai ka*, qui parcouraient des provinces entières.

Pourtant les organisations de *yakuza* ne semblent pas avoir joué, même à cette époque, un rôle de mobilisation populaire comparable à celui, par exemple, des sociétés secrètes chinoises, elles aussi expression d'un « banditisme social » aux XIXe-XXe siècles[6]. Dans l'agitation sociale qui règne à la fin de l'époque Tokugawa (début du XIXe siècle), la pègre participa sans doute aux mouvements populaires et se plaça par la suite, soit dans le camp des réformateurs de Meiji, soit dans celui des autorités shogunales. Mais elle se laissa souvent guider plus par les circonstances que par de véritables choix politiques. Le banditisme social fonctionne donc à l'intérieur d'un système traditionnel, s'oppose certes au pouvoir en place mais ne se bat pour aucune alternative, n'a ni programme ni idéologie. Ce que représentent les *yakusa* dans une société fortement hiérarchisée comme celle des Tokugawa, c'est un refus individuel de la part d'éléments sociaux venus d'horizons divers (guerriers, marginalisés des villes, paysans), l'expression d'une

---

6. Voir J. Chesneaux, Feiling Davis, Nguyen Ngyet Ho, *Mouvements populaires et sociétés secrètes en Chine aux XIXe et XXe siècles*, Maspero, 1970.

insoumission, d'une résistance à l'ordre dominant, mais trouvant en eux-mêmes, et non dans une utopie révolutionnaire, leur finalité.

Et c'est bien pour cette raison que les *yakuza* sont tolérés par le pouvoir. D'abord parce qu'ils constituent une force de régulation de la masse composite des déclassés urbains. Ensuite parce que leur banditisme social n'a que des visées, si l'on peut dire, « réformistes ». Ils forment un monde souterrain, une contre-société, mais ils ne constituent pas un mouvement collectif de remise en cause de l'ordre établi : il n'y a donc pas de raison de les exterminer comme ce fut le cas au début du règne des Tokugawa pour les chrétiens, porteurs d'une foi menaçant, à terme, les fondements du pouvoir.

En revanche, dans un pays où non seulement il était difficile d'exprimer la moindre critique mais encore où tout, ou presque, était normé – de l'habillement à la longueur des poutres de maison –, les *yakuza* incarnent le refus d'être intégré dans les cellules sociales « légales » : ils étaient l'*affranchi* qui revendique le droit de « fraternité élective ». Par l'art des tatouages, par les légendes qui les entourent, les *yakuza* représentent une subculture déviante, antiautoritaire. Ils participent de cette culture qui, plébéienne de souche puis policée et développée par la bourgeoisie des villes, est le creuset de ce qui est devenu les grands arts du « Japon éternel » : le kabuki ou l'estampe par exemple.

Les *yakuza* sont d'autant moins une menace pour l'ordre établi que leur monde est un décalque de la société légale. Ce n'est pas là un phénomène propre à l'Extrême-Orient : « Dès que la criminalité s'organise, elle tend à devenir un État dans l'État. Les structures des sociétés criminelles reproduisent fidèlement les pouvoirs dont elles sont rivales et concurrentes. Les bandes de pillards de la fin du Moyen Âge imitent l'organisation féodale, une sorte de vasselage s'est conservé jusqu'à nos jours dans les gangs », écrit Hans Magnus Enzensberger[7]. En cela, les *yakuza* semblent se rapprocher de la Mafia sicilienne. Dans les deux cas, il s'agit d'organisations constituant un système parallèle à celui de la société civile, mettant au-dessus de tout leur code d'honneur. Mais la Mafia plongeait ses racines dans le monde paysan et lorsqu'elle se constitua vraiment, au XIXe siècle, elle eut à sa tête des membres de la classe moyenne – petits propriétaires, avocats, collecteurs de taxes pour les propriétaires absentéistes –, formant « une espèce de bourgeoisie[8] ». Ni l'une ni l'autre de ces caractéristiques n'intervient avec les *yakuza*. Aussi, plus qu'avec la Mafia, les gangs japonais présentent-ils des points communs avec la Camorra napolitaine[9].

Outre ses rites et son code d'honneur, qui constituent une volonté de marquer la rupture avec la société civile, la Camorra partage avec les *yakuza* l'environnement dans lequel elle s'est développée : la ville. Dans le cas de Naples, la pauvreté des campagnes ; dans celui d'Édo, le développement du commerce, – la présence continue des grands féodaux et de leur suite contribuant au gonflement des villes. Au XVIIe siècle Naples est sans doute l'un des centres les plus peuplés d'Europe, et au XVIIIe Édo est peut-être la première ville du monde par la population. Tant pour les autorités de Naples que pour celles d'Édo, il s'est agi de discipliner

---

7. Hans Magnus Enzensberger, *Politique et crime*, Gallimard, 1967.
8. E.J. Hobsbawm, *Primitive Rebels, op. cit.*
9. Alberto Consiglio, *Camorra*, Cino del Duca, 1959.

cette « plèbe sans visage et sans nom ». Dans les deux cas, soit en position de force comme les Tokugawa, soit en position de faiblesse comme les Aragonais puis les Bourbons, le pouvoir pactisa avec les criminalités, plus ou moins organisées, de l'époque qui mirent sur pied un ordre dans lequel la population marginale et déclassée des villes basses des deux cités se reconnut. Comme les *yakuza*, dont certains se rangèrent du côté des réformateurs de Meiji en 1868, la Camorra joua un rôle politique, sans doute beaucoup plus déterminant en l'occurrence, en contribuant à la chute des Bourbons et à l'entrée des troupes de Garibaldi. Dans les deux cas, cependant, la criminalité organisée ne tira pas de son « engagement » les bénéfices espérés. Bien que s'étant rangées du côté des forces « montantes » de l'époque, elles combattaient pour des objectifs différents et un idéal de société dépassé.

Que sont devenus les *yakuza* ? L'industrialisation, la centralisation du pouvoir, puis le régime militaire et enfin le développement économique accéléré de la seconde moitié du XXe siècle ont provoqué des mutations aussi bien dans les mentalités que dans les activités de la pègre nippone.

C'est surtout au début du siècle, dans le contexte de la modification des rapports sociaux entraînés par l'industrialisation, et au cours des années de la montée du militarisme (fin des années 1920 jusqu'à la défaite de 1945) que les *yakuza* eurent une activité politique importante, en particulier en liaison avec l'extrême-droite. Avec celle-ci, la pègre nippone avait en commun un passéisme et un anticommunisme forcené. Mercenaires pour briser les grèves ou attaquer les militants socialistes, les *yakuza* participèrent surtout aux opérations de l'armée nippone en Chine. C'est à cette époque que se tissèrent les liens entre la pègre et certaines grandes figures de l'extrême-droite comme Kodama Yoshio[10], membre des services secrets en Chine et dont l'organisation, avec l'aide des *yakuza*, allait procéder au pillage systématique du pays. Criminel de guerre, il bénéficia cependant d'une remise de peine et, en 1955, mit une partie de son « trésor de guerre » à la disposition des conservateurs qui s'unissaient pour former le parti libéral démocrate.

Au lendemain de la guerre, ayant pris le contrôle du marché noir après de violentes rixes à la mitraillette avec la pègre des Chinois et des Coréens, les *yakuza* se lient à nouveau à l'extrême-droite, notamment avec la plus puissante organisation, la Fédération nationale des organisations patriotiques *(Zen ai kaigi)* formée en 1959 par le même Kodama. L'année suivante, quelque vingt mille gangsters venus de tout le Japon étaient mobilisés contre les mouvements de gauche qui s'opposaient au renouvellement du traité de sécurité avec les États-Unis. Selon M. Miyazaki, superintendant de la police de Tokyo, « la pègre a ainsi trouvé dans son patriotisme un alibi et une couverture pour solliciter des contributions des milieux d'affaires, et la droite des hommes de main[11] ».

Outre sa politisation, la pègre nippone a beaucoup évolué depuis la guerre, tant en ce qui concerne la structure interne et la morale des groupes que par les activités auxquelles elle se livre. Si les joueurs professionnels ont encore une place importante, les marchands ambulants *(tekiya)*, dont la grande époque a été celle du marché noir de l'immédiat après-guerre, tendent à disparaître. En outre, sont apparus de nouveaux groupes de délinquants,

---

10. Les noms propres sont dans l'ordre japonais : le nom précédant le prénom.
11. Interview, mars 1979.

sans tradition, moins structurés, composés au départ d'ex-soldats et de jeunes chômeurs qu'on a appelés *gurentai* («groupes de voyous»), qui ne respectaient pas le principe des vieux *yakuza* : « Ne pas s'en prendre aux honnêtes gens. » Aujourd'hui, après de sévères luttes avec les *yakuza* «traditionnels», les *gurentai* sont devenus, avec les joueurs et les spécialistes du racket, l'une des trois composantes de la pègre nippone. Désormais la police les range sous le terme générique de «groupes violents» *(boryuku-dan)*. Le langage commun lui, les désigne indistinctement sous le terme de *yakuza*. Crimes économiques, trafic de la drogue, prostitution, racket du monde du spectacle telles sont leurs principales activités.

La structure de ces groupes criminels a évolué dans les dernières décennies. Elle peut être hiérarchisée et pyramidale (comme le *Yamaguchi-gumi*, le plus important syndicat du crime nippon), ou se présenter sous forme de fédération de gangs. Depuis la guerre, ces bandes se sont concentrées en quelques grandes organisations couvrant plusieurs préfectures : on estime que 60 % des truands japonais appartiennent à sept grandes organisations. L'une d'elles, le *Yamaguchi-gumi*, précisément, dont le siège est à Kobe, compte actuellement près de 39 000 membres et s'étend sur 34 des 47 préfectures du Japon. Parmi les autres plus importants gangs, il y a *Sumiyoshi-rengo* (actif à Tokyo et dans le Nord du pays : 6 194 membres) ou le *Inagawa-kai* (4 475 membres)[12].

Autre évolution : le relâchement des liens traditionnels à l'intérieur des groupes. Si, pour leur image de marque, les *yakuza* modernes s'emploient à pérenniser leur code d'honneur, expression de l'unicité de leur monde, on note cependant une dégénérescence de la «morale»,

---

12. National Police Agency, avril 1979

dont se plaignent les *yakuza* de la vieille école. D'un modèle de vie rigoureux, ils sont passés à une conception plus « hédoniste » mais aussi plus violente du gangstérisme. En fait, selon la police, les actions coercitives fréquentes à l'intérieur des gangs visent à pallier le relâchement des liens traditionnels. Un grand truand d'Osaka, autrefois puissant dans la partie sud de la ville et qui est resté une « conscience » de la pègre, nous disait, en 1979, dans un langage imagé, riche en litotes et en couleurs : « Autrefois, la règle était de ne pas troubler la vie des citoyens ni de s'attaquer à eux. La police veillait sur eux le jour ; nous les protégions dans leurs activités nocturnes. Les voyous doivent s'effacer devant les honnêtes gens, ne pas les bousculer. On se battait, oui, mais entre nous, après avoir déclaré la guerre par écrit : tout commençait et finissait par la politesse. Actuellement, on est en présence de bandes si puissantes qu'elles refusent les arbitrages. C'est le cas du *Yamaguchi-gumi* et de son hégémonisme sur le monde des voyous. »

Ce pragmatisme du milieu japonais lui a sans doute permis de s'intégrer davantage à la société moderne. Ce qui est frappant dans le cas de la criminalité organisée au Japon, c'est que, contrairement à ce qui se passe aux États-Unis par exemple, les truands ne cherchent nullement à être invisibles mais, au contraire, se montrent et gèrent avec ostentation leurs affaires licites.

De ces évolutions, est symptomatique le cas du gang *Yamaguchi-gumi* qui a vacillé après la mort de son chef, Taoka Kazuo, en juillet 1981[13]. Lorsque, en 1946, à trente-trois ans, Taoka devint chef du *Yamaguchi-gumi*,

---

13. Taoka Kazuo est mort dans son lit d'une crise cardiaque. Déjà difficile, le problème de la succession a été aggravé par la mort survenue, six mois plus tard, de son second, Yamamoto Kenichi.

ce n'était qu'une petite bande de *yakuza* d'une cinquantaine de membres, fondée par un certain Yamaguchi Harukichi (d'où le nom de l'organisation), marchand de main-d'œuvre sur le port de Kobe. Surnommé l'« ours » pour sa brutalité, Taoka sortait de prison où il avait purgé une peine de huit ans pour le meurtre, à coups de sabre, d'un membre d'une bande rivale. Il allait, en trente-cinq ans, faire du *Yamaguchi-gumi* un véritable « empire du crime ». Tout en continuant à organiser le travail des dockers, il développa les activités de sa bande dans le monde du spectacle, faisant preuve d'un sens remarquable de l'organisation et des alliances. Pour les autres bandes, l'alternative était simple : ou s'intégrer, ou disparaître. Au fur et à mesure que le *Yamaguchi-gumi* grandissait, la marge de choix se réduisait d'autant. C'est ainsi qu'au cours d'un itinéraire jalonné de rixes et de meurtres, le *Yamaguchi-gumi* s'étendit de Kobe à tout le Sud du Japon, jusqu'à Okinawa et, vers le nord, jusqu'à Akita. Il n'y a que dans la région de Tokyo, où d'autres gangs étaient puissants et bien implantés, que son influence a été contenue. En fait, les bandes de Tokyo ont surtout pu résister parce qu'elles avaient été fédérées sous les auspices de Kadama Yoshio.

L'organisation du *Yamaguchi-gumi* consiste en une succession de pyramides qui forment des unités indépendantes, un peu comme le FLN au moment de la guerre d'Algérie. Détruire une unité laisse l'ensemble intact. Chaque groupe ne compte qu'une vingtaine de membres. Son chef étant lui-même membre de l'organisation supérieure, et ainsi de suite jusqu'à la pyramide centrale au sommet de laquelle se trouvait Taoka. Tous les groupes ont la même structure : un chef *(oyabun)*, des lieutenants *(wakagashira)*, des dépendants *(kobun)*. Dans l'organisation centrale, dirigée par Taoka et comptant 103 personnes dont 12 lieutenants, les *kobun* étaient eux-mêmes chefs de groupes et fonctionnaient sur le même schéma.

En raison d'un recul des possibilités dans le *show business*, le *Yamaguchi-gumi* a diversifié ses activités dans plusieurs directions dès la fin des années 1960. L'activité illégale la plus lucrative, à l'instar de la plupart des grands gangs, est désormais le trafic de narcotique (bien que Taoka ait été membre de l'Association pour la lutte contre la drogue...) : quelque trois milliards de dollars, soit la moitié du total des revenus des grands syndicats du crime. Il y a peu de drogues « dures » au Japon. En revanche, s'est développé un énorme marché de stimulants à base d'amphétamines. À la faveur de la « Bulle financière » de la fin des années 1980, la pègre a fortement pénétré dans les activités économiques légales. Et les crimes économiques sont devenus une grande source de revenus pour les yakuza.

Passant avec aisance du sabre à l'ordinateur, les *yakuza* ont suivi une évolution commune aux autres organisations criminelles du monde industrialisé. Comme le *mafioso*, le *yakuza* a su s'adapter et profiter d'un développement économique rapide, souvent sauvage, pour s'intégrer dans le processus de production en devenant entrepreneur, démarcheur, revendeur, intermédiaire ou constructeur immobilier. En outre, les *yakuza* se sont spécialisés dans deux types d'extorsion de fonds : le contrôle des assemblées d'actionnaires et les prêts usuraires. Ils ont notamment en main une bonne partie des organismes *(sarakin)* qui prêtent aux salariés et aux étudiants sans exiger de garantie. Non seulement les intérêts arrivent à des taux usuraires de plus de 100 %, mais encore les *sarakin* n'hésitent pas à recourir parfois à la violence pour se faire rembourser.

Dans le cas du contrôle des assemblées d'actionnaires, c'est moins la violence que le chantage à la réputation de la société ou de ses dirigeants qui est le levier des *sokaiya*, c'est-à-dire de personnages qui, détenant un petit nombre d'actions, font « chanter » les responsables des grandes entreprises. La plupart des *sokaiya* dépendent de gangs. Ils ont plusieurs « méthodes de travail » : soit la menace de divulguer en assemblée certaines informations gênantes concernant la société, soit un chantage sur la vie privée des dirigeants. En général, ces derniers préfèrent payer, – les sommes émargeant dans la comptabilité sous la rubrique « donations » ou « publicité commerciale » et étant, à ce titre, déductibles d'impôts. Si certains dirigeants jouent le jeu des *sokaiya* au lieu de porter plainte, c'est parce que ces derniers leur permettent d'éviter que des questions gênantes soient posées en assemblée des actionnaires. En effet, les *sokaiya*, payés par la direction, s'arrangent pour bloquer les débats, dont le temps est limité par la loi. C'est ainsi que la société Chisso, responsable de la tristement célèbre maladie de Minamata (intoxication par le mercure organique qui fit 489 morts), a pu, pendant des années, éviter que l'assemblée des actionnaires évoque cette question. Depuis 1982 une réforme du code commercial a entravé les activités des *sokaiya*. La loi antigang de 1992 a en outre renforcé les contrôles.

Seppuku : la mort sur ordre

La mort volontaire, telle qu'elle a existé au Japon, par l'éventrement au moyen d'un sabre court, fascine l'Occident depuis l'ouverture du pays au milieu du XIXe siècle. Dans l'Asie orientale, le suicide, en l'absence d'interdit religieux formel, était traditionnellement mieux accepté qu'en Occident, et ne constituait donc pas une particularité japonaise : on en trouve des témoignages tout au long de l'histoire de la Chine et de la Corée. Mais par son mélange d'extrême cruauté et d'esthétisme ritualisé, le suicide par éventration paraît l'une des coutumes les plus étranges et les plus emblématiques de la civilisation japonaise.

Connue en France sous le nom de « hara-kiri », alors qu'au Japon on emploie plus couramment les termes de seppuku ou *kappuku* (mais « hara-kiri » est aussi attesté, ces mots signifiant tous « se couper le ventre »), cette pratique n'a essentiellement concerné, du temps où on la mettait en œuvre, qu'une fraction très minoritaire des Japonais, les guerriers *(bushi)* pendant la période d'Edo (1600-1867), puis les officiers de l'armée jusqu'à la défaite de 1945.

L'apparition de cette manière de se supprimer est intimement liée à celle des *bushi* dans l'histoire japonaise. Les premiers exemples connus remontent à l'époque de

Heian, vers le Xe siècle. Un noble dévoyé, Fujiwara no Yasusuke, se serait donné la mort de cette manière en 988, pour ne pas tomber vivant aux mains de ses poursuivants. Il est difficile de faire de ce personnage, confondu dans certains récits avec un brigand légendaire nommé Hakamadare, l'inventeur du seppuku ; cependant la période où l'on situe ses méfaits fut effectivement marquée par une montée de l'insécurité dans les provinces, illustrant l'ascension progressive de groupes armés qui finirent par se constituer en maisons guerrières. Yasusuke et Hakamadare apparaissent dans les recueils de contes du début du Moyen Âge, comme les *Histoires qui sont maintenant du passé (Konjaku monogatari)* ou les *Contes d'Uji*, où les guerriers, leurs mœurs et leurs comportements, deviennent un sujet de littérature. Plus largement, le seppuku est mis en valeur par les épopées ou les œuvres historiques, dans lesquelles cet acte spectaculaire clôt des destinées tragiques : ainsi en est-il du récit romancé de la fin en 1189 de Minamoto no Yoshitsune, poursuivi par la vindicte de son demi-frère le shogun Minamoto no Yoritomo.

Dans les mentalités des guerriers qui avaient fait irruption sur la scène politique à partir de la fin du XIIe siècle, le seppuku s'imposa peu à peu comme une mort volontaire digne de leur condition. Toutefois, le seppuku n'était pas la seule manière dont usaient les *bushi* du Moyen Âge pour en finir avec l'existence, en particulier au début de la période : les derniers membres du clan Taira, vaincus par les Minamoto en 1185 lors de la bataille navale de Dannoura, scellèrent leur destin en se jetant à l'eau.

Le suicide par éventrement pouvait avoir pour but de prouver la fidélité d'un vassal envers son seigneur, un don ultime de sa personne, par exemple lorsqu'il s'estimait injustement mis en cause. Il était également parfois une forme de protestation ou encore l'expression d'une déception, voire un avertissement pour inciter un individu à corriger son comportement : un officier d'Oda Nobunaga, Hirate Masahide, outré par la frivolité de son jeune seigneur, s'ouvrit le ventre pour l'adjurer de faire montre d'un peu plus de sérieux. C'est sans doute dans cet esprit protestataire que l'écrivain Mishima Yukio conçut son spectaculaire, mais anachronique, seppuku en 1970, qui par ailleurs offrait un bouquet final digne de son tempérament exhibitionniste.

Au Moyen Âge cependant, la forme ritualisée du seppuku n'était pas encore totalement fixée. On se suicidait le plus souvent dans l'urgence, après une défaite ou pour éviter une capture : on relate ainsi des éventrements pratiqués en chevauchant une monture.

Durant les guerres civiles du XVIe siècle, les comportements semblent s'être progressivement modifiés. Les châtelains dont la forteresse était sur le point de tomber se mirent de plus en plus à cette époque à se suicider par seppuku, signe que cette mort apparaissait désormais comme le dernier acte honorable possible pour un guerrier vaincu. Cela explique peut-être le geste de Hashiba (plus tard Toyotomi) Hideyoshi, qui accepta en 1582 que le chef de la garnison du château de Takamatsu, Shimizu Muneharu, mette fin à ses jours en échange de la promesse d'épargner ses hommes. Cette décision qui accentuait encore la dimension sacrificielle, et donc admirable, du seppuku, le faisait en même temps glisser vers une forme d'exécution d'une sentence de mort par laquelle on épargnait au condamné l'opprobre d'une exécution ignominieuse, et même on lui rendait une forme d'hommage, en lui concédant formellement l'apparence d'une fin choisie.

Le guerrier vaincu qui se suicidait échappait ainsi à une mort dégradante (la décapitation dans le meilleur des cas, comme un vulgaire criminel), voire aux supplices – pratiques fréquentes au Moyen Âge, en particulier contre des vassaux félons. Le suicide de Shimizu Muneharu évoque aussi un aspect qui se développera à l'époque d'Edo : sa mort consentie permettait de sortir, avec la disparition de sa seule personne, d'une situation embarrassante, en l'occurrence la guerre avec le clan Môri que Hideyoshi souhaitait conclure au plus tôt.

La réunification et la pacification du Japon à la fin du XVIe et au début du XVIIe siècle sous l'autorité de Toyotomi Hideyoshi, puis des shoguns Tokugawa basés à Edo (actuel Tokyo), firent progressivement perdre au *bushi* toute possibilité d'illustrer ses vertus sur des champs de bataille. C'est dans ce contexte que le suicide par seppuku fut considéré comme la « mort guerrière » par excellence, puisque celle-ci ne pouvait plus qu'exceptionnellement se rencontrer au combat. Mais comme la plupart des samouraïs n'avaient aucune raison de mettre fin à leurs jours, le suicide ritualisé devint le mode d'exécution de la peine capitale propre à la condition guerrière.

La décapitation ou les supplices comme la crucifixion, formes d'exécution courantes des sentences judiciaires, étaient par là même indignes de la condition guerrière. Qu'un samouraï soit exécuté comme un vulgaire homme du peuple était dès lors une marque d'infamie stigmatisant l'horreur du crime qui le rendait indigne de son rang – ce pouvait être le cas, par exemple, pour le parricide. Des extrémistes xénophobes mécontents de l'ouverture des ports aux Occidentaux, qui assassinèrent le grand doyen shogunal Ii Naosuke en 1860, bien qu'issus des rangs des guerriers, furent ainsi décapités comme des criminels (une partie de l'escorte d'Ii Naosuke aussi d'ailleurs, pour lâcheté).

L'époque d'Edo, entre 1600 et 1867, fut celle où se renforcèrent les distinctions entre les statuts sociaux. Les guerriers furent séparés des paysans (alors qu'au Moyen Âge ils vivaient au milieu d'eux) : il leur fut défendu de se livrer à des activités de production ou d'échanges et on les regroupa dans des villes où le pouvoir seigneurial pouvait les surveiller plus étroitement. Cette situation accentua les différences entre les *bushi* et le reste de la population : leur existence fut encadrée à l'aide de tout un arsenal de rituels et d'obligations, de symboles (privilèges vestimentaires, port de deux sabres, etc.), qui les soumettaient à l'autorité seigneuriale tout en accroissant leur prestige. L'affirmation de la spécificité du statut guerrier, y compris dans la façon de mourir, et même dans le rapport à la mort, doit être comprise dans ce cadre. La dimension judiciaire du seppuku est donc propre, pour l'essentiel, à la période d'Edo. Elle disparut avec la suppression des fiefs et de la condition guerrière elle-même en 1871, et l'adoption de la pendaison comme mode d'exécution de la peine capitale en 1873.

Le seppuku était en général ordonné après enquête, mais la procédure du jugement ne dépendait pas d'autorités judiciaires ou de police, comme pour le reste de la population ; elle relevait du seigneur et de son conseil gouvernemental : la sentence était donc une expression du lien vassalique dont les premières exigences étaient une loyauté et une obéissance absolues, jusqu'à accepter de se suicider sur ordre. Car désormais, dans des vassélages fermement tenus par les daimyos et surveillés par le shogounat, il n'était plus possible pour un guerrier de fuir une sentence de mort en cherchant refuge dans un clan rival, comme au Moyen Âge.

Il est bien difficile d'établir une échelle des fautes qui auraient exigé d'un guerrier qu'il s'ouvrît le ventre. On est en effet parfois frappé par l'apparente légèreté de certains manquements qui obligèrent de malheureux samouraïs à mettre fin à leurs jours. Le troisième shogun Tokugawa, Iemitsu, se signala par sa sévérité : selon l'historien Yamamoto Hirofumi, un samouraï étourdi qui était entré à cheval dans le château d'Edo, et un autre qui, lors de son service de garde et en présence de visiteurs de la cour de Kyoto, avait retroussé son vêtement à cause de moxas [1] appliqués sur son mollet, furent tous deux condamnés à se faire seppuku. Mais de telles bévues auraient sans doute entraîné des sanctions plus clémentes avec un maître moins intransigeant.

Le sort du vassal dépendait donc beaucoup de l'humeur des dirigeants, mais aussi du rang du guerrier (le shogunat évitait de soumettre les daimyo, les grands seigneurs féodaux, à ce genre de sentence), des mœurs locales également. Ainsi, durant les deux siècles et demi que dura la période d'Edo, on condamna relativement peu au suicide dans le vasselage des Tokugawa, du moins officiellement : on préférait l'exil ou l'assignation à résidence, apparemment pour sauvegarder la réputation du shogunat ; en revanche, dans le fief of Satsuma, dans l'île de Kyushu, les luttes politiques se conclurent parfois par des suicides liquidant le parti vaincu.

Le seppuku découlait quelquefois de contradictions propres à la condition guerrière. La pacification des

---

1. Les moxas sont une technique de la médecine chinoise traditionnelle consistant à stimuler les points d'acupuncture avec des objets incandescents.

mœurs entraîna au tournant des XVIe et XVIIe siècles une généralisation de l'interdiction des duels entre guerriers. On condamnait en principe les deux parties, ou le survivant, à mort *(kenka ryôseibai)*, sans que la question de la responsabilité de l'incident n'influe sur la sentence : solution expéditive qui coupait court à tout processus de vendetta meurtrière. On incitait ainsi les samouraïs à manifester du sang-froid, et à faire passer l'ordre public et la discipline du vasselage avant leur fierté. Mais dans le même temps, on attendait d'eux qu'ils agissent virilement et courageusement. Un guerrier qui refusait de répondre à une provocation en duel ou ne tirait pas rapidement vengeance d'une insulte pouvait donc passer pour un lâche.

Par conséquent, un vassal qui bravait l'interdiction de se battre, puisqu'il désobéissait à l'autorité seigneuriale, était condamné à mort, surtout s'il abattait son adversaire, mais comme il s'était comporté en *bushi*, on lui accordait la permission de se suicider. Un Coréen retenu comme captif au Japon dans les dernières années du XVIe siècle, Kang Hang, s'étonnait de l'admiration que la société manifestait envers ces guerriers que la certitude de la mort ne détournait pas de vider leurs querelles par les armes.

Par sa mort « volontaire », le condamné semblait formellement reconnaître et endosser la responsabilité des graves manquements dont on l'accusait. Aussi, le suicide d'un vassal suffisait en général à clore l'affaire dans laquelle il était impliqué. Ce pouvait donc être un moyen commode d'étouffer un scandale, qu'il s'agisse de politique ou de prétendues fautes commises dans l'exécution d'une mission. Ce désir d'en finir vite avec une situation embarrassante se devine dans le règlement de l'incident de Sakai en 1868, alors que le

Japon s'ouvrait à l'étranger : à la suite du meurtre de onze marins français, vingt guerriers du fief de Tosa furent désignés pour s'ouvrir le ventre devant le commandant de la frégate *Dupleix*, Dupetit-Thouars, pour donner satisfaction aux Français qui avaient exigé réparation.

Le suicide de boucs émissaires permettait également d'empêcher la mise en cause d'autres personnages de rang plus élevé. Il était en particulier admis qu'un daimyo, en tant que souverain, ne pouvait jamais être tenu de payer les erreurs de son gouvernement autrement que par son abdication, quel que soit son degré d'implication : lorsque la situation l'exigeait, il fallait alors qu'un vassal soit sacrifié pour sauvegarder la réputation de la maison de son seigneur.

Le seppuku fit aussi l'objet à l'époque d'Edo d'une codification, avec tout un cérémonial destiné en apparence à en magnifier la gravité – en réalité à mieux contrôler les comportements guerriers. C'est à ce moment qu'apparaît sa forme canonique avec l'incision latérale du ventre ou en croix, vêtements bleu clair et blancs pour le condamné, espace du suicide composé de tatamis précisément disposés et entourés d'une tenture blanche, assistants et spectateurs, etc. Le fait que la mort volontaire fasse figure de symbole ultime des vertus des *bushi* devait exercer une influence profonde sur les représentations les concernant. Des penseurs du début du XVIIIe siècle issus du milieu des samouraïs comme Yamamoto Tsunetomo, auteur du célèbre *Hagakure*, mais aussi Daidôji Yûzan, dans son *Recueil pour débuter dans la Voie du guerrier*, faisaient de l'acceptation de la mort l'essence même de la « voie du guerrier » *(bushido)*, c'est-à-dire l'ensemble des valeurs devant régler le comportement d'un vassal pour qu'il ne déroge pas à sa condition et à ses missions.

Ces notions de « devoirs » *(giri)* du guerrier étaient étroitement liées à l'idée que celui-ci se faisait de l'opinion qu'aurait de lui le reste de la société : les samouraïs de la période d'Edo intériorisaient, avec le sentiment d'« honneur », une forte pression sociale et politique. L'aménagement de la rivière Kiso, qui avait nécessité plus de temps et d'argent que prévu, entraîna ainsi la mort de 51 guerriers du fief de Satsuma en charge de l'opération qui se suicidèrent les uns après les autres entre 1754 et 1755, lorsqu'ils s'étaient attiré des remarques de la part des inspecteurs du chantier.

L'idéalisation et l'esthétisation de la belle mort du samouraï par éventration n'allèrent pas cependant sans provoquer des perturbations dans l'ordre social, et au sein même de la condition guerrière, comme en témoigne la vogue morbide du *junshi* (ou *oibara*) dans la première moitié du XVIIe siècle, coutume consistant, pour un vassal, à s'ouvrir le ventre après la mort de son seigneur. Estimer que la plus grande preuve qu'un vassal pouvait donner de sa fidélité et de sa gratitude envers son maître était de suivre le daimyo dans le trépas, même si ce dernier était mort de cause naturelle, exprimait certainement un malaise chez des guerriers qui cherchaient leur place dans une société pacifiée. Le *junshi* se développa en des formes collectives qui aboutirent à de telles hécatombes que le shogunat finit par strictement l'interdire en 1665.

Bien entendu, même après l'interdiction au *junshi*, tous les seppuku de l'époque d'Edo n'étaient pas des exécutions déguisées, et des guerriers continuèrent à s'ouvrir le ventre de leur propre chef, sans toujours se soucier du cérémonial. Les motivations pouvaient être très diverses ; à l'époque d'Edo comme de nos jours, les adolescents s'avéraient parfois particulièrement fragiles : de jeunes samouraïs à peine sortis de l'enfance se sont ouvert le ventre par dépit d'avoir eu le dessous dans un chahut avec leurs camarades. On se suicidait aussi, paraît-il, par rancune envers un personnage dont on ne pouvait tirer vengeance ou réparation, en lui faisant ensuite porter un sabre pour le mettre au défi de faire de même, une pratique que les fiefs prohibèrent au début de la période d'Edo. Enfin, quand les motivations demeurent inexpliquées, les textes mettent l'éventrement sur le compte d'un « coup de folie » *(ranshin)*.

Reste que, on l'a vu, les samouraïs étaient souvent obligés d'accomplir cet acte sur ordre de leur seigneur. Et il arrivait que tout le cérémonial du seppuku ne soit qu'un simulacre : le sabre court destiné à pratiquer l'incision abdominale était remplacé par un inoffensif sabre de bois, voire un éventail ; le condamné était dans ce cas tout bonnement décapité. On estimait que son crime méritait une fin sans gloire, mais on lui épargnait quand même de cette manière, ainsi qu'à sa famille, une humiliation complète. De plus, tous les guerriers n'avaient pas le cran nécessaire pour s'ouvrir le ventre. L'assistant chargé en théorie de porter le coup de grâce au mourant était en fait un bourreau qui faisait parfois voler la tête avant même que la lame ait pénétré dans l'abdomen. Un manuel à l'usage des guerriers chargés d'organiser un suicide rituel, les *Enseignements oraux sur le seppuku*, leur recommande même de se munir à l'avance d'un nécessaire à écrire : au cas où le vassal n'arriverait pas dans un temps raisonnable à faire le geste fatidique, on devait alors lui offrir un peu d'alcool et lui demander s'il ne souhaitait pas rédiger un dernier mot ; puis, lorsque le condamné qui réfléchissait à ce qu'il pourrait bien écrire inclinait la tête dans une position convenable, il fallait en profiter pour lui couper le cou à l'improviste.

En réalité, sous la valorisation morbide de la noblesse du suicide se camouflait donc parfois la manipulation sans scrupule des sentiments de responsabilité et de solidarité, et toutes les formes de pression exercée par les autorités guerrières sur les collectivités (famille, proches, vasselage) dont dépendaient les vassaux pour les forcer à se supprimer. C'est d'ailleurs bien trop souvent sous cet aspect détestable que la coutume, pour les militaires, d'assumer par leur mort la responsabilité d'un échec va survivre au Japon après la chute des Tokugawa et l'avènement d'un État-nation moderne, avec l'entrée dans l'ère Meiji en 1868.

Durant la Seconde Guerre mondiale, de nombreux officiers japonais, pressés par la défaite, s'ouvrirent le ventre ou se suicidèrent de toutes les manières imaginables sur les champs de bataille d'Asie et du Pacifique. Tous ne le firent pas pour éviter de tomber vivant aux mains de l'ennemi : après la défaite de Nomonhan face à l'URSS en 1939, on exigea des officiers en charge de l'exécution de plans de bataille sur le terrain qu'ils endossent par leur suicide la responsabilité du fiasco militaire, alors qu'ils n'avaient fait que suivre les ordres de supérieurs qui couvrirent ainsi leur propre incompétence, et voulurent couper court à toute polémique sur les déficiences du haut commandement. Le colonel Sumi Shin'ichiro, qui refusa de se plier à cet outrage, ne fut pas inquiété par une cour martiale (car la justice militaire n'avait rien à lui reprocher), mais il fut versé immédiatement dans la réserve : on lui signifiait ainsi la fin de sa carrière, un limogeage humiliant qui l'exposait à l'opprobre de ses collègues et de son entourage.

Récupération et dévoiement du *bushido* par l'État-nation modernisé et le Japon militariste, sans doute. Mais les racines du mal existaient déjà chez les guerriers des Tokugawa.

III

UNE GUERRE DE QUINZE ANS

Asie-Pacifique : un océan de violences

L'Histoire : *Peut-on dire que la Seconde Guerre mondiale a commencé en Asie en 1937, avec la guerre sino-japonaise ?*

Jean-Louis Margolin : Dans ce que j'appelle, à la suite d'un certain nombre d'historiens asiatiques, « la guerre de l'Asie-Pacifique », il y a eu deux grandes phases : une première strictement asiatique, essentiellement sino-japonaise, puis, à partir de 1941, une deuxième pendant laquelle la guerre s'élargit à l'ensemble du Pacifique. Il n'y a pas de rupture entre les deux phases, Pearl Harbor représentant avant tout pour Tokyo un moyen de se sortir de l'enlisement sur le continent chinois. En ce sens, le conflit sino-japonais s'inscrit dans la Seconde Guerre mondiale.

S'il est assez facile de déterminer quand la guerre de l'Asie-Pacifique se termine – avec la capitulation du Japon le 15 août 1945 –, il est plus complexe de savoir quand elle commence. Pour certains historiens japonais, elle débute dès le 18 septembre 1931 avec le coup de force nippon de Moukden, en Mandchourie. Cette attaque déclenche l'occupation complète de cette région, puis la formation en 1932 de l'État fantoche du Manchoukouo, protectorat japonais détaché de la Chine.

Cet épisode, bien qu'il constitue effectivement la première agression de grande dimension contre la Chine, reste en fait militairement et stratégiquement limité. Dans les années qui suivent, plusieurs accords sont signés entre les deux gouvernements, ou entre les états-majors locaux ; aucune opération militaire d'envergure n'est lancée entre 1932 et 1937. « L'incident de Shanghai », qui oppose au début de 1932 trois divisions de la marine nippone aux forces chinoises, demeure un cas isolé.

Je préfère donc en rester à la date assez classique du 7 juillet 1937 et à l'incident du pont Marco-Polo : ce jour-là un accrochage entre soldats en patrouille, au sud-ouest de Pékin, provoque une riposte chinoise qui marque le début de la guerre sino-japonaise. La bataille de Shanghai, d'août à novembre 1937, est la plus grande de ce conflit.

L'H. : *Pourquoi le Japon a-t-il attaqué ?*

J.-L. M. : La Chine peut apporter au Japon ce qu'il ne possède à l'évidence pas : une profondeur stratégique considérable, une position centrale sur le continent asiatique et des matières premières, dont le précieux minerai de fer qui lui fait cruellement défaut. En 1912, le vieil empire finit par s'effondrer ; l'anarchie s'installe. Dans chaque province, des seigneurs de la guerre se taillent des royaumes semi-indépendants. Pour le Japon, c'est l'occasion idéale d'affirmer sa puissance.

Dans ce domaine comme dans bien d'autres, le Japon copie l'attitude des grandes nations européennes impérialistes. Se constituer un empire colonial est pour lui la meilleure garantie de ne pas être lui-même colonisé.

Il n'existe par contre chez les Japonais à l'encontre des Chinois ni racisme de principe, ni volonté d'extermination ou d'éradication culturelle. Mais les Japonais de l'époque sont convaincus de la supériorité morale de leur pays et l'opposent à l'abaissement et la veulerie qu'ils attribuent aux Chinois contemporains, descendants dégénérés de la Chine mythifiée qui, au Ier millénaire de notre ère, avait fait don de sa civilisation au Japon. Cette certitude d'accomplir sur le continent une mission civilisatrice (ou, en termes confucéens, d'y « manifester son respect filial ») favorisera en fait des comportements de grande violence.

L'H. : *Qu'est-ce qui déclenche l'attaque contre les États-Unis en décembre 1941 ?*

J.-L. M. : C'est le résultat d'une véritable fuite en avant du Japon. Dès août 1940, profitant de la faiblesse de la France et de l'Angleterre, le Japon installe des troupes d'occupation au Tonkin, puis en juillet 1941 dans le reste de l'Indochine. Cette volonté d'hégémonie sur la région n'est évidemment pas acceptable par les autres puissances, à commencer par l'Union soviétique – il ne faut pas oublier que l'URSS est frontalière du Japon et de la Mandchourie, que l'île de Sakhaline est divisée entre les deux pays. L'URSS n'a pas l'intention de laisser le Japon dominer l'ensemble de la Chine, et aide les Chinois contre les Japonais.

À partir de 1941, les choses changent : l'URSS ayant fort à faire ailleurs, son aide à la Chine va devenir insignifiante. Le Japon signe en avril 1941 un pacte de neutralité avec l'URSS. À cette date, les États-Unis et les puissances anglo-saxonnes sont devenus ses principaux adversaires. De fait, les États-Unis, implantés aux Philippines et ayant plusieurs positions dans le Pacifique central, dont l'archipel d'Hawaï et l'île de Guam, ne peuvent accepter l'hégémonie japonaise en Asie du Sud-Est et sur un océan dont ils sont eux-mêmes bordiers.

En septembre 1940, la formation de l'Axe – l'alliance tripartite entre l'Allemagne, l'Italie et le Japon – fait basculer le Japon dans le camp ennemi de la Grande-Bretagne (qui a des possessions importantes dans cette partie du monde : Malaisie, Birmanie, Singapour…), de l'Australie (qui est le plus souvent alignée sur la position britannique) et des Pays-Bas (qui, bien qu'occupés, ne sont pas sortis de la guerre, leur gouvernement en exil continuant de contrôler les colonies des Indes néerlandaises, source majeure d'approvisionnement en pétrole).

Les États-Unis font néanmoins encore preuve de patience : de mars à décembre 1941, on négocie sans relâche à Washington. C'est le Japon qui va inciter Roosevelt à adopter une position de plus en plus ferme. L'occupation complète de l'Indochine en juillet 1941 entraîne un gel des avoirs japonais et un embargo total des matières stratégiques. Le Japon se retrouve privé à la fois de la ferraille américaine, indispensable à sa sidérurgie, et de pétrole néerlandais.

En novembre 1941, le secrétaire d'État américain Cordell Hull envoie une note en forme d'ultimatum à Tokyo. Il somme le Japon de renoncer à de nouvelles conquêtes asiatiques et surtout de prévoir un plan de retrait de ses forces en Chine. Bien que ces propositions soient à l'évidence inacceptables pour le Japon, il est inepte de dire que les États-Unis l'ont acculé à la guerre. En réalité, le Japon, après avoir eu les coudées franches pendant des années, a fini par se heurter à un mur – celui des intérêts vitaux de Washington. Les relations entre les deux pays ne se gâtent que très tardivement.

L'H. : *Comment expliquer l'alliance du Japon avec l'Allemagne en 1940 ?*

J.-L. M. : Avec cette alliance, le Japon semble avoir commis un acte aberrant. Concrètement, elle ne va rien lui apporter. Il n'y aura aucune opération commune. En fait, les Japonais ont cru habile de se rallier au vainqueur des puissances coloniales européennes, qu'il croit capable de l'aider à assurer sa domination sur l'ensemble de l'Extrême-Orient, où l'Allemagne – seule des grandes puissances – n'a aucune position ni revendication.

Mais intervient aussi, de la part des dirigeants japonais, un alignement idéologique évident. Il faut évoquer ce que j'ai appelé, après de nombreuses hésitations et en ayant bien conscience des différences avec le modèle européen, le « fascisme japonais ». Il existe incontestablement une fascination des Japonais pour le fascisme italien, puis pour le national-socialisme allemand. Cela ne signifie pas qu'ils reprennent à leur compte la totalité de ces idéologies. Il n'y a au Japon ni parti unique ni chef charismatique, et le discours, essentiellement néo-traditionaliste, n'a rien de révolutionnaire. Alors que les terres qu'ils vont dominer comptaient environ 15 000 Juifs (pour la plupart des réfugiés d'Europe centrale), les Japonais ne participeront pas à la politique d'extermination.

Reste que le système fasciste leur apparaît comme un modèle d'efficacité, notamment l'« État total » qui intervient dans tous les domaines et qui encadre étroitement dès le temps de paix la population autour d'une mystique nationaliste à connotations guerrières. Le système japonais est le seul au monde à partager avec l'Allemagne et l'Italie d'une part la mobilisation totale de l'ensemble des énergies du pays en vue de la construction d'une armée puissante, d'autre part la volonté inflexible d'expansion militaire. En fait, l'Italie, l'Allemagne et le Japon ont la même façon de considérer que la politique n'est qu'une façon de faire la guerre par d'autres moyens.

Avec l'Italie fasciste, mais surtout avec l'Allemagne nazie, le Japon des années 1930 partage l'ultranationalisme, la haine pour la démocratie, le culte du guerrier et une fascination quasi morbide pour la souffrance et la mort.

L'H. : *C'est ce qui favorise l'arrivée au pouvoir de l'armée ?*

J.-L. M. : L'armée se retrouve *de facto* à la tête de l'État à partir de 1936 : la plupart des Premiers ministres, une grande partie des ministres sont dès lors des militaires, et la composition aussi bien que le programme des gouvernements sont décidés en concertation avec les États-majors. En février 1938, les militaires imposent une loi de mobilisation nationale qui leur permet de s'emparer de l'ensemble des leviers de commande et d'obtenir un droit de contrôle sur l'industrie en cas de guerre, ce qui sera effectif en 1941.

Cette armée organisée à l'occidentale est cependant caractérisée par un néotraditionalisme (en 1935, on contraint officiers et sous-officiers à porter le sabre), une grande rigidité (les militaires du rang sont constamment brutalisés par leurs supérieurs) et une hiérarchie presque féodale (on voit des soldats japonais se disputer l'honneur de savonner le dos de leurs sous-officiers). La discipline est d'une grande sévérité, le moindre signe de peur entraînant des peines extrêmement lourdes – alors même qu'il y aura très peu de sanctions pour crime de guerre.

L'armée est massivement composée de ruraux, qui ont souvent vécu misérablement et sont rarement sortis de leur région d'origine. Cela les rend extrêmement malléables et soumis. Ils vivent eux-mêmes dans des conditions suffisamment rudes pour ne pas être très compatissants vis-à-vis des souffrances d'autrui.

Le nombre de soldats va s'accroître progressivement. Avant 1941, la mobilisation est loin d'être générale ; on compte entre 1 et 1,5 million de soldats en Chine et en Mandchourie. Mais, à la fin de la guerre, en 1944, ils sont environ 9,5 millions.

L'H. : *Vous avez évoqué la violence de l'armée. Cette violence est-elle générale ? Quelle forme prend-elle ?*

J.-L. M. : Il y a d'abord les crimes et tueries perpétrés dans le cadre des combats, cette longue traînée de sang qui correspond aux huit années de guerre entre 1937 et 1945. Tout commence par un grand massacre, celui de Nankin (alors la capitale chinoise) en décembre 1937, qui fait entre 50 000 et 90 000 morts. Cela se termine par un autre massacre d'ampleur à peu près équivalente aux Philippines, à Manille, en février-mars 1945.

À Nankin, ce sont avant tout les prisonniers de guerre chinois qui sont visés, même si la population civile a subi des coups très durs. À Manille, l'armée japonaise ne se trouvant plus dans un contexte de conquête, il s'agit plutôt d'une sorte de massacre indiscriminé et anarchique de la population civile.

Entre ces épisodes, il n'y a pas de massacres de même ampleur, mais on retrouve une forte tendance à utiliser une extrême violence dès que l'occasion se présente. Cette violence se concentre sur les populations les plus rebelles. Les Chinois sont particulièrement visés, en Chine et ailleurs. Quand l'armée japonaise arrive à Singapour en février 1942, elle tue ainsi entre 5 000 et 10 000 jeunes Chinois, en représailles de l'aide financière considérable apportée par les Chinois d'outre-mer à la république de Tchang Kaï-chek. Dans les zones du nord de la Chine, où les guérillas sont particulièrement puissantes, des opérations de « pacification », dites *sanko* (les « trois-tout », c'est-à-dire tout tuer, tout brûler, tout détruire), font plusieurs millions de morts entre 1940 et 1943.

Les exactions touchent aussi les Philippins, qui résistent avec une grande énergie. Ces débordements de violence sont comparables aux atrocités commises par l'armée allemande. Si un attentat est perpétré contre un soldat japonais, c'est toute la population d'un village qui est souvent anéantie. En Asie, les « Oradour-sur-Glane » se comptent par dizaines aux Philippines et par centaines, voire par milliers en Chine.

Cette violence se retrouve à une moindre échelle dans tous les pays contrôlés par l'armée japonaise. À partir de décembre 1941, elle s'exerce également aux dépens des Occidentaux militaires et civils, en particulier aux Indes néerlandaises, qui comptent 200 000 Hollandais et métis.

Il y a aussi des cas d'utilisation de cobayes humains pour des expérimentations médicales, bactériologiques et chimiques. On inocule des maladies, on place des hommes dans des conditions de dépressurisation ou de froid extrêmes. Certaines unités, comme la 731 qui possède ses propres centres de recherche en Mandchourie, sont spécialisées dans ce domaine.

La brutalité n'épargne pas les soldats japonais eux-mêmes : lors des retraites, il n'est pas rare que les soldats blessés qui ralentissent la marche soient exécutés. Et, en cas de défaite, ils sont pratiquement contraints au suicide.

L'H. : *Vous avez dit qu'à Nankin les prisonniers chinois avaient été abattus par dizaines de milliers. Est-ce toujours le cas ?*

J.-L. M. : Les prisonniers chinois ont été particulièrement maltraités. Aucun dispositif de prise en charge n'avait été prévu pour eux, ce qui pousse à les exécuter – à l'exception de ceux, minoritaires, intégrés à l'effort de guerre nippon, soit comme coolies militaires, soit comme travailleurs forcés au Japon, soit encore comme troupes auxiliaires « collaboratrices ».

Il y eut aussi plus de 300 000 prisonniers de guerre des armées occidentales, dont une bonne moitié est composée de soldats asiatiques. Ces derniers seront pour une large part relâchés rapidement, parce que les Japonais se veulent les libérateurs de l'Asie. Les souffrances se sont concentrées sur les quelque 144 000 prisonniers restants, essentiellement des Hollandais, des Britanniques, des Australiens et des Américains, mais aussi une douzaine de milliers de Français (en Indochine). Leur taux de mortalité a été d'environ 27 % – à comparer avec les 4 % de mortalité parmi les prisonniers occidentaux de l'Allemagne nazie.

Les soldats subissent tout ce qu'un prisonnier de guerre peut connaître de pire : l'entassement, la faim, la chaleur ou le froid, et l'absence de soins médicaux, malgré les miracles accomplis par les médecins militaires de leurs unités.

La seule clause de la convention de Genève respectée par les Japonais est le traitement particulier réservé aux officiers qui, par exemple, ne sont pas astreints au travail forcé. Les simples soldats sont soumis à des travaux épuisants. Le chantier le plus emblématique est celui du chemin de fer dit « de la mort », 415 kilomètres de voies ferrées entre la Thaïlande et la Birmanie, symbolisé par le tristement célèbre pont de la rivière Kwai : 12 000 prisonniers occidentaux et quelque 70 000 travailleurs asiatiques sont morts dans la construction des voies. Les mines et chantiers navals, au Japon ou à Taiwan, furent également des lieux effroyables.

Il faut aussi mentionner les « marches de la mort ». La plus connue est celle de Bataan, aux Philippines, en avril 1942, à laquelle ne survécurent pas au moins 5 600 prisonniers américains et philippins. L'approvisionnement en eau leur fut notamment interdit plusieurs jours durant. Mais il faudrait aussi citer ces 1 200 Australiens détenus à Sandakan (Bornéo) en 1945, et contraints à parcourir 260 kilomètres dans une jungle montagneuse, sans nourriture adéquate : il n'y eut que 6 survivants, tous des évadés.

L'H. : *Et les civils, comment sont-ils traités ?*

J.-L. M. : Pas beaucoup mieux. J'ai déjà évoqué ceux qui furent tués lors des massacres de Nankin, de Manille, de Singapour, etc. Ailleurs, dans les camps d'internement, les conditions d'existence des quelque 140 000 civils ressortissants des pays occidentaux opposés au Japon ne sont guère meilleures que celles de leurs soldats prisonniers. À ces massacres, il faudrait ajouter des viols innombrables. À Nankin, on estime que furent violentées entre 8 000 et 20 000 femmes chinoises, pratiquement de tous les âges. Ces crimes s'observent dans toutes les régions occupées.

Les Japonais ont mis en place pendant la guerre un système de prostitution aux armées. On recrutait des jeunes femmes, souvent coréennes, soit en les trompant sur leur emploi futur, soit en les achetant à leurs familles, soit en utilisant les réseaux proxénètes déjà existants. Certaines de ces « femmes de réconfort » furent purement et simplement enlevées. Les sévices souvent subis s'ajoutèrent aux souffrances partagées avec les soldats en campagne. Même si ces femmes étaient généralement payées, ce vaste système prostitutionnel, largement sous contrainte, organisé par l'armée à l'échelle d'une région entière, est d'une ampleur sans égale dans le reste du monde en guerre.

L'H. : *Il y a enfin les spoliations économiques ?*

J.-L. M. : Oui, j'ai déjà dit quelques mots du travail forcé qui touche les prisonniers occidentaux ; il concerne également la population des territoires occupés. Les colonies (principalement la Corée et Taiwan) sont cependant moins cyniquement traitées que les pays conquis, englobés à partir d'août 1940 dans une bien mal nommée « sphère de coprospérité de la Grande Asie de l'Est », dont Tokyo prétend assurer l'autosuffisance, après l'avoir « libérée » de l'impérialisme occidental. Elle se transforme rapidement en « sphère de co-pauvreté », à une échelle jusque-là inconnue, et plus encore d'exploitation forcenée des ressources comme des populations, au service de l'effort de guerre nippon.

En Indonésie, on appelle jusqu'à aujourd'hui les travailleurs forcés, dont la condition est quasiment servile, les *romusha* (« travailleur » en japonais). Les conditions de travail sont terrifiantes, avec une mortalité très élevée, souvent supérieure à celle des prisonniers de guerre occidentaux, entre autres parce que les *romusha* ne bénéficient pas des soins des médecins militaires.

L'exploitation des ressources fut assez comparable à ce qu'on connaissait alors en Europe. Une grande partie de la production est captée par l'armée japonaise, surtout le riz, les plantes textiles et les matériaux stratégiques, à commencer par le pétrole. On recourt aux réquisitions, aux cultures forcées, aux livraisons à prix imposés, au marché noir, et souvent au pillage pur et simple. Une fois les réserves de riz épuisées, et alors que les communications sont de plus en plus entravées par le développement des opérations militaires, soit à partir de 1944, une famine généralisée tend à se développer. Elle fera à Java environ 2 millions de morts (sur les 50 millions d'habitants de l'île). De la même manière on comptera au moins 500 000 victimes au Tonkin. Dix pour cent de la population de la prospère Singapour périt en 1944-1945, principalement de maladies induites par la faim.

On peut aussi ajouter que l'armée japonaise s'est transformée en Chine en véritable pourvoyeuse de drogue. Pour se rallier à bon compte les collaborateurs chinois, elle a encouragé et facilité à leur intention le trafic d'opium et d'héroïne, qui avait été largement éradiqué auparavant. La consommation d'opiacés va connaître une véritable explosion, grâce à une armée japonaise qui va jusqu'à convoyer la drogue ou patronner sa commercialisation. Cela aura un impact social considérable dans des villes comme Nankin ou Shanghai, où la criminalité explose.

L'H. : *Pourquoi toutes ces exactions ?*

J.-L. M. : Les exactions n'obéissent pas à une logique fondée sur une idéologie exterminationniste. Encore une fois, je voudrais souligner qu'il n'y a pas de politique génocidaire, et pas même de politique systématique de massacres.

Ce qui est à l'inverse frappant, c'est l'extraordinaire facilité avec laquelle les soldats japonais tuent, parfois seulement pour s'amuser. En Chine, on fait des concours de tirs sur des passants, on s'exerce au maniement du sabre ou de la baïonnette sur des cobayes humains. Cette facilité du passage à l'acte ne constitue pas un quelconque invariant de la psyché nippone. Elle se rattache clairement au contexte idéologique des années 1930 et 1940. Dans ce contexte, l'État et la collectivité, définis dans les termes nébuleux de la mystique impériale, sont placés au-dessus de tout, l'individu n'est plus rien. Significativement, les militaires et les médecins de l'unité 731, à Harbin, appelaient les cobayes humains utilisés pour leurs expériences des maruta, c'est-à-dire des « morceaux de bois ». L'individu n'est plus qu'un objet, corvéable à l'infini, chair à canon, et sur lequel il devient licite de frapper, même à la hache...

Cela concernera aussi les Japonais eux-mêmes. Vers la fin de la guerre, lors de la bataille d'Okinawa, l'armée japonaise n'hésitera pas à se servir de civils comme de boucliers humains.

L'H. : *Il n'y a pas eu de résistance à cette idéologie ?*

J.-L. M. : Très peu. Il n'y a pas eu de mouvements organisés, au moins à l'intérieur du pays. Certains intellectuels, chrétiens en particulier, ont critiqué le régime, en termes plus ou moins radicaux. Ils ont en général perdu leur poste et ont été interdits de publier, mais ils ne furent pas dans l'ensemble emprisonnés. Ils représentent une infime minorité. On a une impression de quasi-unanimisme autour de la mystique impériale : les cadres communistes eux-mêmes, presque tous, après quelques années de prison, se « convertissent » (c'est l'expression d'alors) à l'ultranationalisme.

Il est vrai que tous les Japonais baignent dans cette idéologie depuis le début des années 1930 : à l'école, dans les médias, pendant leur service militaire et dans les nombreuses structures d'encadrement (jeunes, femmes, réservistes, associations de voisinage...) qui mobilisent la population même en temps de paix. Aucun habitant ne peut échapper à ce bourrage de crâne. Il y a donc un consensus extrêmement fort.

L'H. : *Quand sont apparus les kamikazes ?*

J.-L. M. : Très peu de Japonais se sont rendus pendant la guerre, sauf en Mandchourie en août 1945. Les soldats préfèrent généralement la mort à l'infamie de la reddition. On connaît des cas de militaires japonais qui refusent de croire en 1945 à la capitulation du Japon, parfois des mois durant, et accusent de trahison ceux qui doutent. De très nombreux prisonniers nippons refusent que la Croix-Rouge prévienne leur famille. Ils préfèrent qu'elle les croie morts plutôt que de leur infliger le déshonneur de la capture.

Les kamikazes sont plus banalement dénommés pendant la guerre « Corps spécial d'attaque » *(Tokkôtai)*. Recrutés par milliers parmi les étudiants aux sursis résiliés, tous volontaires, ils ne constituent qu'un recours désespéré, alors que le Japon a déjà perdu la guerre : ils ne sont pas engagés avant octobre 1944, lors du débarquement américain aux Philippines. Ils représentent une réponse rationnelle à la double pénurie (pilotes expérimentés et carburant) qui menace alors de paralyser l'aviation japonaise.

C'est en janvier 1932, lors de l'incident de Shanghai : une bataille rangée qui va durer des semaines et faire plusieurs milliers de morts dans la ville, qu'on voit – dit-on – quelques jeunes soldats japonais s'entourer le corps d'explosifs et se précipiter sur les tranchées chinoises pour s'y faire sauter. Ils deviennent immédiatement des héros nationaux. À ma connaissance, c'est la première fois que ce genre de phénomène apparaît dans l'histoire de l'humanité.

L'expérience des kamikazes est encore omniprésente dans le Japon d'aujourd'hui, et suscite une intense émotion, même chez les plus antimilitaristes. Plus généralement, les 2,5 millions de soldats morts pour l'empereur depuis la restauration Meiji sont tous qualifiés de divinités, dans le sanctuaire shinto de Yasukuni, qui en tient le registre.

L'H. : *Sans Hiroshima et Nagasaki, le Japon se serait-il rendu ?*

J.-L. M. : Oui, assurément. Le pays avait perdu ses alliés, sa marine en quasi-totalité, et presque tout contact avec ses conquêtes d'Asie du Sud-Est et leurs matières premières ; surtout, un nouvel adversaire, l'URSS, était apparu le 8 août 1945 et avait disloqué en quelques jours l'armée du Kwantung, en Mandchourie.

Mais le personnel dirigeant nippon s'obstinant à n'accepter qu'une paix de compromis, les Alliés auraient certainement été contraints à un débarquement au Japon même, où plusieurs millions d'hommes restaient mobilisés, et parfois solidement armés. La guerre se serait probablement prolongée pendant six mois ou un an. Des dizaines de milliers d'Américains de plus auraient été tués, ce qui aurait pu aller jusqu'à doubler les pertes des États-Unis dans la guerre du Pacifique (101 000 tués pour 184 000 face à l'Allemagne et l'Italie).

En outre, de nombreux Japonais préférant se sacrifier (et sacrifier leurs concitoyens) plutôt que de se rendre, les populations de la sphère nippone vivant dans des conditions toujours plus dégradées, la prolongation de la guerre aurait à coup sûr entraîné des millions de morts supplémentaires. Il serait délicat d'être plus précis, mais on arrive à la fin de la guerre à 150 000 morts par semaine, dont une grande majorité de civils, du fait de la famine qui se généralise.

L'H. : *Quel est le bilan des victimes de la guerre ?*

J.-L. M. : Il est difficile de faire un compte exact, en particulier pour les pertes chinoises. Ce qui est à peu près assuré, ce sont les morts au combat. On compte environ 7 millions de victimes parmi les soldats : 2 millions de Japonais et quelque 3 millions de Chinois, auxquels on peut ajouter environ 200 000 Occidentaux (principalement Américains, Britanniques, Australiens et Néerlandais, sans oublier quelques milliers de Français d'Indochine) et une centaine de milliers de combattants d'autres pays d'Asie. On estime par ailleurs que 1,4 million de soldats chinois sont morts à l'écart des zones de combat : maladies, blessures, manque de soins, faim...

Tout cela est d'assez peu de poids comparé aux victimes civiles : elles représentent en dehors du Japon près de 80 % des pertes, pourcentage bien supérieur à ce qui se passait sur le théâtre européen, même en y incluant la Shoah. Au total, on estime le bilan à 27 millions de morts, dont quelque 20 millions de civils. Le chiffre est à comparer aux 36 millions de morts côté européen[1] : les pertes en Asie représentent 40 % du total des pertes de la Seconde Guerre mondiale.

Le Japon compterait au total 3 millions de morts. Parmi les morts civils, 1 million en tout, 400 000 ont été victimes des bombardements (dont la moitié, 200 000, lors des explosions nucléaires).

Les plus grandes pertes là aussi ont été chinoises, mais les chiffres sont sujets à discussion. Les différents gouvernements chinois ont fourni des évaluations très variables. Entre 1945 et aujourd'hui, on est passé de 10 à 35 millions de morts. Le chiffre de 15 millions, qui fut fourni peu après la fin du conflit par les autorités du Guomindang, ne paraît pas invraisemblable. Des vic-

---

1. Ces chiffres ne sont pas définitifs, en particulier du fait des importantes incertitudes qui subsistent sur les victimes chinoises et soviétiques, civiles surtout.

times civiles asiatiques, deux tiers vraisemblablement moururent de faim, un quart furent assassinées, un dixième périrent d'épuisement au travail. On comprend les considérables enjeux de mémoire que représente cette guerre en Asie...

Nankin, 1937 – Le premier massacre de la Seconde Guerre mondiale

Le 13 décembre 1937, les troupes japonaises, qui ont envahi la Mandchourie dès 1931 et qui, depuis le 7 juillet 1937, sont entrées en guerre contre la Chine, prennent Nankin, capitale d'où gouvernent Tchang Kaï-chek et le parti nationaliste, le Guomindang. Cette date marque le début du premier grand massacre de la Seconde Guerre mondiale : deux mois de terreur pour les populations.

Ces crimes de guerre japonais sont devenus aujourd'hui un enjeu mémoriel, politique et diplomatique entre les deux puissances de l'Asie orientale. Quelles que soient leurs origines ou opinions, les Chinois voient dans les horreurs ayant entouré la prise de Nankin une tragédie dont l'ampleur serait comparable à Hiroshima, si ce n'est à Auschwitz[1]. Du côté japonais, ceux qui cherchent à minimiser et justifier ces atrocités, voire à les nier complètement, sont encore nombreux. De part et d'autre, beaucoup se sont lancés dans une surenchère nationaliste préjudiciable à la vérité historique.

---

1. L'ouvrage le plus populaire sur le sujet, I. Chang, *The Rape of Nanking*, New York, Basic Books, 1997, a pour sous-titre *The Forgotten Holocaust of World War II*. Il a été traduit en français sous le titre *Le Viol de Nankin, 1937 : un des plus grands massacres du XXe siècle*, Paris, Payot, 2007.

Pour qui prend la peine de remonter aux (nombreux) témoignages dont nous disposons, il n'est pourtant pas très difficile de cerner avec un degré raisonnable de précision les modalités, responsabilités et dimensions de cet événement – notamment le nombre de victimes, point sur lequel les controverses sont particulièrement violentes. Universitaires étrangers – sociologues ou historiens notamment –, journalistes, missionnaires, diplomates et hommes d'affaires, tous maîtrisant la culture et, souvent, la langue chinoises, nous en ont fourni des récits en abondance. Ces témoignages sont d'autant plus fiables qu'ils furent rédigés pendant ou juste après les événements.

Ils complètent de nombreuses archives japonaises : journaux de marche des unités, correspondances d'état-major, sans oublier les écrits intimes d'officiers, de simples soldats ou de correspondants de guerre, souvent des plus révélateurs.

Des pièces, certes plus tardives, peuvent être ajoutées au dossier : il y a d'abord les minutes d'interrogatoires du procès des criminels de guerre japonais qui s'est tenu à Tokyo entre 1946 et 1948. Mais il y a aussi les enquêtes multiples menées auprès de survivants chinois à partir des années 1970. Les convergences entre ces sources l'emportent de beaucoup sur quelques contradictions.

On est ainsi amené à infirmer tant les savantes constructions des révisionnistes nippons, à l'évidence échafaudées sur du sable, que les exagérations sans limite des nationalistes chinois, qui dénoncent plus que jamais une tuerie délibérée et systématique de l'ensemble de la population civile, et n'hésitent pas à avancer un chiffre de victimes au moins égal à 300 000[2], soit trois à six fois plus que la réalité.

Ces sources conduisent à distinguer trois types de

---

2. Le chiffre figure sur la façade du mémorial-musée de Nankin.

violence de masse, dont les circonstances et les conséquences diffèrent grandement. Le premier pourrait être décrit comme un « massacre de guerre » : des victimes militaires et civiles résultant directement des combats. Pour l'armée japonaise, qui avait subi des dommages importants lors de la bataille de Shanghai (août-novembre 1937), la prise de Nankin constitua une formalité qui n'occasionna que des pertes légères (environ 1 000 morts). Les choses furent totalement différentes du côté chinois.

Le 12 décembre, les troupes chinoises reçurent soudainement l'ordre d'abandonner une ville que le généralissime Tchang Kaï-chek, président de la République chinoise, avait pourtant juré de défendre jusqu'au bout. Une terrible panique s'ensuivit, les officiers laissant parfois leurs hommes derrière eux pour fuir plus vite, et des soldats mal informés tirant sur ceux qu'ils croyaient être des déserteurs. La ville ayant été presque totalement encerclée par les Japonais, la seule issue était de traverser le fleuve Yangzi. Des milliers de soldats périrent misérablement, piétinés dans le flot de ceux qui tentaient de s'échapper par l'unique et étroite porte de la ville encore dégagée, tombant des murs d'enceinte, noyés dans les eaux glacées du fleuve lorsque leurs embarcations surchargées se renversaient, ou en tentant de le franchir à la nage.

Probablement encore plus nombreuses furent les victimes des tirs de la flottille japonaise postée sur le fleuve. Cependant, la garnison de Nankin ayant refusé de se rendre à l'ultimatum dûment lancé par l'armée japonaise le 10 décembre, cette tuerie déséquilibrée ne contrevenait en rien aux règles communément admises de la guerre. Les révisionnistes japonais s'appuient sur ce fait pour dénier tout crime de grande ampleur : c'est

« à la loyale » que l'immense majorité des victimes chinoises auraient été tuées.

À l'inverse, ils minimisent ou dénient le second type de violence, qui s'exerça, elle, après la bataille, à froid, contre les troupes et les agents de l'État. Pour l'état-major japonais, cette lutte ne constituait sans doute qu'une suite logique à une campagne dont l'objectif était l'élimination totale des forces de Tchang Kaï-chek. Frustré de la bataille d'anéantissement qu'il escomptait, le commandement nippon ordonna (ou laissa accomplir, suivant les cas) un massacre systématique des soldats chinois désarmés.

La plupart d'entre eux s'étaient rendus sans combat, parfois par unités entières, avec une relative confiance, même si certains groupes avaient aussi tenté de se fondre dans la population, en se débarrassant de leurs uniformes. Les soldats japonais, de leur propre aveu, auraient pu être rapidement débordés si cette masse de prisonniers s'était rebellée – ce qui apparemment ne se passa jamais.

Le massacre fut délibéré, rondement mené (pour l'essentiel en six jours), et sans pitié. Rares furent ceux qui échappèrent à la mort. Même à l'intérieur de la zone de sécurité organisée en ville pour les civils chinois par la petite communauté occidentale, les camps de réfugiés étaient passés au peigne fin. Tous les hommes en âge de combattre étaient examinés de près : une coupe de cheveux militaire, un front plus pâle que le reste du visage (les soldats portaient des casques) ou une marque rouge sur l'épaule qui porte le fusil valaient autant de condamnations à mort.

Des milliers de civils de sexe masculin appartenant au groupe d'âge 15-45 ans (peu nombreux car beaucoup avaient fui la ville en laissant leur famille derrière eux) furent pris dans les mailles du filet. Les officiers japonais préféraient arrêter tout homme qui « aurait pu » être un soldat. La directive émise le soir du 13 décembre par la 6e brigade de la 9e division est, à ce titre, révélatrice : « Vous devez arrêter toute personne susceptible d'être un soldat en civil et le tenir prisonnier dans un lieu approprié [...]. Vous devez considérer tout homme adulte jusqu'à la cinquantaine comme un soldat égaré ou en civil, et par conséquent l'arrêter et le tenir prisonnier[3]. »

Les ordres d'exécution furent probablement transmis oralement, ou écrits dans le style ambigu caractéristique des ordres criminels d'État. Quelques directives explicites nous sont malgré tout parvenues. Ainsi, l'ordre reçu le 13 décembre par le 1er bataillon du 66e régiment d'infanterie, 114e division : « Vous exécuterez tous les prisonniers conformément aux ordres de votre brigade. En ce qui concerne la méthode d'exécution, pourquoi ne pas constituer des groupes de douze soldats que vous attacherez ensemble et fusillerez les uns après les autres[4] ? »

Le *modus operandi* témoigne d'une quête de rapidité, d'efficacité et d'effet de surprise. De nombreux prisonniers de guerre furent passés à la baïonnette ou décapités au sabre, mais, vu l'ampleur de la tâche, les bourreaux ont généralement préféré concentrer le feu de plusieurs mitrailleuses sur les groupes les plus importants, puis brûler les corps avec de l'essence. Il y eut des survivants, d'où les informations abondantes dont nous disposons sur ces exécutions.

Les procédés et les résultats furent partout plus ou moins les mêmes, et ce quelle que soit l'unité japonaise

---

3. Cité par Yamamoto M., *Nanking : Anatomy of an Atrocity*, *Westport* (Connecticut)-Londres, Praeger, 2000, p. 97.

4. *Ibid.*, p. 108.

impliquée, la date ou l'attitude des prisonniers de guerre. Aucun groupe important n'échappa à la mort pour être envoyé dans un camp de détention ou pour être libéré.

Les plus chanceux furent choisis pour être porteurs dans une armée japonaise souffrant d'un déficit logistique chronique. Mais même ces derniers finissaient souvent exécutés, lorsque l'on n'avait plus besoin d'eux ou lorsque les soldats nippons voulaient se distraire. La déception exprimée par l'officier d'état-major Sakakibara en témoigne : « Je comptais utiliser les prisonniers comme main-d'œuvre à Shanghai, mais ils furent tués alors que j'étais en déplacement[5]. » D'après ce que nous savons, aucun soldat japonais ne fut puni pour ces crimes, du moins durant cette période.

Le but était de gagner la guerre, mais aussi d'anéantir la base du parti nationaliste au pouvoir, le Guomindang. Les fonctionnaires furent donc considérés comme des ennemis, à l'égal des militaires. Plus de 50 des 400 policiers demeurés à leur poste furent ainsi arrêtés et exécutés, de même que quelques balayeurs des rues et 43 des 54 employés restés dans la centrale électrique et considérés à tort (ils appartenaient au secteur privé) comme des serviteurs de l'État. Au total, on peut estimer entre 40 000 et 75 000 les victimes de ce crime de guerre d'une ampleur inouïe, parmi lesquelles 10 000 à 15 000 civils en âge de porter les armes[6].

Le troisième type de violence a touché les civils en tant que civils et non plus, comme c'était le cas pour

5. *Ibid.*, p. 120, note 45.
6. Pour les détails de cette (complexe) évaluation, cf. J.-L. Margolin, *L'Armée de l'empereur. Violences et crimes du Japon en guerre, 1937-1945*, Armand Colin, 2007, ch. 5.

les hommes jeunes, en tant que soldats potentiels, par là promis à la mort. Plus généralisées, plus étalées dans le temps, mais moins systématiques et meurtrières, ces exactions furent à l'origine de l'atmosphère de terreur qui gagna la ville entière, deux mois durant.

Il y eut d'abord d'innombrables viols : de 8 000 à 20 000 d'après les témoins occidentaux. Entre 10 et 30 % des femmes âgées de 15 à 40 ans furent victimes de crimes sexuels, malgré la relative protection offerte par leur rassemblement en vastes camps de réfugiés, et par le dévouement d'une poignée d'étrangers auxquels les Japonais n'osaient pas alors s'attaquer. Aucune femme ne pouvait se sentir à l'abri : sur le seul campus de l'université, la plus jeune victime recensée avait 9 ans et la plus âgée 76.

Les soldats agissaient généralement en petits groupes ; la plupart des viols semblent avoir été collectifs. Ils se déroulaient souvent sous les yeux d'autres femmes réfugiées ou en présence des familles terrorisées. Beaucoup de femmes furent emmenées dans les lieux de casernement des soldats, parfois gardées plusieurs jours ou davantage, et utilisées comme servantes le jour, comme esclaves sexuelles la nuit. La violence était la règle lorsque la victime ou ses proches résistaient, et le meurtre n'était pas rare. Bien souvent, les femmes étaient forcées à se prostituer : il semble que le dégradant système des « femmes de réconfort »[7] soit né à Nankin,

7. Traduction du japonais *ianfu*, euphémisme désignant les dizaines de milliers de prostituées fournies aux troupes par l'administration militaire (plus de la moitié venant de Corée). Beaucoup d'entre elles furent soit recrutées de force, soit trompées sur le « travail » qu'elles devraient accomplir. La plupart étaient cependant (bien) payées.

avant de s'étendre à l'ensemble de l'empire de guerre nippon.

Toute la population fut maintenue dans la terreur. Le moindre obstacle à la volonté des soldats japonais, la plus légère réticence à suivre leurs ordres (généralement donnés en japonais, parfois dans un chinois approximatif…), toute tentative de se cacher ou de fuir pouvaient être punis de mort.

De nombreuses personnes âgées – des femmes en grande majorité – périrent, souvent brûlées vives, en tentant de protéger leur maison ou leur boutique, où le reste de la famille les avait laissées dans l'espoir vain d'un semblant d'humanité chez les prédateurs nippons : près de 40 % des femmes assassinées avaient plus de 60 ans.

Ces meurtres de civils, que l'on pourrait qualifier d'aveugles, ou de circonstanciels, sont évaluables à une dizaine de milliers (sur environ 200 000 habitants). Cela porte les morts de Nankin hors combat à un total très probablement compris entre 50 000 et 90 000.

Enfin, d'innombrables pillages et incendies volontaires rendirent la vie pratiquement impossible dans les quartiers situés en dehors de la zone de sécurité. Dans une ville pourtant peu touchée par les combats proprement dits, environ un tiers des bâtiments fut entièrement ou partiellement détruit, au cours d'opérations systématiques qui s'étalèrent sur des semaines. Rue après rue, les magasins furent mis à sac, puis brûlés. Les officiers dirigeaient leurs hommes dans ces expéditions peu glorieuses ; des convois entiers de camions transportaient les biens volés. Les plus hauts gradés profitaient parfois sans vergogne de ces razzias.

Le général de division Nakajima Kesago (ancien chef de la police militaire, la redoutable Kempeitai) répondit ainsi à son commandant en chef, le général Matsui Iwane, qui le blâmait pour sa cupidité : « En quoi le vol d'œuvres d'art est-il si grave quand c'est tout un pays avec ses vies humaines que nous volons ? À qui profiteront ces biens si nous les laissons derrière nous [8] ? » Son cynisme mis à part, cette remarque nous renseigne sur les véritables intentions des militaires japonais : il ne s'agissait pas de se livrer à un massacre systématique de la population chinoise, mais de provoquer son appauvrissement, la désintégration de la société, la dislocation des structures politiques et la dégradation de sa culture.

Comment comprendre de telles exactions dont on ne connaît pas d'équivalents dans les conflits précédents livrés par l'empire, comme la guerre russo-japonaise de 1904-1905 ou celle de 1894-1895 contre la Chine [9] ? Il y a d'abord la logique de la guerre : le général Matsui, proche de la retraite, avait voulu mener une opération rapide et suffisamment décisive pour conclure le conflit en quelques mois. Il avait imposé à Tokyo une offensive éclair contre la capitale chinoise, défendue par une bonne partie des troupes d'élite de Tchang. Contre toute attente, cette campagne ne permit pas de les anéantir sur le champ de bataille. Cette déception, combinée avec le déficit logistique chronique des Japonais, les poussa à résoudre la question des prisonniers de guerre par des exécutions en masse. Les Japonais espéraient également

8. Carnets de Nakajima, 23 janvier 1938, cité par Yamamoto M., *op. cit.*, p. 159.
9. La guerre qui a opposé la Chine et le Japon en Corée (dans la zone d'influence chinoise) en 1894-1895 se solde par la défaite totale de la Chine. Le Japon obtient notamment Taiwan et la possibilité d'intervenir en Corée.

provoquer par cette politique implacable des désertions massives dans ce qui restait de l'armée chinoise.

Les violences commises envers les civils s'expliquent différemment : la possibilité d'obtenir nourriture et femmes en abondance était utilisée pour appâter les soldats. Le privilège d'entrer dans les villes en premier était donné aux unités les plus méritantes. Les troupes japonaises s'étaient déjà habituées à vivre sur le pays : elles tuèrent, violèrent et pillèrent sans répit sur les 270 kilomètres séparant Shanghai de Nankin.

Mais ce comportement résulte d'une évolution de plus long terme de l'armée et du régime. Vers la fin des années 1930, le Japon, sans rompre formellement avec le parlementarisme, était en fait tombé sous la coupe de son armée, qui faisait et défaisait les gouvernements. Une forme d'union sacrée réunissait militaires, politiciens traditionnels et maison impériale, dans la quête d'une hégémonie sur l'Asie orientale appuyée sur la mobilisation de la population et sur la mystique d'une nation dévouée à son empereur.

Le Japon se rapprochait ainsi rapidement des modèles italien et allemand, et les tendances totalitaires, militaristes et ultranationalistes s'y renforçaient de jour en jour. Or les régimes totalitaires ont une conception de la guerre qui correspond à leur vision du politique. La victoire doit être absolue, le pays ennemi doit être anéanti ou transformé en une sorte de colonie.

Le Japon des années 1930 a par conséquent développé une implacable « culture de guerre ». L'entraînement et le quotidien des soldats dans les casernes étaient faits de violences et d'humiliations, même en temps de paix : on a évoqué une « formation à coups de claques ». Une mystique du « nouveau samouraï » s'était développée depuis le début des années 1930, avec une fascination pour le sabre et la baïonnette, et un mépris absolu pour la reddition ou les considérations humanitaires.

L'esprit de groupe, alimenté par l'organisation des troupes sur la base de la localité d'origine, peut avoir été à la source des bandes délinquantes qui rôdèrent à Nankin. Pris individuellement, les soldats japonais semblaient montrer une capacité à passer d'une insensibilité extrême aux manifestations de sentimentalité larmoyante les plus inattendues, envers eux-mêmes mais parfois aussi envers leurs ennemis. Ainsi en 1944 le commandant du camp d'internement de Kampili (Indonésie), Yamaji Tadashi, pouvait-il à la moindre désobéissance assommer de coups les Hollandaises dont il avait la charge, puis se désoler des tortures subies par deux missionnaires américains, au point d'en faire ses protégés personnels.

Enfin, a joué la représentation que les Japonais se faisaient de l'ennemi. Si l'on en croit leurs carnets et lettres, les soldats se sentaient offensés par la résistance inattendue des Chinois. Ils s'attendaient à rencontrer des militaires médiocres et peureux, conformes à la réputation héritée de la guerre de 1894-1895. La résistance des Chinois ne pouvait être que la démonstration de leur incroyable perfidie, de leur méchanceté et de leur arrogance injustifiable envers les Japonais.

Le soldat Ueba écrit dans son journal : « Comment les Chinois peuvent-ils continuer à se battre avec toutes les pertes qu'ils ont subies ? Je les hais[10] ! » L'ennemi, en refusant de jouer la partition écrite pour lui, se retrouvait déchu de tous ses droits.

---

10. Carnets d'Ueba, 26-27 novembre 1937, cité dans Yamamoto M., *op. cit.*, p. 58.

Le raid japonais sur Pearl Harbor :
du mythe à la réalité

Pearl Harbor ne cesse pas de fasciner. C'est que l'attaque japonaise a bouleversé les cartes. Les États-Unis décident alors d'entrer de plain-pied dans le conflit mondial. La guerre n'appartient plus aux seuls Européens. Voici que s'annoncent les extraordinaires bouleversements du monde de 1945, notre monde. C'est aussi un événement-surprise. Les Américains aidaient activement la Grande-Bretagne et l'Union soviétique. Ils s'attendaient à de vives réactions de l'Allemagne. L'océan Atlantique s'était transformé en un théâtre d'opérations. Mais l'attaque se produit dans le Pacifique, et elle vient du Japon. Dans les conditions les plus spectaculaires. Un raid comme on n'en avait jamais vu [1]. L'une des plus grandes puissances maritimes est frappée dans ses forces vives.

Ce raid est devenu un véritable mythe, toujours vivace, qui appelle des questions et suscite des réponses pas toujours satisfaisantes. Comme si, pour comprendre

---

1. Il est vrai que l'attaque britannique de la flotte italienne à Tarente, le 11 novembre 1941, tient lieu de répétition générale pour la marine japonaise. Mais les plans de Yamamoto sont bien antérieurs à novembre 1941. Et l'ampleur du raid japonais sur Pearl Harbor est supérieure à celle du raid britannique sur Tarente.

cet événement hors du commun, il fallait nécessairement imaginer le pire, par exemple la complicité des plus hauts personnages de l'État. Et si Roosevelt avait laissé faire ? Et si Pearl Harbor n'était qu'une provocation, sciemment élaborée, des États-Unis, pour que les Japonais tombent dans le piège et que l'opinion américaine s'enflamme ? Et si l'attaque du 7 décembre 1941 n'était que l'une de ces innombrables chausses-trappes que l'historien rencontre sur sa route ? Bref, Pearl Harbor, c'est le traumatisme par excellence, l'inguérissable cicatrice dans la conscience collective des Américains.

Pourtant, les faits sont simples. La base de Pearl Harbor est située dans l'île d'Oahu, au cœur de l'archipel d'Hawaï. En plein océan, à 3 500 km de Los Angeles, à 5 500 km du Japon, à 7 000 km de l'Australie. L'archipel occupe une position stratégique, sur la route des « mandats » (Guam, Wake, Midway) que les États-Unis administrent depuis un demi-siècle, sur la route des Philippines que les États-Unis protègent, sur la route des Indes néerlandaises, de la Malaisie, de l'Océanie. Une sentinelle avancée de l'Empire américain du Pacifique. La base abrite les bâtiments de la flotte du Pacifique : 6 à 8 cuirassés, 2 ou 3 porte-avions, des croiseurs, des destroyers, des sous-marins, des mouilleurs de mines, des navires auxiliaires et, pour entretenir cette flotte, des réservoirs de pétrole, des cales sèches, des ateliers.

Contre les mauvaises surprises, la flotte est protégée par 25 000 hommes, des avions de l'Armée de terre et de l'Aéronavale. Rien à voir avec le légendaire Fort Alamo. Le général Short, qui commande les forces terrestres, exprime sa satisfaction le 7 avril 1941 : « Ici, à Hawaï, dit-il, nous vivons tous dans une citadelle ou dans une île terriblement fortifiée. » D'ailleurs les experts sont formels. Si une force ennemie, japonaise sans doute, voulait s'emparer d'Oahu, elle se heurterait à une invincible résistance. La DCA, les canons de la défense côtière, l'artillerie, les 35 forteresses volantes B17, les bombardiers en tous genres lui infligeraient de lourdes pertes. Reste la menace des saboteurs et des sous-marins. Une menace négligeable si les précautions élémentaires sont prises. La flotte du Pacifique n'a donc rien à craindre.

Tous les militaires ne partagent pas cet enthousiasme. Des marins regrettent que la flotte du Pacifique ne soit plus stationnée à San Diego (Californie), qu'elle ait été affaiblie au profit de la flotte de l'Atlantique, qu'elle ait la mission de faire peur aux Japonais sans en avoir les moyens. La flotte du Pacifique se sent mal aimée. Mais, ébréchée par la nouvelle stratégie des États-Unis, sa puissance lui donne, malgré tout, un formidable sentiment de sécurité.

Un sentiment qui vole en éclat, le dimanche 7 décembre 1941. Un peu avant 8 heures (heure locale, soit 13 h 30 heure de Washington), une vague de bombardiers déferle sur la base. Effet de surprise total. La base s'éveillait lentement. C'était le moment le plus calme de la semaine, celui où il ne se passe jamais rien. Les Américains commencent par ne pas comprendre. Le contre-amiral Furlong, à bord du mouilleur de mines *Oglala*, attendait son petit déjeuner lorsqu'une bombe explose à quelques mètres de son bâtiment. Réaction de Furlong : « Quel est ce pilote stupide qui a mal fixé son dispositif de bombardement ? » Car il croit que la bombe est tombée accidentellement d'un appareil américain. Sur l'*Oklahoma*, l'alarme est donnée par le système des hauts-parleurs. Un des électriciens du cuirassé se rend à petits pas à son poste de combat. Bah ! soupire-t-il, encore un exercice ! Mêmes réactions de la part de Short qui pense que la Marine ne l'a pas informé de ces manœuvres. L'amiral Kimmel, qui commande la flotte du Pacifique, prévenu par téléphone, se précipite dehors, tout en boutonnant sa vareuse. Sa voisine l'a observé : « Il n'arrivait pas à y croire. Il était complètement abasourdi. Son visage était aussi blanc que son uniforme. »

Partout, dans les premières minutes, l'incrédulité, l'impossibilité de se convaincre que ce sont bien les Japonais qui attaquent. Au milieu des explosions, des balles qui sifflent, du bruit assourdissant des moteurs d'avions, de la fumée et des incendies, les scènes de panique se succèdent. L'*Oklahoma* chavire, quille en l'air. L'*Arizona* subit une terrible explosion qui fait 1 000 morts. Sur le *Vestal*, amarré bord à bord avec l'*Arizona*, le feu provoque des dégâts considérables et une centaine d'hommes sont projetés par-dessus le bastingage. Sur le pont, dit un témoin, on voyait des tonnes de débris, « des parties du navire, des jambes, des bras, des têtes ». Un peu plus loin, le *West Virginia* est torpillé. La base aérienne, toute proche, subit un assaut comparable. C'est de là que part, à 7 h 58, le premier message : « Raid aérien, Pearl Harbor. Ce n'est pas un exercice. » Quelques instants plus tard, message identique de Kimmel à Washington. À 8 h 12, Kimmel télégraphie à toutes les unités de la flotte du Pacifique et à l'amiral Stark, chef des Opérations navales : « Les hostilités avec le Japon viennent de commencer par un raid aérien sur Pearl Harbor. » À 8 h 17, il s'adresse à l'escadrille de patrouille : « Localisez la force ennemie. » Ce n'est pas l'hystérie, rapporte un témoin, c'est « l'effroi maîtrisé ». Tirer à la mitrailleuse sur les avions japonais, c'est bien, encore que ce soit de plus en plus difficile à mesure que les navires prennent de la gîte, s'enflamment ou chavirent. Repérer le gros de la flotte japonaise, ce serait mieux, mais comment y parvenir dans la confusion générale ?

Les Japonais disposent de moyens considérables. Entourés par 2 cuirassés, 2 croiseurs lourds, 11 croiseurs légers, 11 destroyers, 3 sous-marins, 8 navires ravitailleurs, les 6 porte-avions de l'amiral Nagumo sont parvenus à moins de 400 km de la pointe nord d'Oahu. C'est de là que vers 6 h s'envole la première vague : 49 bombardiers chargés du bombardement horizontal, 40 avions lance-torpilles, 51 bombardiers en piqué, 43 chasseurs, soit 183 appareils. Une heure plus tard, envol de la deuxième vague : 168 appareils. Le commandement américain ignore tout, bien évidemment, de ces statistiques et des intentions des Japonais. « Je ne savais pas, admet Short, quel degré de gravité revêtirait l'attaque. S'ils prenaient un tel risque, ils pourraient aussi bien risquer un débarquement. » Le commentaire qui revient le plus souvent, dès la première surprise passée, tient en une phrase : « Ils nous ont surpris dans notre sommeil. » Short est « dans un état de confusion animée ». Kimmel est désemparé. En un mot, Pearl Harbor, c'est le k.o. au premier round.

Après un raid d'une heure et demie, les Japonais font demi-tour. Ils renoncent à obtenir davantage. Mission achevée, conclut Nagumo. Il est vrai que les pilotes s'apprêtaient à décoller une deuxième fois pour raser la base. L'amiral refuse de céder à l'enthousiasme. Certes, parmi les navires américains qui ont été frappés ne figurent pas les porte-avions de la flotte du Pacifique. Le hasard a voulu qu'ils ne se trouvent pas à Pearl Harbor ce jour-là. Les Japonais sont déçus. Mais Nagumo ne veut pas perdre de temps, attirer les représailles américaines et gaspiller les ressources de la Marine japonaise. Ne doit-elle pas, dans le même temps, lancer des offensives sur la Malaisie, l'Indochine, la Thaïlande, Singapour, Wake, Guam et Hong Kong ? Le gouvernement impérial attend d'elle des miracles. À quoi bon s'attarder dans les eaux hawaïennes, alors que le Japon a décidé de mener la guerre sur des milliers de kilomètres carrés ?

De leur côté, les Américains de Pearl Harbor s'efforcent de riposter. L'aviation fait porter ses recherches sur le sud, puis sur le nord. Trop tard. La coordination entre la Marine et l'Armée n'est pas excellente. De plus, on s'attend à une nouvelle attaque japonaise. Les deux ou trois sous-marins aperçus au large donnent à penser qu'une opération amphibie se prépare. Alors que les militaires éteignent les incendies, soignent les blessés, dégagent les morts, la panique gagne la population civile. De fausses nouvelles circulent : on aurait vu des parachutistes, des sous-marins, des avions de reconnaissance, des commandos. Ici et là, des sentinelles tirent à tort et à travers. La pagaille... Ce qui n'empêche pas des actes individuels d'héroïsme qui témoignent du sang-froid de quelques-uns. À la fin d'une journée qui ressemble à un cauchemar, l'heure du bilan a sonné. Morts immédiatement ou à la suite de leurs blessures : 2 403, y compris les disparus. Blessés : 1 178. La flotte a perdu 8 cuirassés, 3 croiseurs légers, 3 destroyers, 4 navires auxiliaires. Sur ces 18 bâtiments, 80 % seront remis en état ; la plupart, en outre, dataient de la Première Guerre mondiale, alors que la flotte commençait à se doter de bâtiments ultra-modernes comme les porte-avions. L'Aéronavale est privée de 13 chasseurs, 67 bombardiers, 3 avions de transport. L'aviation de l'Armée de Terre a perdu 4 forteresses volantes, 12 B18, 2 A20, 32 P40, 20 P36, 4 P26, 2 OA9. De plus, près de 150 appareils, des aérodromes et des installations diverses ont été endommagés. Du côté japonais, 29 appareils abattus, 1 sous-marin et 5 sous-marins de poche coulés. De quoi provoquer l'enthousiasme de l'état-major qui ne manque pas de proclamer sa satisfaction. Pearl Harbor, c'est l'heure de gloire de la Marine japonaise.

Il faut reconnaître que ce succès, les marins japonais l'ont préparé longuement et minutieusement. L'idée d'un raid sur Pearl Harbor revient à l'amiral Isoroku Yamamoto, le chef suprême de la flotte. Une idée folle, compte tenu des distances, qu'il exprime pour la première fois au printemps de 1940. Une idée contraire à la doctrine stratégique de la flotte japonaise qui s'était donné pour mission de livrer bataille aux abords des côtes du Japon. Une idée surprenante, quand on sait que Yamamoto n'éprouve aucun enthousiasme à préparer la guerre contre les États-Unis dont il connaît la puissance industrielle et redoute les forces navales. Mais, depuis qu'il a pris ses fonctions en août 1939, il doit mettre au point la stratégie qui permettra à son pays de construire une sphère de co-prospérité en Asie, c'est-à-dire de s'étendre au sud jusqu'à la proximité de l'Australie, à l'ouest jusqu'à Singapour, à l'est jusqu'à Guam, Wake et Midway. La flotte aura, dans ces conditions, une stratégie offensive. Du coup, la flotte américaine de Hawaï menace le flanc oriental de la flotte japonaise. Avant de se lancer dans son programme d'expansion territoriale, le Japon est obligé d'écarter ce danger potentiel. D'ailleurs, Yamamoto ne prétend pas que Pearl Harbor sera l'objectif unique, voire principal. Si la flotte américaine est en mer, va pour le combat naval. L'essentiel est de porter « un coup fatal » à l'ennemi.

Le grand chef confie l'élaboration du projet à des adjoints brillants et discrets. Mois après mois, en 1941, les préparatifs progressent. Un à un, les problèmes techniques sont résolus. En fin de compte, les plans prévoient une attaque-surprise (traditionnelle chez les stratèges japonais), un raid sur les porte-avions américains, un raid complémentaire sur les avions basés à Oahu. L'attaque devrait avoir lieu au petit jour, pour éviter les inconvénients de la navigation et du bombardement nocturnes. Rien ne peut être entrepris sans de bons renseignements. Le consulat japonais d'Honolulu est chargé de cette mission délicate. Un agent spécial dresse l'état de la base, relève le nombre des bâtiments qui y jettent l'ancre, observe les modalités de l'amarrage, constate que la flotte a l'habitude de rentrer à Pearl Harbor au début de chaque week-end et reproduit avec soin la topographie.

Le 4 novembre, Yamamoto reçoit le feu vert. Si la guerre éclate, l'attaque se fera le 8 décembre, date de Tokyo (soit le 7, date d'Hawaï). La flotte de l'amiral Nagumo quitte les Kouriles le 26 novembre. Elle est définitivement fixée sur sa mission le 1er décembre. Toutefois, si précise soit-elle dans les moindres détails, l'opération n'aurait pas réussi sans le concours de la chance. La flotte japonaise emprunte la voie du Pacifique Nord, mais le temps aurait pu y être détestable et gêner le ravitaillement en mer. Elle a rompu tout contact radio, mais une flottille de soutien, composée de sous-marins, vient à sa rencontre ; elle aurait pu être repérée. La base de Pearl Harbor était habituellement fermée par un filet de protection et, pourtant, elle est restée ouverte entre 4 et 8 h. Enfin, les bâtiments de la flotte américaine n'étaient pas protégés par des filets d'acier contre les torpilles.

La chance des uns, c'est la malchance des autres. Le savoir-faire des militaires japonais n'a d'égal que la maladresse, sinon les négligences des militaires américains. Sur ce thème, les historiens sont comblés. De décembre 1941 à juillet 1946, sept commissions administratives et une commission parlementaire ont mené des enquêtes approfondies, interrogé les acteurs et des centaines de témoins, réuni quarante volumes de rapports et de dépositions. Bref, les certitudes ne manquent pas ; les sujets de controverse, non plus.

Au banc des accusés, le général Short et l'amiral Kimmel, l'un et l'autre démis de leurs fonctions et contraints de prendre leur retraite anticipée. Ils auraient commis « des erreurs de jugement », voire « des négligences dans l'accomplissement de leur devoir ». Short n'a pas prévu que les Japonais pourraient entreprendre un raid aérien. Il a envisagé des opérations de sabotage, au pire un débarquement ; rien d'autre. La meilleure preuve, c'est qu'il existait un radar à la pointe nord d'Oahu ; les opérateurs y ont relevé, le 7 décembre à 7 h, la présence d'avions sur leur écran de contrôle, mais ils ont cru qu'il s'agissait d'appareils américains en provenance de Californie et leurs supérieurs n'ont pas su traiter correctement l'information.

Au fond, Short ne croyait pas à l'utilité du radar, contrairement aux enseignements de la bataille d'Angleterre et de la guerre de l'Atlantique. Pour lui, le radar, c'était un instrument d'instruction, pas un moyen de défense. La défense, elle, serait assurée par l'Aéronavale, que Short ne commandait pas. L'amiral Bloch, chargé de la défense navale de la base, s'entend mal avec Short et ne le met guère au courant de ce qu'il fait ou de ce qu'il ne fait pas. En revanche, il tient à ce que la flotte soit amarrée dans la base chaque week-end, pour économiser sur les frais de remorquage et sur les opérations de drainage du chenal.

Quant à Kimmel, le commandant en chef, il n'a pas ordonné de reconnaissances aériennes, pas transmis à Short tous les renseignements dont il disposait, pas compris ce que signifiait le silence soudain, le silence prolongé des porte-avions japonais dont il aurait dû essayer de préciser la localisation. À sa décharge, on dira que le général MacArthur, commandant les troupes des Philippines, dûment averti du raid sur Pearl Harbor, n'a pas fait mieux que Kimmel et passe pourtant pour un héros. Fallait-il un coupable et Kimmel tint-il le rôle de bouc-émissaire ?

Kimmel a cru cela, et l'a dit, jusqu'à la fin de sa vie en 1968. C'est lui qui a popularisé la thèse révisionniste et rappelé inlassablement que les vrais responsables du désastre étaient à Washington. Que d'occasions perdues, en effet, de mettre au jour, puis de contrecarrer les plans de la Marine japonaise ! Depuis l'été de 1940, le service des transmissions de l'Armée a brisé le plus secret des codes diplomatiques japonais. Le système Pourpre est déchiffré par une machine spéciale qui, aux États-Unis, existe en 8 exemplaires (4 à Washington, 1 aux Philippines, 2 à Londres ; la huitième, destinée à Pearl Harbor, est échangée en octobre 1941 contre une machine anglaise). Les télégrammes japonais qui ont été déchiffrés, les *Magics*, ne révèlent pas tout, puisque la Marine japonaise dispose de codes spéciaux, très souvent renouvelés, que les Américains ne déchiffrent pas. Mais quand même… Le 24 septembre 1941, par exemple, Tokyo demande à son consulat de diviser la base de Pearl Harbor en cinq secteurs et d'adresser des rapports sur chaque secteur. Étonnant, n'est-ce pas ? À Washington, l'Armée s'inquiète. La Marine fait prévaloir l'opinion que les Japonais, insatiables espions, ont décidé de réduire les coûts et le trafic radio. Bien plus, ni Kimmel ni Short, les principaux intéressés, ne sont tenus au courant. Le 27 novembre, les deux officiers généraux reçoivent de Washington un télégramme faisant état d'une « menace de guerre ». Washington s'attend au pire, mais ne dit pas que les négociations américano-japonaises ont été rompues. En substance, le télégramme signifie : « Préparez la défense de la base et ne tirez pas les premiers. »

Short conclut qu'il suffit de déclarer l'alerte n° 1, celle qui met en garde contre les saboteurs. Le télégramme, estime-t-il, revêt une signification spéciale pour les Philippines et non pour Hawaï. Kimmel est plus inquiet. Toutefois, une « menace de guerre », ce n'est pas la guerre et la menace ne pèse pas nécessairement sur Pearl Harbor. Enfin, le 7 décembre, le général Marshall, chef d'état-major de l'Armée, se convainc, à la lecture d'un *Magic*, que les Japonais vont attaquer le jour même une base américaine. Il est 11 h 58 à Washington, soit 6 h 28 à Pearl Harbor. L'attaque aura lieu sans doute vers 13 h, heure de Washington. Marshall ne téléphone pas. Il télégraphie à Panama, San Diego, Hawaï et, en priorité, aux Philippines. Le télégramme parviendra à Pearl Harbor huit heures et demie plus tard, alors que le raid est terminé depuis longtemps.

Ces inconséquences sont troublantes. Mais elles sont explicables. Les services de renseignement travaillent en ordre dispersé. Leurs responsables sont parfois incompétents, parfois nonchalants, toujours soucieux de leur indépendance. La coordination n'existe pas et n'existera qu'avec la création de la CIA en 1947. Les services croulent sous le poids des informations, dans lesquelles il convient de faire le tri. Ce qui paraît évident après ne l'est pas forcément auparavant. Roberta Wohlstetter explique brillamment[2] que tous les « signaux » sont parvenus au milieu des rumeurs et des bruits. Les Japonais pratiquaient l'art de la désinformation. Les spécialistes américains n'étaient pas toujours au courant des progrès techniques, ultra-secrets, auxquels les aviateurs japonais étaient parvenus, par exemple pour l'utilisation des torpilles dans les eaux peu profondes.

La véritable explication est ailleurs. Les responsables de la défense des États-Unis n'imaginaient pas que les Japonais attaqueraient la base de Pearl Harbor. Si loin du Japon... Face à une flotte du Pacifique qui n'avait pas de mission offensive, mais défensive... Rationnellement... Joseph Grew, l'ambassadeur américain à Tokyo, avait fait part, dès le 27 janvier 1941, d'« un projet fantastique » sur la base de Pearl Harbor. Le 3 novembre, il observait que « la santé mentale des Japonais ne peut être mesurée avec nos critères logiques », qu'ils peuvent soudainement se plonger « dans un conflit suicidaire avec les États-Unis ». Allons donc ! Ce n'est pas que le danger japonais soit sous-estimé. Depuis longtemps, on croit, aux États-Unis, au péril jaune, à un expansionnisme exacerbé qui débouchera sur la guerre. Mais si l'on respecte l'efficacité, la puissance industrielle, les traditions militaires de l'Allemagne, on doute de la force économique du Japon. Pas de charbon, pas de matières premières, une armée de « petits hommes jaunes » dont les Américains ne feront qu'une bouchée. Et puisque le Japon manque de l'essentiel, il se servira de sa belle marine pour occuper les Indes néerlandaises, pour consolider sa présence en Chine et en Indochine, pour s'emparer

---

2. *Pearl Harbor: Warning and Decision*, Palo Alto, California, Stanford University Press, 1962.

d'une partie ou de la totalité des possessions britanniques. Tout au plus, les Philippines sont menacées. Pas Pearl Harbor.

Au cours de la première enquête sur le drame, Marshall déclare que s'il avait recouru au téléphone pour diffuser le texte de son télégramme du 7 décembre, c'est MacArthur qu'il aurait appelé. Frank Knox, le secrétaire à la Marine, lit le message qui provient de Pearl Harbor et n'en croit pas ses yeux : « Mon Dieu ! s'exclame-t-il, ça ne peut pas être vrai. Il s'agit plutôt des Philippines. » Et Stark lui répond : « Non, monsieur, c'est Pearl. » Au fond, les services américains, submergés de renseignements, n'ont pas voulu croire à l'incroyable. Erreur fondamentale.

L'enquête sur les responsabilités ne s'arrête pas là. Sans doute conviendrait-il de mettre également en cause Henry Stimson, le secrétaire à la Guerre, et Knox. Ont-ils suffisamment averti leurs subordonnés ? Si le gouvernement n'échappe pas à la critique, l'attitude du président des États-Unis lui-même suscite des questions. À supposer que Roosevelt ait voulu que son pays entre en guerre, il aurait pu savoir que les Japonais allaient attaquer, ne rien dire et ne rien faire qui mette sur leurs gardes les défenseurs de la base et tirer les conséquences du drame pour atteindre son objectif politique. Roosevelt, coupable de duplicité, de complicité, du pire des machiavélismes. Cette interprétation, baptisée révisionniste, se répand après la guerre, donc après la mort du président. Elle est soutenue par les partisans de l'isolationnisme, qui, le temps du conflit, se sont tus et retrouvent leur voix après le retour de la paix, surtout lorsqu'ils constatent que les États-Unis se sont battus contre l'Allemagne et le Japon pour le plus grand profit de l'Union soviétique.

Ils n'expriment pas tous des opinions aussi tranchées. Des historiens comme Charles C. Tansill[3] et Charles A. Beard[4] critiquent vigoureusement la politique étrangère de Roosevelt, accusent le président d'avoir entraîné les États-Unis dans la guerre, mais ne croient pas que Roosevelt ait tout exprès provoqué les Japonais à Pearl Harbor. Ce n'est pas le cas du contre-amiral Robert A. Theobald, un proche de Kimmel, qui ne mâche pas ses mots : « Notre conclusion principale, écrit-il, est que le président Roosevelt contraignit le Japon à faire la guerre en exerçant en permanence sur lui une pression diplomatique et économique, et l'incita à ouvrir les hostilités par une attaque-surprise en maintenant la flotte du Pacifique dans les eaux hawaïennes comme appât[5]. » Bigre ! Kimmel ne va pas aussi loin, mais il relève soigneusement les télégrammes et les faits qui n'ont pas été portés à sa connaissance[6]. Tout récemment, John Toland soutient que « la comédie des erreurs du 6 et du 7 [décembre 1941] semble incroyable. Elle n'a de sens que si elle correspond aux prémisses d'une charade, si Roosevelt et son entourage le plus proche ont su qu'il y aurait une attaque[7] ». Quel réquisitoire !

À vrai dire, le scénario du complot machiavélique manque de solidité. Si Roosevelt avait dissimulé ce

---

3. *Back Door to War: The Roosevelt Foreign Policy, 1933-1941*, Chicago, Henry Regnery Company, 1962.

4. *President Roosevelt and the Coming of the War, 1941*, New Haven, Yale University Press, 1948.

5. *Le Secret de Pearl Harbor*, Paris, Payot, 1955 (la version américaine date de 1954), p. 151.

6. *Admiral Kimmel's Story*, Chicago, Henry Regnery Company, 1955.

7. *Infamy: Pearl Harbor and Its Aftermath*, New York, Doubleday, 1982.

qu'il savait des intentions japonaises, il aurait dû bénéficier de la complicité de Stimson, de Knox, de Marshall, de Stark, de leurs subordonnés et de ceux qui ont eu les télégrammes entre les mains. Le complot serait devenu un secret de polichinelle. Et personne n'aurait jamais rien dit ? Ni aux commissions d'enquête ni, plus tard, aux historiens ? De plus, si Roosevelt avait laissé faire l'attaque japonaise, pourquoi aurait-il accepté la destruction de tant de bâtiments et d'avions ? Il aurait pu, au dernier moment, avertir Kimmel, faire sortir la flotte en haute mer et éviter ainsi le désastre, tout en obtenant auprès du Congrès et de l'opinion le soutien qu'il espérait.

Enfin, beaucoup de faits mineurs et de déclarations suspectes sont déformés. Le 19 novembre, par exemple, Tokyo recommande à ses représentants à l'étranger de détruire les codes diplomatiques si la situation se détériore. En ce cas, la radio diffusera un message sous forme de bulletin météorologique. « Vent d'est, pluie » : les relations américano-japonaises sont en danger. « Vent du nord, nuageux » : les relations avec l'Union soviétique vont mal. « Vent d'ouest, clair » : les relations du Japon avec la Grande-Bretagne empirent. Les spécialistes américains du renseignement se mettent à l'écoute. Et ils n'entendent rien. Auraient-ils capté le premier de ces messages, cela annonçait-il un raid sur Pearl Harbor, sur les Philippines, sur Guam ou sur Wake ?

Il est vrai que, le 27 novembre, dans une conversation avec Stimson, Roosevelt mentionne la probabilité d'une attaque japonaise. Rien d'étonnant, car cette probabilité est à cette date évoquée par tous. Mais Roosevelt ajoute, selon Stimson, qu'il faut « manœuvrer » les Japonais jusqu'à ce qu'ils tirent les premiers. Voilà la preuve d'une préméditation, exultent les révisionnistes. En fait, l'interprétation du mot qu'emploie Roosevelt est très simple. Pour lui, les démocraties, les États-Unis en particulier, doivent demeurer les farouches défenseurs de la paix. Pas question de déclencher une guerre préventive. Roosevelt l'a dit et répété. Aux yeux de l'opinion américaine, encore marquée par l'isolationnisme, il faut tout faire pour éviter la guerre. Roosevelt complice des Japonais, c'est à la fois une calomnie et une absurdité.

Autre scénario : à défaut d'être personnellement responsable de la tragédie de Pearl Harbor, le président Roosevelt aurait suivi à l'égard du Japon une politique qui devait inévitablement conduire à la guerre. Encore une fois, le mythe l'emporte sur la réalité historique. Qu'il ait éprouvé des sympathies pour la Grande-Bretagne, qu'avec l'appui d'une majorité croissante de ses concitoyens il l'ait de plus en plus aidée, qu'il ait sans le dire clairement engagé son pays dans le conflit de l'Atlantique, que les États-Unis aient décidé de donner la priorité des priorités à la guerre européenne, personne n'en doute. Autant de raisons pour ne rien précipiter dans le Pacifique. Ici, Roosevelt pratique l'*appeasement*. Et son entourage, politique et militaire, ne cesse de réclamer quelques semaines, quelques mois de plus pour préparer les États-Unis à une guerre, qu'ils ne souhaitent pas, contre le Japon. Mais le Japon prend des initiatives qui nuisent aux intérêts américains. L'agresseur, c'est lui.

Deux dates sont décisives. La première correspond à l'armistice franco-allemand de juin 1940. On se persuade à Tokyo que l'influence européenne en Asie décline, que les puissances coloniales, comme les Pays-Bas, la France et peut-être la Grande-Bretagne ont perdu leurs moyens d'action. La voie est libre pour mettre un point final à la conquête de la Chine et construire la sphère de co-prospérité. Encore convient-il de s'entendre avec l'Allemagne et l'Italie pour n'avoir rien à craindre de l'Union soviétique ni des États-Unis. En septembre 1940, le pacte tripartite est signé à Berlin. Les Japonais occupent le Tonkin, font pression sur la Thaïlande et la Birmanie pour stopper l'approvisionnement des troupes de Tchang Kaï-chek. Les États-Unis réagissent prudemment. Ils se contentent de mettre l'embargo sur les exportations de fer et de ferrailles à destination du Japon.

En 1941, les Japonais tirent parti d'une situation internationale qui leur est favorable. Ils ont conclu le 13 avril un traité de neutralité avec l'Union soviétique et disposent d'assez d'indépendance vis-à-vis de Berlin pour n'avoir pas à se précipiter tête baissée sur Singapour et l'Empire britannique. C'est alors que survient l'invasion allemande de l'URSS. Deuxième date décisive. Les Japonais s'en tiennent au traité d'avril, contrairement au souhait de Hitler. Mais dès le 2 juillet ils décident d'appliquer une politique de force, si leur « espace vital » n'est pas reconnu par les États-Unis. De là, les deux fers qu'ils mettent au feu. La négociation ou la guerre, la négociation pendant qu'on prépare la guerre.

Le 28 juillet, l'armée japonaise occupe le Sud de l'Indochine. Les États-Unis gèlent les avoirs japonais et annulent les licences d'exportation de pétrole. Le Japon ne dispose plus que de sa propre production, de quoi approvisionner sa flotte pour un mois seulement. Dans deux ans, les réserves seront épuisées, d'autant que les Indes néerlandaises cessent de lui vendre leur pétrole. Les Américains envoient de l'argent et des volontaires aux Chinois, coordonnent leurs plans militaires avec les Britanniques et les Néerlandais, confient à MacArthur le commandement des troupes philippines. Simples mesures de précaution.

Au fond, ce qu'on souhaite à Washington, c'est que le Japon renonce au pacte tripartite et à l'asservissement de la Chine, qu'il ne viole plus les principes wilsoniens. Ce qu'on souhaite à Tokyo, c'est que les États-Unis se résignent et reprennent leurs échanges commerciaux. Inconciliable ? Peut-être, mais les pourparlers se poursuivent cahin-caha. Le 17 octobre, le général Tojo devient Premier ministre. Il ne croit pas à la possibilité de maintenir des relations pacifiques avec les États-Unis. La dernière tentative de négociation date de la mi-novembre ; elle échoue parce que les Américains rejettent les demandes dites « *minimales* » du Japon. Pour Roosevelt, la guerre est désormais de plus en plus proche. Que faire ? Il faut tâcher de deviner où les Japonais s'apprêtent à frapper, attendre pour ne pas heurter l'opinion américaine et ne pas affaiblir l'aide à la Grande-Bretagne.

Le 6 décembre, le président des États-Unis télégraphie à l'empereur Hiro Hito pour le prier de renouer les négociations. La réponse du 7, déchiffrée par les services américains avant même que l'ambassadeur japonais ne la décode, ne laisse aucun doute. Ce sera la guerre. Roosevelt et Harry Hopkins, son plus proche conseiller, bavardent lorsque, à 13 h 40, Knox annonce au président que la base de Pearl Harbor subit un raid aérien. Réaction de Roosevelt, telle qu'elle est rapportée par Hopkins : « (Il) mentionna les efforts qu'il avait accomplis pour maintenir le pays hors de la guerre et son désir profond de terminer son mandat sans faire la guerre, mais si les Japonais avaient agi ainsi, cela voulait dire que les choses ne dépendaient plus de lui. La décision aurait été prise sans lui[8]. »

On pourrait à la rigueur reprocher à Roosevelt d'avoir été trop conciliant, puis trop ferme à l'égard du Japon. Critique peu solide. Les Japonais agissent en fonction de la guerre en Europe et les Américains sont le plus souvent réduits à réagir. Bref, à moins d'imaginer une soumission totale, on voit mal quelle autre politique le président aurait pu mener dans le Pacifique.

La suite des événements provoque moins de questions. La guerre vient de commencer à l'ouest. Mais pour Roosevelt, comme pour la grande majorité des Américains, il va de soi que l'ennemi principal, c'est Hitler. Le 8 décembre, le président des États-Unis prononce un message de six minutes et demie devant le Congrès. Il y fustige le double jeu des Japonais, leur traîtrise et demande que l'état de guerre soit reconnu. Le Sénat, à l'unanimité, la Chambre des représentants, à l'unanimité moins une voix, l'approuvent. Stimson aurait aimé que, dans la foulée, Roosevelt recommande au Congrès de déclarer la guerre à l'Allemagne et à l'Italie. Cela eût été plus conforme à la politique des États-Unis. Roosevelt refuse. Il préfère que Berlin et Rome prennent l'initiative de la rupture. Ce qui convaincra un peu plus encore les Américains qu'ils n'ont d'autre choix possible que celui de se battre. Le 11 décembre, Hitler et Mussolini franchissent le pas. Le Congrès se contente d'en prendre acte.

Rien désormais ne sera plus comme avant. Ni aux États-Unis, où l'isolationnisme s'évanouit, le sentiment national se revigore et l'union sacrée triomphe. Ni dans

---

8. Robert Sherwood, *Roosevelt and Hopkins. An Intimate History*, New York, Harper and Brothers, 1948, p. 431.

le monde où la guerre planétaire impose son tragique quotidien. Pearl Harbor fut-il alors un succès tactique pour les Japonais ? Oui, incontestablement ; le coup d'éclat a frappé et continue de frapper les imaginations. Une victoire stratégique ? Certainement pas, car les Japonais ont poussé à bout un géant qui gardait les yeux tournés vers l'est et hésitait à entrer dans le camp des belligérants. Avec la bénédiction de son gouvernement, l'amiral Yamamoto fut un apprenti-sorcier.

Pearl Harbor : la responsabilité américaine

Pearl Harbor, le 7 décembre 1941, premier heurt étatique violent entre le Japon et les États-Unis, jette les deux puissances dans la Seconde Guerre mondiale. Mais, pour la nation américaine, l'événement est devenu surtout l'archétype d'une attaque imprévue contre un peuple qui se considère comme l'innocent possesseur d'une terre destinée à demeurer à jamais inviolée.

De sorte que les attentats terroristes qui ont visé New York et Washington le 11 septembre 2001 ont aussitôt été vus comme un « nouveau Pearl Harbor ». Une comparaison qui se dispense d'une analyse concrète de la réalité militaire et géopolitique.

Rappelons que Pearl Harbor a constitué une attaque ciblée, à finalité purement militaire. Le 7 décembre 1941, les forces aéronavales américaines du Pacifique (huit cuirassés, trois grands porte-avions, soit environ la moitié des moyens disponibles) sont brusquement assaillies, aux îles Hawaii, leur base avancée, par des avions japonais. Des centaines d'appareils, embarqués sur les six porte-avions d'escadre que compte le Japon, ont franchi sans être repérés quatre mille kilomètres d'océan. La surprise est complète.

Pour l'assaillant, les pertes sont insignifiantes, mais le succès bien plus limité qu'il ne paraît. L'attaque a été écourtée et a laissé intacts les installations portuaires, les dépôts de carburant et de munitions.

Du côté américain, outre deux cents avions détruits au sol, deux des cuirassés sont coulés. Mais les autres sont tous réparables. Plus décisif, les grands porte-avions, absents des îles Hawaii ce jour-là, n'ont pas été recherchés en haute mer. Il est donc exagéré d'affirmer que l'escadre américaine du Pacifique a été anéantie.

Son inaction, remarquée dans les mois suivants, eut pour cause principale le refus des autorités de Washington de dégarnir l'Atlantique, la lutte contre l'Allemagne étant jugée prioritaire. Au reste, en juin 1942, la flotte japonaise subira une écrasante défaite à Midway.

Courte victoire, Pearl Harbor n'a donné au Japon qu'une suprématie de cinq mois. Il ne s'agit nullement d'une immense bataille comme Verdun ou Stalingrad, mais du début d'un conflit. Et, touchant ce lieu de mémoire éminent, ce n'est pas, depuis un demi-siècle, de stratégie que l'on débat mais de responsabilités.

La question s'est posée sur deux plans.

1) Décider si le Japon, profitant de l'évolution de la Seconde Guerre mondiale, s'est livré à une agression injustifiée ou si le gouvernement Roosevelt l'a placé en état de légitime défense.

2) Aux États-Unis mêmes, certains accusent Roosevelt et son entourage d'avoir délibérément, bien que connaissant le projet de l'attaque japonaise, laissé dans l'ignorance les responsables des forces aéronavales du Pacifique, afin de mieux manipuler l'opinion publique et l'entraîner dans la guerre aux côtés de l'Empire britannique.

Même si on s'en tient à la première question – l'agression du Japon était-elle justifiée ? –, seul l'examen de la chronologie permet de répondre. Pendant les mois qui précèdent Pearl Harbor, trois décisions sont à considérer :

1) le 22 juin 1941, l'invasion de l'URSS par l'armée allemande ;

2) le projet, définitivement adopté par le Japon, le 2 juillet, d'occuper le sud de l'Indochine française ;

3) la réplique des États-Unis, entre le 25 juillet et le 1er août, qui imposent des sanctions économiques drastiques : jusqu'au tarissement de la fourniture de pétrole au Japon.

C'est dans la relation, serrée chronologiquement, entre l'avance japonaise et le blocus pétrolier américain, que se situe l'explication de l'affrontement. C'est-à-dire de la transformation d'une « guerre froide » en une « guerre chaude ».

Cette « guerre froide » a des racines plus anciennes : l'expansion militaire japonaise en Chine, massive depuis 1937, à laquelle s'ajoutent des heurts avec l'URSS (en 1938, et en 1939 en Mongolie), avec l'Angleterre (en 1939, à Tien Tsin), avec la France (en 1940, au Tonkin). Bref, le Japon cherche à étendre son empire colonial.

Jusqu'en juin 1941, la « guerre froide » se fonde sur un *modus vivendi*. Le Japon menace, mais agit peu. Il n'exploite que très modérément l'affaiblissement des métropoles européennes, consécutif aux succès de Hitler. En face, des sanctions économiques sont prises par les États-Unis, voire par les Indes néerlandaises (actuelle Indonésie), mais aucune d'entre elles ne constitue un *casus belli*.

Ce qui domine donc, c'est un attentisme primordial, tandis que le conflit « mondial » se focalise en Europe de l'Ouest et en Méditerranée. Même l'« alliance » tripartite qui, depuis septembre 1940, lie le Japon à l'Axe (Allemagne et Italie) ne modifie pas cette attitude. Généraux et amiraux savent qu'ils ne peuvent combattre ni l'URSS sur terre, ni l'Amérique sur mer.

Leurs rhétoriques martiales sont à usage interne : comment obtiendraient-ils des crédits s'ils avouaient qu'ils ne veulent pas l'aventure ? Ce n'est pas d'une extension de la guerre « mondiale », mais plutôt de son confinement que le Japon attend le plus de bénéfices.

Or toutes ces données s'effondrent le 22 juin 1941 avec l'attaque allemande de l'URSS. Il faut tout repenser.

Dix jours plus tard, le Japon décide d'occuper le sud de l'Indochine française. Pour le Japon, cette « *avance vers le sud* » n'est nullement le prélude à une guerre contre les Empires britanniques et néerlandais. Elle est tout d'abord une action à usage interne : elle supprime la possibilité d'une attaque vers la Sibérie, à laquelle songeaient les fervents de l'alliance allemande, et que la marine japonaise refusait obstinément. Surtout, au sud, elle n'implique nullement une menace directe contre les positions anglo-américaines jugées vitales.

Le sud de la péninsule Indochinoise apparaît à tous les réalistes comme une fin en soi, nullement comme un point de départ. L'idée de minimiser l'implication du Japon dans le conflit mondial était dominante chez tous les dirigeants japonais. Le choix de l'Indochine l'emporta parce qu'il était potentiellement le moins conflictuel. Encore eût-il fallu être compris de l'étranger...

Démesurée fut donc la riposte des États-Unis et de leurs alliés anglais et néerlandais. Ici trois explications sont possibles. En premier lieu, la tendance des dirigeants américains à croire que des institutions ou des idéologies communes impliquent une coordination des actions : ici, entre Berlin et Tokyo.

En deuxième lieu, la cohérence intérieure du gouvernement Roosevelt était aussi faible que celle du système de décision japonais [1]. L'embargo pétrolier mis en place le 1er août 1941 en réponse à l'invasion du sud de l'Indochine ne devait pas être total à l'origine. Mais Dean Acheson, qui en reçut la responsabilité, en fit une arme absolue, afin de conduire le Japon vers une capitulation qu'il estimait raisonnable. Sans la guerre.

Il est possible que le président Roosevelt et le secrétaire d'État Cordell Hull ne l'aient appris que plus tard : le fait demeure qu'ils ne firent rien pour rechercher un compromis. C'est qu'en dernier lieu, délaissant un accord partiel et provisoire avec le Japon, les États-Unis ne cessèrent d'accroître leurs exigences (retrait de l'armée japonaise de l'Indochine, puis de la Chine), en échange d'un rétablissement du commerce pétrolier qui devait demeurer sous leur contrôle [2]. Peut-être n'est-il pas nécessaire de scruter la psychologie de Roosevelt pour y découvrir un machiavélisme maîtrisé. La cascade d'erreurs de jugements, la complexité des décisions suffisaient à rendre presque inévitable Pearl Harbor.

Le Japon sous-estima la réaction américaine. Les États-Unis surestimèrent la menace japonaise. Rares étaient ceux qui, dans l'un et l'autre camp, voulaient ouvertement la guerre. Mais la brutalité du blocus pétrolier unifia les dirigeants japonais, tout comme l'attaque sur Pearl Harbor balaya l'opposition neutraliste américaine.

---

1. Selon l'étude de Jonathan G. Utley, *Going to War with Japan, 1937-1941*, The University of Tennessee Press, 1985.
2. Michael A. Barnhart, *Japan prepares for total War*, Cornell University Press, 1987.

Cette symétrie cependant est de façade. L'Amérique, en imposant l'embargo sur le pétrole, réagit à un danger hypothétique, géographiquement mal délimité. Le Japon, dès le 1er août 1941, eut à se prémunir contre un étranglement bien réel, quoique à effet différé : sans ressources en carburant, il s'acheminait vers la paralysie totale de sa marine et de son aviation. S'il se refusait à la perte de son indépendance – laquelle survint par la défaite en 1945 –, et militairement de son honneur, il ne lui restait qu'à choisir les moyens et le lieu du combat.

On put se demander, après la guerre, si une voie médiane n'aurait pas mérité d'être explorée : une simple prise de contrôle des bassins pétroliers des Indes néerlandaises. La question avait déjà été posée à l'été 1940, et c'est la marine japonaise qui s'y était refusée, arguant de la fragilité des communications à préserver. Un an plus tard, le gouvernement Roosevelt aurait-il pris l'initiative d'une riposte armée ?

Évidemment aucune réponse n'est possible. Mais le médiocre résultat de Pearl Harbor pour le Japon ne permet pas d'écarter la question.

Les Kamikazes

En mettant hors de combat la flotte américaine du Pacifique lors du bombardement de la base aéronavale de Pearl Harbor, sur l'île d'Hawaii, le 7 décembre 1941, le Japon peut, sans craindre de menaces sur son flanc, se lancer à la conquête du Sud-Est asiatique. Dans une folle ruée, les forces impériales volent alors de succès en succès. Les Philippines sont prises le 10 décembre 1941, Hongkong, le 25 décembre. L'Indonésie tombe à son tour dès janvier 1942, Singapour, le 15 février, et, le 8 mars, les troupes impériales pénètrent dans Rangoon. En moins de trois mois, le *Blitzkrieg* nippon a permis la conquête de la moitié du Pacifique.

Pourtant, la réplique américaine, lors notamment de l'offensive dans la mer de Corail, en mai 1942, suivie en juin de la bataille de Midway, où les États-Unis remportent un large succès, arrête la progression des Japonais et amorce leur reflux. Le rouleau compresseur américain est en marche, et rien ne l'arrêtera plus.

Au printemps 1944, on voit se multiplier les actes suicidaires de la part des Japonais : charges désespérées des officiers n'ayant pu mener leurs troupes à la victoire, suicides individuels par *seppuku* (hara-kiri), selon le code d'honneur des guerriers samouraïs au Moyen Âge, mais aussi suicides collectifs. Ainsi, à Saïpan, île des

Mariannes du Nord, au sud-est du Japon, en juillet 1944, alors que les Américains viennent de débarquer, les civils se jettent par milliers du haut des falaises. C'est aussi à Saïpan que quelques pilotes japonais, conscients de l'enjeu stratégique de l'île – depuis laquelle un bombardement du sol japonais est possible –, lucides aussi quant à l'infériorité de leurs forces, décident d'aller s'écraser sur les navires ennemis.

C'est donc au milieu de l'année 1944 que le suicide devient, au Japon, une stratégie systématique. Certes, ce n'est pas la première fois dans l'histoire que l'on a recours aux missions-suicides offensives, désignées par le terme de *jibaku* (littéralement, « autoexplosion »). Tout le monde connaît, au Japon, le nom des trois héros qui, en 1932, dans les combats de Shanghaï, se précipitèrent, chargés de dynamite, contre les barbelés chinois afin d'y ouvrir une brèche[1]. Ce qui est nouveau, cependant, c'est que de tels exploits improvisés deviennent réguliers, massifs, planifiés. L'armée japonaise songe à l'arme absolue qui terroriserait l'ennemi et permettrait de desserrer son étreinte : la mort volontaire.

Mi-juillet 1944, Tokyo apprend que les forces américaines ont repris le contrôle absolu de l'ensemble des Mariannes du Nord, qu'elles s'y regroupent et préparent une puissante offensive en direction des Philippines. Or ces îles constituent le dernier bastion important sur la route des îles japonaises. Leur contrôle par les Américains signifierait l'interruption définitive de l'approvisionnement du Japon en carburant et en combustible,

---

1. La tension était alors au plus fort entre la Chine et le Japon, qui occupait la Mandchourie depuis 1931. Le 19 janvier 1932, cinq Japonais sont attaqués à Shanghaï par des Chinois. Suivent des combats sanglants entre Japonais et Chinois.

l'asphyxie de l'industrie de guerre et l'obligation de reporter la défense sur les îles métropolitaines.

La guerre sous-marine à outrance menée par les États-Unis prend, dès l'été 1944, une tournure catastrophique pour le Japon : la flotte de commerce nipponne, indispensable pour l'acheminement en matières premières, subit une destruction systématique. Le Japon se doit d'assurer la continuité d'une mince voie maritime de transport vers la métropole et de tout tenter pour conserver les Philippines. Chaque jour, à partir du début du mois de septembre, des pilotes d'avions de reconnaissance japonais scrutent le ciel afin d'y découvrir l'armada ennemie annoncée. Le 15 octobre, enfin, on repère la Task Force américaine à 450 kilomètres au nord-est de Manille. Aussitôt alerté, le commandement aérien décide de lancer une attaque massive à partir de l'aérodrome de Clark Fields, situé près de Manille.

Cependant, comme c'est le cas depuis de nombreux mois, la supériorité américaine dans le combat aérien, tant numérique que qualitative, interdit aux aviateurs japonais l'approche des porte-avions. Un des bombardiers de l'escadrille japonaise, celui de l'amiral Arima, réussit pourtant, à la faveur d'un nuage, à s'approcher sans être vu, puis à piquer soudainement droit sur le *Franklin*, qu'il percute de plein fouet. Le porte-avions, hors d'usage, est retiré des zones de combat, tandis qu'au Japon la disparition héroïque de l'amiral Arima reportée par Radio Tokyo, apparaît comme la révélation d'une arme nouvelle.

L'idée fait bientôt son chemin et, le 19 octobre 1944, le vice-amiral Onishi, qui commande les forces aéronavales des Philippines, arrive sur le terrain d'aviation de Mabalacat, à 100 km de Manille, avec l'intention de convaincre ses hommes de l'infaillibilité et de l'honorabilité de cette nouvelle méthode d'attaque.

Les Américains viennent de réussir un débarquement à Peleliu (à mi-chemin entre les Mariannes et les Philippines) et pilonnent les aérodromes du nord des Philippines. La destruction d'un grand nombre d'appareils au sol et la bataille navale qui se prépare ont persuadé le commandement japonais que les méthodes ordinaires sont insuffisantes. C'est ce qu'Onishi explique aux officiers qu'il a fait rassembler. Il s'agit donc désormais de charger les chasseurs Zero d'une seule bombe de 250 kilos et de s'écraser avec sur les porte-avions américains.

La guerre du Pacifique entre dans la phase de « *la planification de la mort volontaire* »[2]. Ce plan correspond bien à la personnalité d'Onishi, homme fanatique et violent qui a participé à l'élaboration de l'attaque contre Pearl Harbor et a ordonné le bombardement dévastateur des bases aériennes de Clark Fields, de Nichos et de Iba.

Le 20 octobre 1944, les « forces spéciales d'attaque par choc corporel » *(Taiatari Tokubetsu Kôgekitai)* sont créées[3]. Il s'agit, dans un premier temps, de quatre escadrilles composées de 26 avions (13 devant s'écraser et 13 devant servir de guide et de protection). On baptise ces unités « kamikazes » (littéralement, « vent des dieux »). C'est le nom donné au typhon qui, en 1281,

---

2. Cf. M. Pinguet, *La Mort volontaire au Japon*, Paris, Gallimard, 1984.

3. Dans *La Chute de Berlin* (De Fallois, 2002), A. Beevor rappelle que, lors de l'offensive russe, la Luftwaffe avait, à la mi-avril 1945, créé une escadrille de kamikazes appelée *Selbstopfereinsatz* (« mission d'autosacrifice ») qui avait pour objectif de s'écraser sur les ponts sur l'Oder. Trente-cinq pilotes y trouvèrent la mort, sans résultats.

pour la seconde fois, avait détruit la flotte mongole de Kubilay Khan, évitant ainsi au Japon l'humiliation d'une soumission à l'empire du Milieu.

Les 22, 23 et 24 octobre, des sorties sont tentées par les pilotes. Mais les mauvaises conditions météorologiques obligent finalement les candidats au suicide à regagner leur base, alors que l'aviation américaine poursuit ses raids meurtriers. En effet, très peu d'avions japonais disposent d'un équipement de vol permettant de voler lorsque la visibilité est nulle, alors que les appareils américains en sont tous dotés et bénéficient, contrairement à leurs adversaires nippons, d'excellents radars.

Du 23 au 25 octobre, enfin, la bataille de l'île de Leyte, au cœur des Philippines, donne aux kamikazes l'occasion d'entrer en action. Tôt dans la matinée du 25, neuf avions décollent de l'aérodrome de Mabalacat. Les pilotes portent autour du cou et du crâne un linge blanc, le *hachimaki*, dont se servaient les guerriers samouraïs du Japon féodal pour empêcher leurs longs cheveux de couvrir leurs yeux [4]. Ce morceau d'étoffe blanc, imprimé d'un soleil rouge, devient l'emblème rituel du corps spécial d'attaque aérienne.

Sur les cinq appareils de l'escadrille engagée, qui porte le nom de « Shikishima » (ce terme désigne le Japon dans un poème célèbre), quatre réussissent à percuter leur cible. L'un des avions-suicides crève même le pont du porte-avions *St. Lo*, inondant de son essence enflammée le hangar inférieur. Quelques minutes plus tard, le navire américain coule. La mission des premiers kamikazes est un succès. La seconde escadrille, qui a décollé, elle, de Mindanao à l'aube du 26 octobre, ne réussit qu'à endommager le porte-avions *Swanee*.

---

4. Cf. W. Craig, *La Chute du Japon*, Paris, Robert Laffont, 1969.

Dès lors, le vice-amiral Onishi s'emploie à mettre sur pied de nouvelles formations. C'est aux commandants des bases aériennes que revient la mission de persuader les élèves officiers – une trentaine à chaque fois – de la nécessité du sacrifice. Après une nuit de réflexion, chacun à tour de rôle vient lui donner sa réponse. Le sentiment de solidarité, d'émulation, le désir d'héroïsme particulièrement fort à cet âge (entre vingt et vingt-cinq ans), conduisent la plupart à accepter. Après avoir reçu les félicitations de leur chef, ils signent l'engagement.

La procédure est ensuite presque toujours la même. Après un départ groupé, les avions de la formation-suicide se dispersent lorsqu'ils arrivent à environ 40 km de leurs cibles. La défense antiaérienne américaine a fort à faire, d'autant qu'au piqué vertical les pilotes nippons ajoutent bientôt les attaques rasantes, difficiles à détecter : la DCA n'a qu'une trentaine de secondes pour réagir.

Jour après jour, les candidats au suicide s'envolent des aérodromes de Kyushu (la grande île du sud du Japon) ou du nord de Ryukyu, un chapelet d'îles s'étirant au sud de Kyushu, notamment de l'île d'Okinawa.

Au début, les kamikazes infligent des pertes assez importantes à la flotte américaine, qui, surprise, ne sait comment parer les coups. À l'arrière, à Tokyo, la presse célèbre les exploits des « héros dieux de l'air » qui, affirme la propagande, portent des coups terribles au moral de l'ennemi.

Plus nombreux que les avions disponibles, ces pilotes sont choisis parmi les étudiants des disciplines juridiques et littéraires – les scientifiques étant considérés comme trop importants pour l'avenir du pays. Les photos nous les montrent jeunes, souriants, partageant une coupe de saké avec leur chef, agitant une dernière fois la main avant de fermer leur cockpit et de s'élancer pour un voyage sans retour. Cet enthousiasme, célébré par le discours patriotique, était-il sincère ? L'historien Ikuhiko Hata, professeur à l'université de Chiba, au Japon, spécialiste de la Seconde Guerre mondiale, a montré que les kamikazes étaient en réalité des soldats agissant en temps de guerre, mais pas pour autant les volontaires qu'on prétendait qu'ils étaient[5]. La pression psychologique était telle qu'ils pouvaient difficilement se soustraire au devoir qu'on exigeait d'eux. La plupart étaient de jeunes pilotes de basse extraction sociale, écrasés par l'ampleur de leurs responsabilités. S'ils avaient refusé, ils auraient subi l'opprobre de l'armée, de leur entourage, ils auraient été envoyés sur les fronts les plus dangereux pour y mourir sans gloire[6].

Malgré la prédiction qui leur était faite, de la part de leurs supérieurs, de rejoindre « le paradis des héros », bien peu sans doute des 3 450 kamikazes qui périrent en 1944-1945 partirent la joie au cœur. Leurs derniers messages montrent que leurs ultimes pensées allaient à leurs parents, à leur mère, parfois au temple Yasukuni, à Tokyo, destiné au repos des âmes des soldats. Mais rares étaient ceux qui s'adressaient à l'empereur au nom duquel cette guerre était menée. Dans ces lettres ne perce aucun espoir de renverser le cours de la guerre, mais seulement l'acceptation froide et lucide du destin : celui du guerrier qui doit obéir et se sacrifier.

Les discours sur le volontariat enthousiaste des kamikazes, reproduits dans les livres, mangas et films, sont

---

5. Cf. I. Hata, avec Y. Izawa, *Japanese Naval Aces and Fighter Units in World War II*, Annapolis, Naval Institute Press, 1989.
6. Cf. I. Hata, *Nihon Kaïgun ; Senjô no kyôkun* (« L'Aéronavale. Les leçons des batailles »), PHP Kenkyûshyo, 2003.

donc loin de refléter la réalité. Celle-ci se trouve plutôt dans les souvenirs des jeunes lycéennes de Chiran, réunis dans un ouvrage[7]. Chiran était située à proximité de la base d'entraînement des kamikazes, à Kyushu. Les jeunes filles du lycée, qui assistaient à leur départ et recueillaient les lettres et derniers objets auxquels ils tenaient, nous les montrent sous un jour inhabituel.

Certes, dans les chambrées des combattants régnait parfois une sorte d'euphorie, avant le recueillement qui précédait le départ. Cependant, les officiers qui répercutaient la propagande entendue à la radio étaient traités par leurs camarades de «*kichigai*», c'est-à-dire de «fous», de «déments». Lorsque ces jeunes hommes recevaient l'ordre de se préparer à attaquer, leurs visages trahissaient souvent un profond désarroi. Certains restaient alors de longues minutes enfouis sous leur drap, tétanisés par la peur.

Des rescapés de ces formations-suicides (soit parce qu'ils ont pu échapper à la chasse américaine, soit parce que, faute d'avions, ils n'ont finalement pu prendre l'air) insistent sur le caractère contraignant que masquait l'officiel volontariat. Kenichiro Onuki, pilote kamikaze âgé de vingt-trois ans en octobre 1944, assure, dans un livre réunissant des interviews de survivants, qu'il n'existait aucun moyen de se soustraire à cette exigence de sacrifice. Il décrit le désarroi de ces jeunes soldats, venus pour devenir pilotes et envoyés à la mort.

Parmi les douze hommes de son escadrille, il s'en trouva un qui eut le courage de refuser. Il fut cependant obligé d'écrire qu'il s'était librement porté volontaire, et

---

7. *Chiran kôjo nadeshiko kaï, Chiran Tokkôtaï kichi yori* («Le groupe d'attaque spécial de la base de Chiran»), Takagui-shobô, 1996.

tout le groupe eut droit à un discours moralisateur sur l'honneur du soldat japonais.

Lorsque ce fut son tour de partir, Onuki ne put avaler aucune des rations de saké qu'on lui proposait avant son départ. Une fois dans son cockpit, il se mit à pleurer. Dès le décollage, il fut attaqué par des avions américains qui l'avaient détecté au radar, et c'est miraculeusement, l'avion criblé de balles, qu'il réussit à atterrir sur l'un des petits atolls d'Okinawa. Là, il attendit quarante-cinq jours avec d'autres, mourant de faim, avant qu'un avion japonais ne réussisse à déjouer la chasse américaine et à les ramener à Fukuoka.

À son retour à cette base de commandement des opérations kamikazes, loin d'être bien accueilli, Onuki fut mis en quarantaine. Sa réapparition n'était pas prévue ; on le traita en paria, en malade mental. Il ne put donner aucune nouvelle à sa famille, qui habitait alors Taïwan. Le croyant mort, ses proches reçurent les félicitations des voisins et durent organiser une cérémonie funèbre lors de la réception de la symbolique boîte à ossements... À la fin de la guerre, de retour chez lui, Onuki eut la surprise de constater que sa mort avait été consignée en date du 5 avril 1945, dès l'envol pour son dernier voyage ! La famille, qui avait reçu de lui une carte postale de Tokyo, put finalement le rejoindre.

Le recours aux pilotes-suicides culmine entre avril et juin 1945, lors de la bataille d'Okinawa, qui fut l'une des plus terribles de l'histoire. Les Japonais y avaient concentré des forces considérables, et le siège de l'île coûta la vie de 49 000 Américains, alors que 110 000 Japonais, militaires et civils, se firent tuer sur place ou se suicidèrent dans de furieux assauts, plutôt que de se rendre.

L'importance d'Okinawa est autant stratégique (à partir de l'île, les forces américaines peuvent pleinement se déployer) que symbolique (c'est la première des îles véritablement japonaises à être attaquée). C'est ce qui pousse les Japonais à y organiser une résistance désespérée. L'emploi des attaques kamikazes y est donc maximal : le 6 avril 1945, la flotte américaine subit devant l'île le raid de centaines de kamikazes. Au total, le sacrifice de 300 kamikazes permet la destruction de 6 navires américains et l'endommagement de 18 autres.

On mesure, par ces chiffres, la relative inefficacité des assauts nippons, et, par contrecoup, l'efficacité de plus en plus redoutable de la DCA américaine. Les avions américains, de plus en plus performants eux aussi, n'ont aucun mal à rattraper les Zero japonais, alourdis par la grosse bombe accrochée à leur ventre. Leurs qualités aérodynamiques étant amoindries, ceux-ci sont rapidement anéantis.

De plus, contrairement à une idée reçue, un avion-suicide qui percute un bateau ne suffit pas à le couler. Souvent, même après plusieurs impacts, il est encore possible de réparer le navire. Le destroyer *Laffey*, attaqué le 15 avril 1945 par 30 avions et frappé par 4 kamikazes, n'a pas été détruit.

Au fur et à mesure que la guerre du Pacifique avance, les aviateurs expérimentés commencent à faire défaut, et le carburant se raréfie. Les pilotes aguerris sont maintenant affectés aux missions de couverture et aux combats aériens. Et puis, l'ardeur guerrière des plus jeunes, ceux qui sont voués au plongeon final, diminue considérablement : on en voit même qui, au dernier moment, tentent de relever leurs appareils. Au printemps 1945, la cible n'est atteinte que dans moins d'un cas sur huit.

C'est pourtant à Okinawa que les Japonais mettent au point une nouvelle arme-suicide. Il s'agit d'un planeur en bois de 6 m de long. Transporté par un bombardier à une altitude de 6 000 à 8 000 m d'altitude, il est ensuite largué à environ trente kilomètres de la cible, dont il s'approche en planant. Le pilote, assis sur une tonne d'explosifs, allume alors les fusées et entame son piqué sur l'objectif.

Baptisée « *Ôkha* » (« fleur de cerisier ») par les Japonais, et « *baka-bomb* » par les Américains (« *baka* » signifiant « imbécile » en japonais), cette arme, qui est utilisée en mars et avril 1945, se révèle totalement inefficace ! Il en était de même, déjà, des sous-marins de poche utilisés à Pearl Harbor (bourrés d'explosifs et conduits par un seul homme), des vedettes lance-torpilles précipitées contre les navires ennemis ou des hommes-grenouilles-dynamites.

Les unes après les autres, les batailles décisives sont perdues par les Japonais. Bientôt, c'est sur le sol national que le dernier combat sera livré. Les fanatiques du sacrifice et du suicide national continuent à se faire entendre. Onishi n'hésite pas à affirmer qu'avec 20 millions de morts volontaires l'empire serait sauvé ! Mais la supériorité américaine, dans le ciel aussi bien que sur la mer, est désormais trop écrasante, et la défaite inéluctable.

En quelques mois, cependant, de la mi-1944 à l'atomisation d'Hiroshima le 6 août 1945, le sacrifice de près de 5 000 kamikazes a permis de couler 35 navires américains et d'en endommager 285. La gestion rigoureuse de la mort volontaire a porté au paroxysme le spectacle de l'héroïsme dans la pure tradition du suicide guerrier japonais.

Fallait-il bombarder Hiroshima ?

« Nous nous sommes servis de la bombe contre ceux qui nous ont attaqués sans avertissement à Pearl Harbor, contre ceux qui ont affamé, battu et exécuté des prisonniers de guerre américains, contre ceux qui ont renoncé à obéir aux lois de la guerre. Nous avons utilisé l'arme atomique pour raccourcir l'agonie de la guerre, pour sauver des milliers et des milliers de vies de jeunes Américains. » Épargner des milliers de vies humaines : c'est ainsi que le président Harry Truman justifia l'usage de la bombe atomique au Japon, dans son allocution du 9 août 1945, le jour où la deuxième bombe était lancée sur Nagasaki, après l'atomisation d'Hiroshima, le 6 août.

De fait, à mesure que les Américains s'approchaient de l'archipel, les combats redoublaient d'intensité. À Iwo-Jima, dans les îles Kazan, en février 1945, les Américains perdirent 70 000 hommes et dénombrèrent 20 000 blessés. À Okinawa, première des îles du sanctuaire japonais, dans l'archipel des Ryukyu, leurs pertes s'élevèrent à 12 500 hommes et 37 000 blessés en avril 1945, alors que les Japonais laissaient 110 000 hommes sur le terrain et qu'il y avait 150 000 morts parmi les civils de l'île.

Le suicide collectif des civils se jetant des falaises dans la mer, sur l'île de Saïpan, le harcèlement de l'aviation kamikaze... : tout laissait prévoir que les Américains se heurteraient à une guérilla épuisante de la part de la population civile, fanatisée.

Car il est probable que le gouvernement japonais, placé sous la coupe des ultranationalistes, n'aurait pas osé capituler sans le traumatisme que représenta l'explosion des deux bombes. D'ailleurs, même après Hiroshima et Nagasaki, le Conseil suprême nippon continua d'être divisé entre jusqu'au-boutistes et pacifistes. Il faudrait l'arbitrage extraordinaire du « Fils du ciel » pour que le ministre de la Guerre, Korechiku Anami, accepte, enfin la reddition.

Aurait-on pu éviter cela ? C'est ce que soutiennent des historiens américains révisionnistes qui avancent qu'il aurait suffi aux États-Unis d'indiquer clairement, dans leur demande de capitulation, qu'ils préserveraient l'institution impériale pour obtenir la capitulation japonaise, ou qui affirment que la bombe était uniquement destinée à intimider Staline, qui, notamment, lors de la conférence de Potsdam, entre le 17 juillet et le 2 août 1945, était demeuré ferme dans les négociations entre Alliés.

Reste que, début août, le Japon était toujours en guerre. Pour Truman, chef de guerre, et le Comité qui réunissait aux États-Unis militaires, savants et politiques, il fallait épargner la vie des *boys* et en finir au plus vite. Les dernières oppositions de ceux qui préconisaient plutôt une explosion en un lieu désert pour montrer l'effet dévastateur de la bombe atomique à l'ennemi, ou qui préféraient attendre la chute inéluctable du Japon sans recourir à l'arme nucléaire – c'était notamment le cas d'Eisenhower, qui la jugeait « completely unnecessary » –, furent écartées.

Dans la rhétorique américaine, les bombardements atomiques étaient un sacrifice nécessaire et le complément du bombardement massif des villes japonaises. Trois cibles furent retenues : Hiroshima, Kokura, Nagasaki ; les trois villes abritaient des bases militaires et des usines de guerre. Le 9 août, la visibilité sur Kokura étant nulle, la deuxième bombe atomique est lâchée sur Nagasaki.

Une question demeure : aurait-on pu imaginer de lancer la bombe contre l'Allemagne nazie, c'est-à-dire contre des populations blanches ?

Tout au long de la guerre, les Américains considéraient que le Japon, bien davantage que le IIIe Reich, était la puissance criminelle. « L'ennemi en Europe est l'Allemagne nazie, l'adjectif étant plus important que le nom ; on établit une distinction entre le peuple allemand momentanément égaré et ses mauvais dirigeants [...] Au contraire, les Japonais sont souvent représentés comme des êtres infra-humains, d'une cruelle bestialité comme l'attestent les massacres commis par les troupes impériales en Asie », écrit Jean Heffer[1].

Sans doute les deux bombardements atomiques sur Hiroshima et Nagasaki établirent-ils une mesure nouvelle dans l'horreur du massacre dont les populations civiles sont victimes. Trois mois après Hiroshima, Robert Guillain, qui deviendra correspondant du *Monde*, se rend sur les lieux : « J'ai eu honte pour l'Occident, honte pour la science, honte pour l'homme », affirme-t-il. 190 000 morts furent identifiés dans les jours qui suivirent. Aujourd'hui encore, dans les hôpitaux, des survivants meurent des conséquences des radiations.

Longtemps les Américains, qui occupèrent le Japon jusqu'en 1952, cherchèrent à étouffer l'information sur

---

1. J. Heffer, *Les États-Unis et le Pacifique*, Paris, Albin Michel, 1995.

les conséquences de la bombe. Avec la complicité passive des *Hibakusha* (irradiés) cachant leur honte et discriminés dans leur propre pays : le Japon, en refusant la bombe, en refusait aussi les victimes.

Au-delà de la mémoire officielle des parcs de la paix, musées, monuments et cérémonies qui, chaque 6 et 9 août, commémorent une tragédie qualifiée par l'ex-maire de Nagasaki, Hitoshi Motoshima, de « crime contre l'humanité », les survivants de l'explosion, qui portent les stigmates du *pikadon* – onomatopée de la bombe : *pika*, pour l'éclair atomique, et *don*, pour la déflagration –, forment la mémoire vivante de la tragédie.

Reste à savoir si l'allergie antinucléaire est inscrite définitivement dans la mentalité japonaise[2]. Seul pays à avoir subi un bombardement nucléaire, le Japon s'interdit, dans sa Constitution promulguée le 5 mars 1946 (article 9), le recours à la guerre.

Aujourd'hui, si ses forces d'autodéfense participent à différentes opérations militaires dans le monde, comme c'est le cas actuellement en Irak, la position du pays concernant l'arme nucléaire, adoptée en 1957, reste inchangée : ne pas fabriquer, ne pas posséder, ne pas introduire de telles armes sur son territoire – on sait pourtant aujourd'hui que les Américains, dans les années 1960, ont stocké des armes nucléaires dans l'archipel.

« Les Japonais doivent être fiers de leur Constitution pacifique et s'employer à corriger la tendance actuelle à accepter la guerre et l'arme nucléaire », a rappelé Tadatoshi Akiba, le maire d'Hiroshima, le 6 août 2004,

---

2. E. Seizelet, *Les Ambiguïtés du discours politique japonais*, Paris, Autrement n° 39, 1995.

face au Premier ministre Junichiro Koizumi, partisan de la révision de la Constitution pacifiste et qui poursuit, lui, le développement des capacités militaires de son pays.

Dans son souci de se doter des attributs de la puissance, le Japon ira-t-il jusqu'à devenir une nation nucléaire ?

Le procès des criminels de guerre japonais

Quand s'ouvre la première séance du Tribunal militaire international pour l'Extrême-Orient, le 3 mai 1946, son président, l'Australien William Webb, déclare : « Il n'y a pas eu de procès criminel plus important que celui-ci dans toute l'histoire. »

Les travaux du tribunal ont revêtu, en raison de l'immensité de la zone d'action de l'armée japonaise durant la guerre sino-japonaise et la guerre du Pacifique, une grande importance pour les pays qui bordent l'océan Pacifique et ceux d'Asie orientale, ainsi que pour plusieurs nations européennes.

Lors de l'ouverture du procès de Tokyo, le Japon est un pays ruiné, dévasté. Il a perdu durant la guerre (qui pour lui a commencé dès 1937) au moins 2,7 millions d'hommes et un quart de ses richesses. De nombreuses cités sont en grande partie détruites : Tokyo à 65 %, Nagoya à 87 %. Deux villes ont été soumises au feu atomique. Neuf millions de personnes sont sans abri, 6,5 millions sont à rapatrier depuis l'Asie, la Sibérie et les îles du Pacifique – dont environ 3 millions de civils. Le pays est asphyxié économiquement, au bord de la famine, et ne tourne guère que par le marché noir auquel les élites et l'armée participent en pillant les stocks militaires. La pègre prospère sur ce terreau fertile, tolérée par des autorités qui comptent sur elle pour les aider à lutter contre les communistes.

Le pays est dirigé en droit par un conseil interallié, mais de fait par le commandant suprême des forces alliées (Supreme Commander of Allied Powers, SCAP), le général américain Douglas MacArthur. L'empereur reste en place, mais on se demande s'il ne va pas abdiquer en faveur de son fils, ou être jugé par les alliés pour crimes de guerre.

Pourtant, le procès de Tokyo, qui est l'équivalent asiatique du procès de Nuremberg, reste mal connu. On le présente volontiers comme un procès de vainqueurs, qui n'aurait eu pour but que de justifier la vindicte des États-Unis ulcérés par l'attaque japonaise contre Pearl Harbor, le 7 décembre 1941. Il s'agirait donc d'un procès politique destiné à satisfaire l'opinion publique et les militaires américains, sans pour autant empêcher l'occupation du Japon et mécontenter le peuple japonais.

Le travail du tribunal repose sur une période qui va de 1928 à 1945. L'année 1928 correspond à l'assassinat, en Mandchourie, du « seigneur de la guerre » Chang Tsolin par les troupes japonaises : l'événement sera perçu rétrospectivement comme un prélude à la mainmise du Japon sur la Mandchourie. Trois ans plus tard, le Japon s'empare de la totalité de cette région et constitue l'État fantoche du Mandchoukouo.

En juillet 1937, les forces japonaises attaquent les troupes chinoises près de Pékin. Devant le refus du président du gouvernement nationaliste Tchang Kaï-chek de céder, elles étendent rapidement le champ de leurs opérations et, après la prise de Nankin le 13 décembre, mettent à sac la ville : on estime le nombre total de leurs victimes civiles entre 260 000 et 350 000, et entre 20 000 et 80 000 celui des femmes violées. Les attaques, sans déclaration de guerre, contre les États-Unis à Pearl Harbor, dans les îles Hawaii, et contre le Royaume-Uni en Malaisie en décembre 1941 contreviennent, elles aussi, au droit international en vigueur à l'époque.

Mais ce qui retient surtout l'attention des Alliés en 1946, ce sont les mauvais traitements et le travail forcé infligés entre 1941 et 1945 à une grande partie des prisonniers de guerre détenus par le Japon, et ce malgré la promesse faite au gouvernement américain de respecter les termes de la convention de Genève sur les prisonniers de guerre – convention que le Japon, d'ailleurs, n'a pas signée.

Quelles causes invoquer quand on tâche d'expliquer les crimes japonais durant la guerre ? Le Japon, tout comme les autres armées du XXe siècle, subit ce que George Mosse a appelé le processus de « brutalisation »[1] : la violence tend à être banalisée. Avant l'éclatement de la Seconde Guerre mondiale, l'armée japonaise est réputée être celle, avec l'armée soviétique, où la discipline est la plus impitoyable. Les brimades subies par les soldats ont probablement joué un grand rôle dans leur attitude violente à l'encontre des populations civiles et des prisonniers.

Une certaine rigidification des principes de commandement a constitué, elle aussi, une cause de la brutalité des troupes nipponnes. Ainsi, un ordre signé en 1941 par le ministre de l'Armée de terre, Tojo Hideki, le *senjinkun*, interdisait de se rendre, ce qui eut un effet néfaste, non seulement sur les soldats japonais, mais également sur leurs prisonniers : survivre à la défaite fut alors considéré comme infamant.

---

1. G. L. Mosse, *De la Grande Guerre au totalitarisme*, Paris, Hachette Littératures, 1999.

Enfin, le mépris à l'égard des populations asiatiques, et notamment des Chinois, enseigné dès l'école primaire, a certainement ôté aux troupes japonaises tout frein psychologique concernant leur attitude vis-à-vis des populations civiles d'Asie.

Parmi les crimes de guerre japonais, on peut citer les massacres et le pillage à grande échelle commis en Chine de 1937 à 1945, l'utilisation d'armes chimiques et bactériologiques, les mauvais traitements infligés aux prisonniers de guerre, la mise en esclavage de populations civiles asiatiques dans le but de faire avancer des travaux d'intérêt stratégique (fabrication d'armes et production minière, construction de voies ferrées, etc.), l'esclavage sexuel imposé à de nombreuses femmes coréennes, chinoises, javanaises ou encore néerlandaises.

Tout au long des quatre années que dure dans le Pacifique le second conflit mondial, Washington ne cesse de mettre en garde Tokyo contre d'éventuelles exactions contre les soldats américains – l'armée nipponne a une image détestable depuis le massacre de Nankin. Devant le flot d'informations qui leur parviennent sur les crimes commis par les puissances de l'Axe, les Alliés ne se contentent bientôt plus de menaces : ils créent le 7 octobre 1942 à Londres un Comité des nations unies sur les crimes de guerre et, un an plus tard, le 10 octobre 1943, avec la participation des Soviétiques, la Commission des nations unies sur les crimes de guerre.

Le 1er novembre 1943, Roosevelt, Churchill et Staline signent la déclaration de Moscou sur les actes inhumains. Pour juger les suspects de crimes de guerre, la déclaration prévoit deux cas de figure : le premier est le jugement des personnes ayant exercé des responsabilités à l'échelon local dans le pays où ils ont commis leurs forfaits et selon le droit du pays en question ; le second est le jugement en Allemagne, par les quatre pays alliés, des principaux dirigeants nazis. La distinction est donc de nature spatiale, elle ne se fait pas selon la gravité des crimes commis. À première vue, le Japon n'est pas directement concerné. En fait, cette déclaration sert de cadre juridique au procès de Nuremberg. Mais la jurisprudence de ce dernier est au fondement du procès de Tokyo.

Du point de vue du théâtre asiatique proprement dit, la première étape sur la voie du jugement des criminels de guerre japonais est la formation le 10 mai 1944, à la suite d'une proposition chinoise, de la Commission restreinte pour l'Extrême-Orient. Elle a pour tâche de réunir des preuves et des témoignages, d'établir des listes de suspects, d'examiner les problèmes juridiques et d'en informer les gouvernements intéressés.

Le 26 juillet 1945, les gouvernements américain, britannique et chinois signent la déclaration de Potsdam qui enjoint au Japon de se rendre ; l'article 10 prévoit en outre l'application d'une justice sévère à l'endroit des criminels de guerre. L'Union soviétique ne la signe que le 8 août, après avoir *in extremis* déclaré la guerre au Japon. Ce dernier accepte le 14 août, quelques jours après l'explosion de deux bombes atomiques sur Hiroshima et Nagasaki, les termes de la déclaration de Potsdam, qui devient la base juridique du procès à venir des dirigeants japonais et qui entérine la reddition du pays.

Entre-temps, Américains, Britanniques, Français et Soviétiques ont signé le 8 août les accords de Londres relatifs à la poursuite et au châtiment des criminels de guerre des pays de l'Axe. Deux nouveaux chefs d'accusation sont établis : celui de crime contre la paix et celui de crime contre l'humanité. C'est cet imposant arsenal juridique que le commandant suprême des forces d'occupation alliées au Japon a en main lorsque, le 19 janvier 1946, il établit la charte du Tribunal militaire international pour l'Extrême-Orient. Douglas MacArthur estime pourtant personnellement qu'on devrait se limiter à l'attaque de Pearl Harbor comme chef d'accusation.

La charte comporte, par rapport à son modèle de Nuremberg, deux différences importantes. D'une part, la définition du crime contre l'humanité est modifiée pour pouvoir être appliquée à ceux qui se sont rendus coupables de crimes non seulement sur les populations civiles mais sur les combattants eux-mêmes. D'autre part, la présence d'un avocat auprès des suspects durant la totalité des interrogatoires n'est plus obligatoire.

En avril 1946, il est décidé que les pays signataires de l'acte de capitulation du Japon – l'Australie, le Canada, la Chine, les États-Unis, la France, la Nouvelle-Zélande, les Pays-Bas, le Royaume-Uni et l'Union soviétique –, ainsi que l'Inde et les Philippines, pourront chacun déléguer un juge et un procureur au Tribunal militaire international.

Certains de ces pays se trouvent dans une situation ambiguë à l'égard du Japon. C'est le cas en particulier de la France, dont les Japonais ont respecté la souveraineté en Indochine pendant la presque totalité de la guerre du Pacifique – à tel point que Paris peut apparaître alors comme un allié objectif de Tokyo. Dès septembre 1940, l'Indochine a servi de base de départ aux attaques nipponnes et fourni à l'empire du Soleil-Levant des produits agricoles et des matières premières.

Néanmoins, la déclaration de guerre de la France libre au Japon le 8 décembre 1941 justifie la présence d'un représentant français, le juge Bernard, au procès de Tokyo, tandis que la liquidation, en mars 1945, de la présence française en Indochine par l'armée japonaise vaut à la France un statut de victime de l'impérialisme nippon.

Une fois définie la charte du Tribunal militaire international, les ordres d'arrestation des suspects sont lancés par MacArthur et transmis au gouvernement japonais : ils concernent des membres du gouvernement de Tojo Hideki (1941-1944) qui ont pris la responsabilité de déclencher la guerre du Pacifique ; des diplomates qui ont œuvré en faveur de l'alliance avec l'Allemagne ; des militaires qui ont occupé des postes importants en Chine ou en Corée. Certains d'entre eux, comme l'ancien Premier ministre Konoe Fumimaro (1937-1939 et 1940-1941), parviennent à se suicider avant d'être appréhendés. D'autres sont détenus en Union soviétique.

Les arrestations commencent dès le 11 septembre 1945, soit neuf jours seulement après la signature de l'acte de reddition du Japon. Deux mois plus tard, un bureau d'accusation international est établi sous la présidence du procureur américain Joseph Keenan. Avocat proche du président Roosevelt, ce dernier a été l'une des figures de la lutte contre la pègre de Chicago dans les années 1930. Chargé de l'accusation américaine au procès de Tokyo malgré son incompétence en matière de droit international, il a été désigné, à son arrivée à Tokyo, chef du groupe d'accusation international par MacArthur – dont il respectera à la lettre les instructions.

L'attention se concentre alors sur les suspects de crimes contre la paix, les criminels de la catégorie A, c'est-à-dire ceux accusés de porter une responsabilité centrale dans le déclenchement et la menée de la guerre [2].

---

2. De nombreux procès de criminels de catégories B et C, responsables à un échelon local, ont lieu dans les pays où ont été commis les forfaits, selon le droit de ces pays. Plus de 25 000 Japonais – y compris des Coréens et des Taiwanais, sujets japonais au moment des faits – sont arrêtés, 5 700 sont jugés et 984 condamnés à

Dans un premier temps, le 8 avril 1946, 26 personnes sont retenues pour entrer dans cette catégorie. Parmi elles Tojo, Premier ministre au moment du déclenchement de l'attaque de Pearl Harbor, est assimilé rapidement à une sorte de Hitler nippon.

Les Soviétiques obtiennent eux la mise en accusation du diplomate Shigemitsu Mamoru (ministre des Affaires étrangères de 1943 à 1945) et du militaire Umezu Yoshijiro (commandant des forces japonaises de Mandchourie et ambassadeur au Mandchoukouo).

De son côté, le procureur australien Alan Mansfield va jusqu'à proposer l'inculpation de l'empereur Hiro-Hito. Mais il se heurte au refus de Keenan qui craint qu'une telle initiative nuise à la bonne marche du procès. En effet, depuis sa rencontre avec Hiro-Hito le 27 septembre 1945, MacArthur est persuadé que les Américains doivent maintenir l'empereur sur son trône s'ils souhaitent assurer la sécurité des troupes d'occupation.

Les séances du tribunal ont lieu dans un quartier proche du centre de Tokyo, à Ichigaya, dans les bâtiments de l'ancien état-major impérial. Près de 200 000 personnes, dont 150 000 Japonais, y assisteront durant deux ans et demi. Sept agences de presse, parmi lesquelles l'Agence France-Presse, couvrent le procès, qui se déroule en anglais et en japonais, avec une traduction simultanée en russe et en français.

Concernant l'ouverture du procès, Arnold Brackman, alors correspondant, raconte: «26 des 28 accusés de crimes de guerre de la catégorie A [accusés de crimes contre la paix] avaient été emprisonnés à la prison de

---

mort. Cf. Franck Michelin, «Les Coréens enrôlés dans l'armée japonaise et les procès de l'après-guerre», *Cipango, Cahier d'études japonaises* n° 9, 2000.

Sugamo depuis leur arrestation. Isolés du reste de la communauté de la prison dans leurs cellules individuelles, ils allaient enfin comparaître devant la cour. Le jour de l'ouverture, ils prirent leur petit déjeuner plus tôt qu'à l'accoutumée et furent précipités dans un bus aux fenêtres couvertes de papier. Escorté par un convoi de la police militaire, le bus apparut à l'entrée ouest du tribunal à 8 h 30, heure réglementaire. Il était prévu que le tribunal commençât ses travaux à 10 h 30. Conformément à ce qu'ils n'avaient cessé de faire ces derniers mois, les défendeurs patientèrent.

« À Sugamo, Yoshio Kodama, qui attendait d'être mis en accusation ou d'être relâché, écrivit dans son journal qu'il avait, ce jour-là, jeté un œil à sa fenêtre et avait aperçu Tojo monter dans le bus. Pendant la guerre, il avait souvent vu Tojo conduire sa berline à travers l'esplanade du Palais impérial accompagné d'une escorte, en tant que Premier ministre et ministre de la Guerre de l'empire. "Maintenant, lorsque je le vois être embarqué dans un bus gardé à l'avant et à l'arrière par des membres de la police militaire américaine, j'ai l'impression que tout cela n'a guère de sens, écrit Kodama. Mais je suppose qu'à la lumière de l'histoire, cela est tout à fait significatif[3]." »

Le témoignage du dernier empereur de Chine, Puyi, qui avait été placé par les Japonais à la tête de l'État fantoche du Mandchoukouo est un des temps forts du procès. Puyi, avant de tomber dans l'oubli pour n'être ressuscité que par le film de Bernardo Bertolucci, *Le Dernier Empereur*, est alors un personnage célèbre.

---

3. A. C. Brackman, *The Other Nuremberg. The untold story of the Tokyo War crimes trial*, New York, William Morrow and Cie, 1987, p. 85-86.

Détenu par les Soviétiques, il est acheminé tout spécialement à Tokyo pour témoigner. La salle est comble lorsqu'il est appelé à la barre, et il est le seul témoin à être directement interrogé par le procureur en chef, Joseph Keenan. Mais, face à la confusion de sa déposition, l'accusation renoncera à utiliser son témoignage.

Le moment le plus marquant demeure toutefois l'interrogatoire de Tojo. L'ancien Premier ministre déclare d'abord que pas un Japonais n'aurait désobéi à la volonté de l'empereur : cela revient à faire endosser à Hiro-Hito la responsabilité du déclenchement de la guerre du Pacifique... Le lendemain, il se ravise et prétend avoir agi contre l'avis de son souverain. On apprendra plus tard que c'est une intervention des Américains auprès de l'avocat de Tojo qui l'a amené à couvrir l'empereur en se sacrifiant.

Les accusés sont assistés au minimum de deux avocats, un Japonais et un Américain. À la différence du procès de Nuremberg, seuls des individus sont visés. Aucune institution n'est jugée à Tokyo, de telle sorte qu'il demeure difficile d'établir les responsabilités précises de l'état-major de l'armée de terre, du haut commandement de la marine ou du grand conseil impérial. En revanche, et toujours à la différence de Nuremberg, on a retenu à Tokyo comme chef d'accusation la responsabilité négative dans l'exécution des crimes, en d'autres termes le fait de ne pas avoir empêché que des crimes soient commis par des subordonnés. C'est un grave précédent en matière de droit international, qui va permettre de mettre en accusation des suspects contre lesquels il n'existe aucune preuve de responsabilité positive.

Pour l'opinion japonaise, la condamnation à mort de Hirota Koki est la plus choquante : cet ancien Premier ministre considéré comme modéré n'avait pas réussi à empêcher le sac de Nankin ; c'est pour cette raison qu'il est exécuté. De son côté, Matsui Iwane, commandant de l'armée japonaise qui s'était jetée à l'assaut de la capitale chinoise à la fin de l'année 1937, est condamné pour son « refus de prise de responsabilité afin de réfréner des actes illégaux », c'est-à-dire pour ne pas avoir pu ou voulu empêcher de tels crimes.

Or Matsui, semble-t-il, était absent durant l'essentiel du massacre. Malade et nommé commandant de l'ensemble du théâtre d'opérations chinois le 2 décembre, il avait été remplacé à Nankin par un oncle de l'empereur, Asaka Yasuhiko : c'est sous le commandement de ce dernier que les exactions ont été perpétrées. Asaka n'en est pas moins exonéré de toute poursuite, en raison de son appartenance à la famille impériale.

Le déroulement du procès n'est pas allé sans heurts, ce qui explique aussi sa durée – deux ans et demi. Le juge australien Webb, nommé président du tribunal par MacArthur, critiqué par ses collègues pour son autoritarisme, est mis en cause par la défense pour avoir déjà enquêté en tant que procureur sur les crimes commis par les Japonais en Nouvelle-Guinée. Il en est de même du procureur philippin Delfin Jaranilla, dont on met en cause l'impartialité car il avait participé, en tant que prisonnier des Japonais, à la « marche de la mort de Bataan[4] ». La désunion qui règne au sein de l'imposant groupe constitué par la centaine d'avocats japonais et américains provoque également de nombreux conflits.

---

4. En mai 1942, 76 000 soldats américains et philippins se rendent aux forces japonaises, à Bataan et Corregidor. Ils doivent faire 120 km de marche forcée pour atteindre leurs camps de détention. Plus de 10 000 hommes périssent durant cette « marche de la mort », qui dure une semaine.

De fait, dès le début, le procès de Tokyo a suscité les controverses. Depuis, en Occident, certains, tel l'historien britannique Richard Minear, n'ont pas hésité à le qualifier de procès destiné à venger les Anglo-Saxons. Ces derniers auraient attribué au Japon un plan d'agression inexistant, des crimes contre l'humanité qui n'en étaient pas et condamné des hommes sans véritables preuves.

Au Japon, il fut perçu de manière ambivalente. Plus que la question de l'application de lois rétroactives – qui s'est également posée à Nuremberg –, c'est le manque de preuves à charge irréfutables qui a jeté une ombre sur les débats. En effet, le délai entre l'acceptation par le Japon des termes de la déclaration de Potsdam, le 14 août 1945, et l'arrivée des troupes d'occupation le 30 du même mois, a laissé le temps aux autorités nipponnes de brûler l'essentiel de leurs archives. Les juges ont donc dû accorder la primauté aux témoignages : pas moins de 419 témoins se succèdent à la barre durant le procès.

De plus, les Anglo-Saxons ont cherché coûte que coûte à appliquer la thèse du complot contre la paix, comme cela avait été fait à Nuremberg. Or, dans le cas japonais, la rotation rapide des principaux responsables civils et militaires aux postes de commandement fragilise considérablement ce type d'accusation. Entre 1928 et 1945, le seul à rester à son poste est l'empereur. Mais sa non-comparution fait douter de la bonne foi du tribunal.

À regarder de plus près le verdict, on peut constater en outre que les membres de l'armée de terre ont représenté à eux seuls la moitié des 28 accusés et 6 des 7 condamnés à mort. Il semble que les accusateurs américains, qui connaissaient très mal les dirigeants et le fonctionnement des institutions politiques et militaires japonaises, aient été les victimes d'une véritable opération d'intoxication menée par les diplomates et les marins nippons pour rejeter sur leurs rivaux l'essentiel de la responsabilité des crimes imputés à leur pays. Cette diabolisation de l'armée de terre a permis aux Américains de présenter Hiro-Hito comme un prisonnier des militaires. Affirmation fausse, même s'il est vrai qu'à partir de la fin des années 1920 les militaires sont intervenus de plus en plus fréquemment dans les affaires politiques.

Le verdict du procès de Tokyo soulève encore d'autres questions : 7 accusés sont condamnés à mort, 16 à la réclusion à perpétuité, 1 à vingt ans de prison, 1 à sept ans ; 2 sont décédés durant le procès, 1 a été déclaré mentalement irresponsable.

Il avait été prévu que les condamnations pouvaient être prononcées à la majorité simple, y compris en cas de peine capitale. Or, très vite, les juges américain, britannique, soviétique, chinois, néo-zélandais et canadien se constituent en groupe et rédigent le verdict sans même prendre la peine de consulter les cinq autres juges, qui refusent dès lors de s'associer aux conclusions. Le juge français Henri Bernard et le juge australien et président du tribunal William Webb s'opposent au groupe majoritaire sur des principes juridiques. De son côté, le juge néerlandais Bert Röling nie la culpabilité de certains accusés, tandis que le juge indien Radhabinod Pal considère que tous les inculpés sont innocents. Enfin le juge philippin Delfin Jaranilla soutient que le verdict est trop clément.

Cette cacophonie ne contribue pas à améliorer l'image du procès de Tokyo. D'autant que l'attitude des Alliés pendant et après la guerre n'est pas exempte de critiques.

Les Soviétiques ont attaqué le Japon en août 1945 en contrevenant au pacte de non-agression qu'ils avaient signé à Moscou en avril 1941. Après la guerre, au mépris du droit international, ils ont imposé le travail forcé à la majorité de leurs prisonniers de guerre japonais.

Mais la plus grave mise en cause porte naturellement sur les Américains, du fait des bombardements atomiques en août 1945. Lorsque la défense a tenté de soulever cette question, le président Webb l'a rejetée sous prétexte qu'elle ne relevait pas de la juridiction du tribunal. La question des armes chimiques et bactériologiques japonaises, testées sur des cobayes chinois, russes et occidentaux et utilisées en Chine, a fait douter un peu plus de la sincérité de l'Oncle Sam. En effet il a été prouvé que les Américains, désireux de combler leur retard en la matière, ont garanti une totale immunité aux membres de l'unité 731 en échange des résultats de leurs travaux.

C'est la guerre froide qui finira de discréditer le procès de Tokyo. En effet, tous ceux qui auraient dû être traduits en justice, lors d'un deuxième ou d'un troisième procès, sont libérés, tant est devenue impossible la collaboration entre les États-Unis et l'Union soviétique.

Le procès pâtit du changement radical de la politique menée au Japon par les Américains. Jusqu'alors, les autorités d'occupation avaient encouragé la formation de syndicats, laissé se réformer et agir librement le parti communiste, favorisé libertés individuelles et réformes sociales. Or la peur d'une contagion communiste après la victoire de Mao Zedong en Chine en octobre 1949 conduit à une « purge rouge » : la coopération des élites civiles japonaises et des autorités d'occupation américaines paraît désormais indispensable.

Ainsi se maintient au pouvoir toute une classe de fonctionnaires du Japon d'avant-guerre. On assiste même au retour d'importants dirigeants de la Seconde Guerre mondiale : ainsi Kishi Nobusuke, ancien suspect de crimes de guerre de la catégorie A, relâché après le procès de Tokyo, et qui devient Premier ministre dès 1957...

Ces élites parfois compromises ont beaucoup fait pour freiner l'enseignement de l'histoire de la Seconde Guerre mondiale dans les écoles japonaises et contribué à une quasi-amnésie collective des crimes de guerre. De manière caractéristique, Tojo continue d'être perçu comme un bouc émissaire, et si les Japonais ont quelque chose à lui reprocher, c'est moins d'avoir provoqué ou couvert un certain nombre de crimes de guerre que d'avoir engagé son pays dans un conflit qu'il était incapable de remporter.

Nationalisme et crimes de guerre au Japon
Le dossier Hiro-Hito

Dans le Japon du Premier ministre Obuchi, l'empereur Hiro-Hito reste un tabou. Une polémique a opposé en 1999 le gouvernement japonais au magazine *Time* qui, dans un dossier sur les cent personnalités qui ont fait le XXe siècle, avait consacré un article à l'empereur. Le Premier ministre s'est trouvé particulièrement irrité par la photo qui l'accompagnait représentant Hiro-Hito en uniforme militaire : elle ne traduisait pas, selon lui, « le sentiment de l'empereur qui s'est efforcé de mettre fin à la guerre » ; et d'ajouter devant les journalistes : « Les revues anglo-saxonnes devraient faire des efforts pour publier la vérité. »

La mobilisation des plus hauts dirigeants nippons dans cette affaire s'inscrit dans le mouvement profond de révision du passé et de réveil de l'esprit national que connaît aujourd'hui le pays. En témoigne la récente loi légalisant l'emblème du Soleil levant et l'usage de l'hymne national à la gloire du souverain. Mais aussi les appels à la révision de la Constitution pacifique adoptée par le pays (sous la pression des États-Unis) en 1947[1]. Ou encore l'officialisation du pèlerinage des membres

---

1. L'article 9 de la Constitution énonce l'interdiction faite au souverain de déclarer la guerre et de maintenir des armées nationales.

du gouvernement au sanctuaire Yasukumi où sont honorées les âmes des soldats morts au combat, y compris des criminels de guerre.

La dignité impériale, le nationalisme... C'est bien avec ce passé-là qu'entendent aujourd'hui renouer certains Japonais. Un passé que, plus que quiconque, incarne Hiro-Hito. Celui qui, le 25 décembre 1926, après s'être recueilli auprès des mânes de ses ancêtres, devient le cent vingt-quatrième empereur du Japon, est en effet l'héritier d'une dynastie dont l'origine légendaire remonte à deux mille six cents ans, le descendant des dieux ancestraux et le grand prêtre de la religion *shintô*, en tant que petit-fils de l'empereur Meiji.

Mais c'est sous son règne que fut accomplie la rapide militarisation du régime qui aboutit à la guerre sans merci que lança l'Archipel contre la Chine à partir des années 1930, puis contre les États-Unis en 1941. D'où la lancinante question de la responsabilité de l'empereur dans le déclenchement du conflit et dans la conduite des opérations.

Le même Hiro-Hito encore qui, ayant survécu à la défaite du Japon en 1945, se métamorphosera en un *« empereur constitutionnel »* révéré par son peuple bien qu'ayant perdu son caractère divin, respecté à l'étranger, et qui accompagnera son pays dans le spectaculaire redressement économique des années d'après-guerre. Quel est finalement cet homme qui aura présidé au plus grand revers qu'ait connu le Japon, tout autant qu'à sa plus grande réussite ?

Hiro-Hito, qui naît le 19 avril 1901, est, dès son plus jeune âge, selon la coutume, élevé loin de ses parents, Taishô, l'héritier du trône, et la princesse Sadako. Il loge en effet dans une petite maison indépendante du palais d'Akasaka, où il reste pratiquement ignoré de son père comme de son grand-père. Ses seuls compagnons de jeu sont des adultes ; il devient un enfant solitaire et renfermé. D'autant qu'on le force à se soumettre à des exercices physiques destinés à corriger certains de ses défauts, comme la myopie, et une scoliose qui ne le quittera jamais.

Très tôt, toutefois, Hiro-Hito refuse de se plier à certaines mœurs de la cour. L'ivrognerie, par exemple, y est particulièrement répandue ; en réaction, le jeune homme s'interdit de toucher une seule goutte d'alcool. De même, son grand-père et, surtout, son père sont très libertins et entretiennent de nombreuses concubines ; dès l'adolescence, Hiro-Hito, lui, choisit de rester chaste. Il sera le premier empereur monogame de l'histoire du Japon.

L'éducation du prince est assurée par le général Nogi, héros de la guerre contre la Russie (1904-1905). C'est lui qui aide le futur empereur à prendre confiance en soi, à sortir de son mutisme et à développer son corps. Le général, qui méprise les plaisirs de la chair, influence sans doute Hiro-Hito sur ce chapitre-là, en même temps qu'il lui apprend le patriotisme. À la mort de l'empereur Meiji, Nogi se suicide par *seppuku*, ce qui impressionne fortement le jeune garçon. Par la suite, l'héritier officiel du trône reçoit l'enseignement de différents précepteurs. Il se passionne moins pour les réflexions théoriques que pour la biologie marine : ce sera, sa vie durant, l'un de ses passe-temps favoris. Il découvrira des espèces rares, parmi lesquelles une crevette rouge bientôt signalée au monde scientifique.

Pendant que Hiro-Hito grandit, et alors que, en 1912, son père, l'empereur Taishô, succède à Meiji, le Japon fait l'apprentissage de son rôle de grande puissance. Durant la Première Guerre mondiale, le pays se range dans le camp de la Grande-Bretagne, de la

France et de la Russie, sans d'ailleurs leur apporter un soutien très important. Cette prise de position permet toutefois à l'Archipel d'occuper, après la fin du conflit, les territoires du Pacifique auparavant contrôlés par l'Allemagne, la puissance vaincue[2]. Mais, lorsque les dirigeants du pays cherchent à pousser leur avantage et à imposer la tutelle du Japon sur la Chine à travers les « vingt et une demandes »[3], les puissances occidentales interviennent pour les en dissuader.

Cette intervention est perçue comme une injustice par les Japonais, et déclenche une vague de nationalisme dont les militaires sauront profiter pour renforcer leur emprise sur le pays.

Dans le même temps, l'état de Taishô, qui est gravement malade, se détériore. Il apparaît comme évident que Hiro-Hito aura à remplir plus tôt que prévu son rôle de souverain. Il est grand temps qu'il se trouve une épouse. Son choix s'arrête sur Nagako, fille du prince Kuni, de la famille de Fushimi : un choix qui mécontente le clan rival des Chôshû, qui cherchera à évincer la jeune fille au motif que sa famille compte de nombreux cas de daltonisme, et déclenche à la cour, comme dans les milieux politiques, une querelle qui durera plusieurs années. Le mariage est différé... On décide donc d'envoyer le prince héritier faire un voyage en Europe !

Hiro-Hito a vingt ans, et il quitte pour la première fois son sol natal ainsi que l'étouffant rituel de la cour. Ce

2. Il s'agit des territoires de Kiao-Tchéou comprenant la ville de Tsin-Tao sur la côte Pacifique de la Chine, ainsi que la Micronésie allemande au nord de l'équateur qui comprend les îles Marshall, les Carolines, les Mariannes et Palau.
3. Principalement un élargissement des possessions japonaises et l'interdiction de toutes concessions à une autre puissance étrangère.

qui l'impressionne le plus une fois arrivé en Angleterre, sa première étape, c'est la liberté de manières de la famille royale : le jour de son installation au palais de Buckingham, il est tout étonné de voir apparaître, à l'heure du *breakfast*, le roi George V en robe de chambre et en pantoufles. En outre, il apprécie la spontanéité avec laquelle la foule se presse sur son passage.

En France, Hiro-Hito s'entretient de la Grande Guerre avec le vainqueur de Verdun, le maréchal Pétain, et parcourt le champ de la bataille. Une fois à Paris, il visite la tour Eiffel, le Louvre et surtout les Invalides. Il rapportera de son voyage un buste de Napoléon destiné à trôner dans son bureau. Le prince héritier se rend ensuite en Belgique, aux Pays-Bas, puis, enfin, s'arrête à Rome, où il est reçu par le pape.

Le futur empereur apprécie tellement son voyage en Europe qu'à son retour à Tokyo il décide d'« occidentaliser » la cour, devenant ainsi pour un temps un *mobo* (« *modern boy* »), du nom de ces jeunes Japonais qui s'entichent des mœurs du Vieux Continent. Il abandonne le costume traditionnel et se met à la mode européenne en même temps qu'il adopte le *breakfast* à l'anglaise. Les « dames d'honneur » sont renvoyées du palais, dans l'enceinte duquel on construit un golf à neuf trous. Hiro-Hito fréquente aussi les champs de courses et les boîtes de nuit... La cour, en état de choc, se résout à faire appel au vieux prince Saionji, dernier conseiller personnel permanent de l'empereur Taishô : celui-ci est chargé de remettre bon ordre dans le palais.

Le 25 novembre 1921, juste après son retour d'Europe, la maladie de Taishô étant jugée incurable, Hiro-Hito devient régent du Japon. Il doit aussitôt faire face à une série de difficultés. L'année 1923 est en effet catastrophique pour le pays. Le 1er septembre survient le plus terrible tremblement de terre de son histoire, qui fait 150 000 victimes et dévaste une grande partie de la capitale. Un drame qui permet cependant à Hiro-Hito de gagner en popularité en distribuant aux rescapés de l'argent sorti de sa cassette personnelle. Peu après, les Coréens, qui constituent la main-d'œuvre la plus misérable du pays, sont traités comme des boucs émissaires, et des milliers d'entre eux, exterminés. Enfin, le 27 décembre, Hiro-Hito est victime d'une tentative d'assassinat de la part d'un révolutionnaire socialiste. Aucun complice n'est arrêté, et il sera impossible de déterminer s'il y a eu complot.

Le mariage de Hiro-Hito et de Nagako a finalement lieu le 26 janvier 1924. Les trois premiers enfants du couple seront des filles, et Hiro-Hito devra de nouveau affronter la cour qui le pressera de prendre une concubine pour assurer sa descendance mâle. Mais le 26 décembre 1933, l'impératrice lui donnera un fils, l'actuel empereur Akihito.

Le 18 décembre 1926, Taishô meurt. Hiro-Hito lui succède officiellement.

Le culte de l'empereur a été réactivé sous Meiji : il est devenu le symbole de la nation et de sa pérennité. Quant à la Constitution de 1889, elle érige en principe son infaillibilité : on ne saurait, pour quelque raison que ce soit, chasser de son trône le *tennô (« souverain céleste »)*, qui n'est d'aucune façon soumis aux lois. La Constitution affirme également la filiation divine de l'empereur. Celui-ci est le chef de l'État et possesseur de tous les droits de souveraineté. Il nomme les ministres du cabinet qui ne sont responsables que devant lui. Les ministres sont issus des quatre clans du Sud qui ont pris l'initiative de la révolte contre le Shôgun et de la réforme Meiji.

L'empereur exerce son pouvoir législatif avec le concours du Parlement (la Diète). Le Parlement discute et approuve le budget, et surtout a le pouvoir de faire les lois. Mais seul l'empereur déclare la guerre et la paix, et ratifie les traités. En fait, depuis le règne de Taishô, le processus décisionnel est du ressort des ministres en place, et les deux personnes les plus importantes de la vie politique sont les chefs d'état-major de l'armée de terre et de la marine. Par leur biais, les militaires, eux-mêmes à l'abri de tout contrôle de la part du Parlement, interviennent dans la formation des gouvernements et, plus largement, dominent la vie politique du pays.

Ici commence le procès que l'histoire fera à Hiro-Hito. En effet, alors que le pays s'est ouvert, modernisé, démocratisé (le suffrage universel est instauré en 1925 ; il exclut les femmes qui n'obtiendront le droit de vote qu'en 1945), libéralisé, on assiste à partir de 1926 à un dérapage qui conduit progressivement certains groupes nationalistes à militariser le pays, imposer la censure et éliminer les libéraux, confortés qu'ils sont par la vague de sentiments hostiles au Parlement et à l'industrie née après la crise économique de 1927, antérieure à la grande dépression mondiale.

Ces groupuscules s'appuient sur le caractère divin de l'empereur pour parler en son nom. Pourquoi Hiro-Hito les laisse-t-il agir ? La question n'a toujours pas reçu de réponse. Elle est pourtant d'autant plus pertinente que l'empereur saura faire montre, quelques années plus tard, et au cours d'une crise autrement plus grave, de l'étendue de son pouvoir et de ses capacités de décision.

Ce sera en février 1936. Le 26 de ce mois, date connue par les Japonais sous le nom de *ni ni roku* (ni signifiant « février » et *ni-roku* « 26 »), une faction militaire dite « de la voie impériale » tente, en se réclamant du souverain, un putsch visant à éliminer physiquement les membres les plus modérés du gouvernement.

Sont ainsi exécutés le garde du Sceau privé, le ministre des Finances et le chef d'état-major général de l'armée, tandis qu'en réchappent de justesse le Premier ministre et quelques autres personnalités de tout premier plan. Les insurgés occupent la Diète, le ministère de la Défense, le quartier général de la police. Finalement, au bout de trois jours de confusion, l'empereur prend les choses en main et obtient, non sans mal, la reddition des insurgés. Ceux-ci sont condamnés à mort, tandis que 2 000 officiers sont cassés. Hiro-Hito, nullement dupe de l'utilisation qu'une fraction de l'armée fait de son nom, est donc, dans cette occasion, sorti de sa réserve habituelle, opposant une ferme résistance à tout compromis [4].

Cet échec du putsch ne marque cependant pas la fin de l'influence des groupes nationalistes sur le pays. En 1935, le Premier ministre, Okada, qui est loin pourtant d'être un fanatique, accepte de faire passer une loi punissant toute mise en doute de la nature divine de l'empereur et toute infraction à la règle qui veut que l'on s'incline en passant devant le palais d'Akasaka. C'est une victoire pour les nationalistes, qui prônent l'idéologie du *kokutai* (le « service total pour l'empereur »). Leur triomphe éclate au grand jour lorsque, le 27 septembre 1940, Hiro-Hito accepte de signer le pacte tripartite avec l'Allemagne de Hitler et l'Italie de Mussolini [5].

---

4. Il n'est pas pour autant mis un terme aux assassinats politiques : entre 1926 et 1945, trois Premiers ministres et une douzaine de ministres sont assassinés...
5. Ce pacte lie les trois puissances par un accord de défense commun, contre toute puissance non encore engagée dans la guerre européenne ou dans le conflit sino-japonais.

La classe militaire mobilise la nation derrière une politique totalitaire et guerrière.

Après les conquêtes en Chine, c'est une partie de l'Indochine qui est soumise : désormais, l'empire du Japon s'étend de la Birmanie à la Nouvelle-Guinée. Ce n'est pas suffisant : le 7 décembre 1941, l'attaque surprise de la flotte américaine ancrée à Pearl Harbor par l'aéronautique navale japonaise déclenche la guerre avec les États-Unis. En 1942, c'est Singapour qui tombe, puis Java et les Philippines. Or, comme on l'apprendra grâce au journal personnel de Kido, son ministre du Sceau privé, et contrairement à ce qu'on pourra dire par la suite, Hiro-Hito, à qui toute décision doit être soumise, est parfaitement au courant de l'avancée des opérations militaires. En fait, après quelques hésitations motivées avant tout par la crainte de la défaite, l'empereur autorise la guerre, et, par la suite, il s'enthousiasme à l'annonce des victoires, ce qui ne permet pas de douter de la connaissance qu'il a des dossiers, et qui correspond d'ailleurs tout à fait au sens scrupuleux des affaires de l'État qu'il montre en toute occasion. Placé devant une décision unanime du gouvernement, celle de bombarder Pearl Harbor par exemple, Hiro-Hito, qui pourrait user de son droit de veto en refusant d'apposer son sceau, ratifie...

Les gouvernements japonais d'après-guerre, les historiens, les journalistes répéteront souvent, tout comme l'empereur lui-même, que les années de conflit ont représenté un cauchemar pour Hiro-Hito. C'est peut-être vrai, mais surtout à partir de 1944, lorsque, de place en place, s'amorce la lente reconquête par les Américains des îles du Pacifique, jusqu'à la prise d'Okinawa en avril 1945. Et quand, après les terribles bombardements américains sur Tokyo du 9 mars 1945, où sont déversées en une seule nuit 700 000 bombes, faisant 200 000 victimes, Hiro-Hito visite les quartiers dévastés de la capitale, il ne peut que se rendre compte que la guerre est perdue. En effet, le 6 août, le feu nucléaire atomise Hiroshima. Le 8, Staline déclare la guerre au Japon et, sans coup férir, envahit la Corée du Nord, la Sakhaline et les Kouriles. Le 9, une seconde bombe atomique tombe sur Nagasaki.

Dans la nuit du 9 au 10 août, dans le bunker surchauffé du palais, se déroule une réunion dramatique entre Hiro-Hito, alors âgé de quarante-quatre ans, et ses ministres : certains sont prêts à accepter les conditions des Alliés et à arrêter les combats ; d'autres, craignant pour la survie de la dynastie impériale et la structure nationale, préfèrent poursuivre les opérations sur l'Archipel plutôt que de connaître pour la première fois le joug d'une présence étrangère.

Finalement, à deux heures du matin, l'amiral Suzuki, Premier ministre octogénaire, s'approche de l'empereur, et, un genou à terre, le supplie de trancher entre les deux parties. Hiro-Hito annonce alors qu'il accepte la reddition sans condition, mettant ainsi fin à quatre ans de guerre. Malgré les sanglots de l'assistance, tout est dit. L'aventure impérialiste dans laquelle la nation s'est engagée depuis les années 1930 prend fin avec la décision impériale à laquelle tous se soumettent.

Le 15 août, pour la première fois dans l'histoire, le « fils du ciel » s'adresse à ses sujets par le biais de la radio pour annoncer, d'une voix chevrotante et dans une langue archaïque, la reddition de l'empire. Akira Kurosawa, alors jeune cinéaste, note : « Jamais je n'oublierai les scènes que j'ai vues dans les rues ce jour-là. […] L'atmosphère était tendue, frôlait la panique. Certains commerçants avaient sorti leurs sabres de leur fourreau et les contemplaient fixement[6]. » Quant à Robert Guillain, correspondant de l'agence Havas au Japon, il écrit : « Les gens se raidissaient et baissaient la tête. C'est l'attitude du respect en présence du souverain. Mais elle a ceci d'inattendu que l'objet de leur respect angoissé est le poste de radio lui-même. Un silence... Et puis voici la voix rauque, lente, trop posée. [...] Le souverain parle l'extraordinaire et solennel langage réservé au seul fils du ciel. [...] Quand le speaker vient ensuite expliquer ce que l'empereur veut dire, les sanglots éclatent, les rangs se rompent en désordre. Quelque chose d'énorme vient de casser : le rêve orgueilleux du Grand Japon[7]. »

L'heure est venue, annonce en effet l'empereur, « d'accepter l'inacceptable, de supporter l'insupportable » mais, comme le note Robert Guillain, les mots « défaite » et « capitulation » ne sont jamais prononcés. Puis, après avoir déclaré qu'il se pliait aux termes de la déclaration conjointe des Alliés, Hiro-Hito ajoute : « L'ennemi a commencé à faire usage d'une bombe nouvelle et des plus cruelles, répandant sans cesse sur les populations innocentes les blessures et le massacre. Dans ces conditions, continuer la guerre serait non seulement amener l'anéantissement de notre nation, mais aussi la destruction de la civilisation humaine. »

Au cours des heures qui suivent le discours du souverain à la nation, nombreux sont ceux qui viennent s'agenouiller et pleurer à l'entrée du palais impérial. Certains choisissent la mort, tel l'amiral Onishi qui, comme le général Anami, se fait seppuku, alors que le vice-amiral Ugaki, qui commande d'importantes forces du *Tokkôtai*

---

6. Akira Kurosawa, *Comme une autobiographie*, Paris, Le Seuil/Cahiers du cinéma, 1985.
7. Robert Guillain, *J'ai vu brûler Tokyo*, Paris, Arléa, 1990.

(unité spéciale d'attaque appelée aussi *Kamikaze*), accompagné d'une vingtaine de ses hommes qui n'ont pu se sacrifier au nom de l'empereur en se jetant sur les navires ennemis, s'envole dans la nuit en direction d'Okinawa et se perd en mer.

Les dirigeants japonais se sont résolus à signer la capitulation, le 2 septembre 1945. Ils doivent maintenant affronter le jugement de leurs vainqueurs. En mai 1946 s'ouvre le procès de Tokyo qui durera jusqu'à décembre 1948. Cependant, le général Mac Arthur, nouveau maître de l'Archipel[8], a déjà fait son choix : à aucun prix l'empereur ne doit être inquiété, contrairement à ce que souhaitent les Russes, les Hollandais et les Australiens, qui réclament la tête de Hiro-Hito. Pour convaincre de cette nécessité Harry Truman, le président des États-Unis, le général américain n'a qu'à agiter la menace du chaos et du communisme. L'empereur évite ainsi non seulement sa comparution devant le tribunal des criminels de guerre, mais encore toute espèce de discussion à propos de sa responsabilité dans les méfaits commis par son armée et en son nom. Cette question fera désormais l'objet au Japon d'un tabou complet. Pour le reste, le verdict du procès de Tokyo est sans appel : neuf condamnations à mort sont prononcées ainsi que quelques détentions à vie dont celle de Kido, le garde du Sceau de l'empereur, qui sera cependant libéré en 1953.

Les Japonais se soumettent sans trop de résistance à l'occupation de l'Archipel par les États-Unis. « Les débuts pacifiques de l'occupation du Japon, écrira Kazuo Kawaï, un politologue formé aux États-Unis, resteront toujours quelque peu mystérieux. Les États-Unis

---

8. MacArthur dirige le SCAP *(Supreme Command of Allied Power)* et a en fait tous les pouvoirs dans l'Archipel.

s'attendaient à rencontrer résistance et traîtrise. À leur profonde stupéfaction, chacun des deux camps découvrit que l'autre n'était pas ce qu'on lui avait fait croire[9]. » Alors que la République fédérale d'Allemagne proclame son rejet de la période hitlérienne, le Japon devient l'allié des États-Unis sans pour autant clairement rejeter Pearl Harbor, ni les conquêtes de 1942.

Outre le procès de leurs criminels de guerre et l'occupation de leur territoire, les Américains imposent aux Japonais une nouvelle Constitution, qui préserve l'institution impériale. Dépourvue de tout pouvoir réel et de tout caractère divin, cette dernière n'incarne plus désormais que le « symbole de l'État et de l'unité du peuple » (article 1). Le 1er janvier 1946, Hiro-Hito renonce publiquement à sa divinité dans un édit impérial radiodiffusé qui stipule notamment : « Les liens qui Nous unissent à vous le peuple sont fondés sur la confiance mutuelle, l'amour et le respect, et ne s'appuient pas sur de simples légendes et superstitions ». On raconte que l'empereur, comprenant l'absurdité de la situation, aurait, à son retour au palais, demandé à sa femme s'il avait l'air différent maintenant qu'il n'était plus un dieu ! Dans le même édit, Hiro-Hito déclare que le peuple japonais n'est pas supérieur aux autres peuples, pas plus qu'il n'est appelé à dominer le monde.

Ainsi, d'un jour à l'autre, le pays découvre en Hiro-Hito un « homme comme les autres », d'autant que les Américains le présentent comme une personnalité férue de démocratie, « ayant été opposée à la guerre ». On publie des photographies de lui en famille, en train de déjeuner simplement ou bien occupé à lire le journal de

---

9. Kazuo Kawaï, *Japans'American Interlude*, Chicago Press, 1960.

l'armée américaine, *Stars and Stripes*. Une « démocratisation » forcée qui peut aller jusqu'à l'humiliation, lorsque les soldats américains se pressent autour de lui pour lui réclamer des autographes ou lorsque, montés sur les chevaux blancs de l'empereur, ils parcourent en vainqueurs l'enceinte du palais.

Pour la plupart des correspondants de presse qui peuvent l'approcher, Hiro-Hito apparaît alors comme un homme quelque peu ridicule, qui a du mal à endosser son nouveau rôle. Et à l'occasion de la tournée de toutes les préfectures du pays qu'il effectue durant les années 1946-1948, et au cours de laquelle il est ovationné par des milliers de sujets qui n'ont eu, jusque-là, pas même le droit de lever les yeux sur lui, les journalistes lui donnent le surnom moqueur de M. Assô (« M. Ah bon »), car c'est en général les seules paroles qu'il prononce devant ses interlocuteurs !

Mais très vite cette évolution vers une monarchie plus proche du peuple s'interrompt. Hiro-Hito se cloître à nouveau dans son palais d'Akasaka, où, derrière l'enceinte de pierre et protégé par un dispositif électronique perfectionné, il se sent plus à l'aise, bien que soumis à la pesanteur des rites. Bernard Dorin, ambassadeur de France, rapporte ainsi à Edward Behr de quelle façon, en 1987, pour présenter ses lettres de créances, il est prié par le chambellan de la maison impériale de garder en présence du souverain les yeux baissés, car on ne regarde pas le soleil ! Tandis que dans la chambre de l'empereur, meublée à l'occidentale, nul serviteur n'est habilité à pénétrer en sa présence. Les aliments qu'il consomme sont toujours goûtés et, à son grand désagrément, on continue de lui interdire de déguster le *fugu*, ce poisson-chat au poison mortel qui nécessite pour son apprêt des cuisiniers spécialisés. Cependant, téléspectateur assidu, l'empereur se tient au courant des actualités. Et jusqu'à la fin, il continue de lire les documents officiels, sur lesquels il doit parfois apposer son sceau.

Une partie du PLD (le parti libéral démocrate, né de la fusion des libéraux et des démocrates, le 15 novembre 1955), ainsi que l'extrême droite réclament d'ailleurs régulièrement une révision de la Constitution qui rehausserait le pouvoir réel, sinon le prestige, de la fonction impériale. Quant au peuple japonais, il ne voit plus son souverain qu'en de rares occasions, par exemple tous les 23 novembre, lors du rituel des prémices de la récolte du riz, lorsque la télévision montre sa vieille silhouette courbée sur les plants ; ou bien quand il assiste aux tournois de sumo, sport national ; ou encore, le jour de son anniversaire, lorsque la foule vient l'acclamer à son palais en agitant des milliers de drapeaux nationaux.

La mort de Hiro-Hito, le 7 janvier 1989, marque une rupture. Son agonie, qui dure cent onze jours, prolongée par les médecins grâce à d'incessantes transfusions sanguines, est surmédiatisée, et suivie religieusement par une partie du peuple mais pas, toutefois, par la nouvelle génération qui, dans sa grande majorité, juge que le mythe impérial appartient au passé. Tandis que lors de ses funérailles, ainsi qu'à l'occasion de l'intronisation de son fils Akihito, les anciens rites shintoïstes ne manquent pas d'être célébrés, ce qui provoque une vive controverse, une partie de l'opinion publique voyant là une entorse grave à l'esprit de la Constitution qui stipule que le *shintô* n'est plus religion d'État.

Quant à la responsabilité de Hiro-Hito dans la dernière guerre, personne n'y fait alors allusion, si ce n'est le maire de Nagasaki, ce qui lui vaut d'être grièvement blessé par des militants d'extrême droite, et certains journaux étrangers, australiens, mais surtout anglais : pour le Star de Londres, « Hiro-Hito est un boucher pire que Hitler », alors que le *Sun* promet « l'enfer à ce véritable empereur du diable »...

Il n'empêche. Les quelque 160 délégations nationales qui assistent aux grandioses cérémonies de deuil, sous une pluie glaciale et au son des flûtes de la musique de cour, montrent bien par leur présence que le Japon de cette fin de siècle, deuxième puissance économique du monde, rival des États-Unis, est définitivement sorti de l'humiliation de 1945. Hiro-Hito clôt son long règne de gloire et de défaites par l'image de la fierté nationale reconquise.

Le manga, enfant de la Bombe ?

Né au début du XXe siècle, le manga a profondément muté au lendemain de la défaite de 1945 pour devenir une composante essentielle de la culture du Japon contemporain. Livres et magazines confondus, son tirage a atteint 1,9 milliard d'exemplaires à son apogée, en 1995, contre environ 40 millions pour la BD en France. Mais la narration graphique est un art séculaire au Japon.

Les rouleaux peints, dont le plus ancien raconte la vie du Bouddha et remonte à la période de Nara (710-794), sont souvent considérés comme les ancêtres de la bande dessinée japonaise, bien que la technique de narration graphique (images et texte se succèdent à mesure que le lecteur les déroule) soit différente. L'art du rouleau peint a prospéré pendant dix siècles jusqu'à la période d'Edo (1603-1868). Les combats de pets dessinés au XIIe siècle par l'abbé Toba, les spectres mangeurs d'excréments du « Rouleau des fantômes affamés » (XIIe siècle) ou le grouillement des monstres de la « Promenade nocturne des 1 000 démons » (XVe siècle) peuvent choquer ceux pour qui la culture japonaise se résume aux fleurs de cerisier et aux jardins de pierre… En réalité, à côté de la culture éprise de rigueur des élites, il a toujours existé une culture japonaise populaire, exubérante et frondeuse, volontiers vulgaire, entre burlesque et gore, qui goûtait fort le mélodrame, le sexe et les fantômes.

Cette culture populaire s'est épanouie dans les grandes villes de la période d'Edo et a donné naissance à l'art de l'estampe gravée sur bois et au théâtre kabuki. De l'estampe, le manga héritera du dessin de visages stéréotypés et presque dépourvues de traits, où seuls les yeux et la bouche s'animent pour exprimer les sentiments ; du kabuki, les intrigues souvent grandguignolesques étirées en multiples épisodes. Le manga doit également beaucoup aux romans populaires brochés bon marché, les *kibyoshi*, qui se diffusent durant cette période : plus de 3 000 titres ont été publiés entre 1775 et 1868. Ces œuvres mêlaient mélodrame, sexe, fantastique et humour. Elles entremêlaient les dessins et le texte, et l'on y trouve parfois des ancêtres de la case et de la bulle des bandes dessinées modernes.

Mais le manga est surtout né de la rencontre du Japon avec l'Occident, après que la flotte américaine eut contraint l'archipel, en 1853, à se rouvrir au monde. Le Japon découvre alors les techniques modernes d'imprimerie comme l'offset[1], qui permettent des tirages massifs. Les premiers magazines illustrés, destinés aux expatriés occidentaux, furent bientôt imités. À l'imitation des *cartoons* américains, les grands journaux lancèrent des suppléments illustrés du week-end. Le premier fut créé en 1900 par le grand réformateur Yukichi Fukuzawa et baptisé *Jiji Manga*. Ce terme

---

1. Procédé d'impression innovant par l'ajout d'un matériau caoutchouteux, le blanchet, qui s'interpose entre le cylindre portant la plaque gravée et le papier. En accroissant la rapidité de l'impression et en diminuant son coût, il a permis l'essor de la presse moderne.

(« images dérisoires ») aurait été, dit-on, inventé par le maître de l'estampe Hokusai pour désigner ses croquis et ses dessins « au fil du pinceau ».

Pendant l'ère Taisho (1912-1926), la plus démocratique que le Japon ait connu avant 1945, le manga est à la fois un outil de combat politique, notamment entre les mains de la Ligue des dessinateurs prolétariens, et un divertissement de masse destiné principalement, mais pas uniquement, aux enfants. En 1912, Kodansha, qui est encore aujourd'hui le numéro un de l'édition japonaise, fut le premier à créer de volumineux magazines mensuels (souvent plus de 200 pages) mêlant bande dessinée, reportages, articles d'information et roman-feuilletons. Le plus important, *Shonen Club*, destiné aux petits garçons, frôlait le million d'exemplaires. Mais cette bande dessinée était encore très loin de ce que le monde connaît aujourd'hui sous le nom de « manga ». Le graphisme restait très inspiré de Disney, les cases étaient sagement rangées dans les planches, les thèmes n'étaient guère originaux, même si les petits samouraïs remplaçaient les cow-boys, et le lectorat des magazines était limité pour l'essentiel aux écoliers du primaire.

L'acte de naissance du manga contemporain est la parution, en avril 1947, de *Shin takarajima* (La nouvelle Ile au trésor) d'Osamu Tezuka (1828-1989). Moins de deux ans après Hiroshima, dans un Japon encore en ruines, l'ouvrage se serait vendu en quelques mois à 400 000 exemplaires. Surnommé « le dieu du manga », Tezuka a introduit dans la bande dessinée japonaise des techniques imitées du cinéma (multiplication des angles de vue, succession de plans gros, moyens et larges) et les yeux immenses « à la Mickey ». Il a rompu avec la tradition des épisodes de 10 ou 20 pages pour développer des scénarios longs et complexes dont les plus fouillés se

déroulent en fresques épiques sur 5 000 ou 6 000 pages[2].
Il a aussi créé des archétypes dont les descendants peupleront l'univers du manga jusqu'à aujourd'hui, comme Tetsuwan Atomu (Astroboy en français) le petit robot au cœur atomique, ou Princesse Saphir, première héroïne travestie en garçon du *shojo manga* (le manga pour filles).

Né en 1928, Tezuka a 16 ans quand le feu nucléaire anéantit Hiroshima. Comme lui, beaucoup des *mangaka* (dessinateurs) de la première génération étaient adolescents pendant la guerre – trop jeunes pour la faire, mais assez mûrs pour ressentir profondément le traumatisme de la défaite. Ce traumatisme lègue au manga quatre éléments qui lui confèrent la complexité et l'intensité dramatique qui le distinguent des *comics* américains et de notre BD. Le premier est un scénario fondateur, dont l'archétype est celui de *Gen d'Hiroshima*[3] : la faillite des adultes, la destruction du monde et la survie d'un groupe de jeunes soudé par l'amitié et l'optimisme qui sera celui d'innombrables séries jusqu'au XXIe siècle. Le deuxième est le genre *mecha* (contraction de *mechanical*) où des adolescents aux commandes de robots de combat sauvent le Japon – ou le monde – attaqué par une autre race ; le plus célèbre en France est UFO Robot Grandizer, alias Goldorak, dont l'arrivée sur Antenne 2 en 1978 fit sensation. La troisième nouveauté est le genre *kagaku boken* («aventure scientifique») qui s'épanouit avec *Astroboy* à partir de 1951. Cet engouement pour la science et sa puissance témoigne du statut quasi-sacré qu'elle a acquis, au lendemain

---

2. Notamment *Phénix* (11 volumes), *Bouddha* (8 volumes) et *L'Arbre au Soleil* (8 volumes), tous chez Tonkam.
3. De Keiji Nakazawa, 10 volumes, Vertige Graphic.

de leur défaite, chez les Japonais qu'elle a mis à genoux. Enfin, l'occupation américaine, qui ne prend fin qu'en 1952, confronte brutalement la société traditionnelle aux réformes démocratiques et aux idéaux modernes imposés par les vainqueurs. Il en résulte un mélange de regrets pour l'histoire et les valeurs passées, de contestation et de passion du progrès, qui inspirera aux *mangaka* des leçons de vie plus complexes que celles dont notre BD gratifie ses lecteurs, et une atmosphère plus dramatique : dans *Astroboy*, série pour collégien, les morts sont monnaie courante... Il n'est pas donné à tous les genres artistiques d'être nés dans le feu de la Bombe et en même temps qu'une société nouvelle enfantée dans la douleur.

Au lendemain de la guerre, l'univers du manga a deux faces. D'un côté les séries par épisodes pour enfants, publiées en magazines mensuels par les grands éditeurs tokyoïtes. De l'autre des « livres rouges » bon marché (*akabon*), produits par de petits éditeurs de la région d'Osaka, vendus dans les bazars et les papeteries, colportés, et diffusés par des librairies de location. La plupart sont destinés à un public adulte et traitent sans censure des sujets de société les plus dramatiques ou des passions humaines les plus inavouables – y compris l'inceste et la nécrophilie. En accord avec l'époque, les *happy ends* sont rares, le dessin est noir, très chargé d'encre, l'intrigue violente, le ton dramatique ou dépressif. Le terme de *gekiga* (« images dramatiques ») est inventé en 1957 pour désigner ce genre.

Le génie de l'industrie du manga est d'avoir su marier ces deux courants pour faire évoluer son produit au même rythme que la génération des baby boomers – le lectorat initial des magazines – en sorte que ces derniers continueront à lire du manga toute leur vie.

Ainsi, en 1959, l'apparition des premiers hebdomadaires de manga pour adolescents (*shonen manga*) accompagne l'entrée des petits baby-boomers au collège. Avec la croissance très rapide des années 1960, qui voit le Japon devenir la deuxième puissance économique du monde libre, les petits Japonais ont bientôt assez d'argent de poche pour s'acheter eux-mêmes leurs magazines. L'affaiblissement du contrôle parental fait le succès de séries où les frasques des jeunes héros déclenchent les foudres – vaines – des éducateurs contre le « manga vulgaire » (*geihin na manga*).

Entrée à l'université, la jeunesse japonaise traverse une violente crise de passage à l'âge adulte. Le mouvement étudiant de 1968 est long, brutal, et il dégénère en terrorisme meurtrier. Le manga se saisit de l'esprit contestataire de son lectorat. Les grands magazines récupèrent des dessinateurs du *gekiga*, qui évincent ceux formés aux séries pour écoliers[4]. Ces iconoclastes brisent un tabou après l'autre, à l'exemple de Nagai Gô. De 1968 à 1972, celui qui est aussi le créateur de Goldorak triomphe avec son « École impudique » (*Harenchi gakuen*). Dans cette école primaire (!) très spéciale, la principale occupation des garçons et des professeurs, quand ils ne sont pas en train de s'enivrer, de déféquer dans les couloirs ou de s'exhiber, est de retrousser les jupes des filles, dont certaines ne s'en plaignent guère. Les étudiants se régalent aussi des *Vents de la colère*[5] qui dénonce sur le mode dramatique

---

4. À l'exception notable de Tezuka, qui s'adapte et produit des séries noires et dramatiques (*L'histoire des 3 Adolf*, 4 volumes, Tonkam, dont l'un des héros est Hitler ; *Ayako*, 3 volumes, Delcourt), ou touchant au sexe (*Barbara*, 2 volumes, Delcourt).

5. De Tatsuhiko Yamagami, 2 volumes, Delcourt.

le retour du militarisme, et d'*Ashita no Jo*[6], l'histoire d'un orphelin placé en maison de correction qui échappe à l'oppression de la société, devient champion du monde de boxe et meurt sur le ring. Le 31 mars 1970, les terroristes de l'Armée rouge japonaise qui détournent un Boeing de Japan Airlines vers Pyongyang ne se réclament ni de Marx, ni de Mao : dans le message radio qu'ils adressent à la nation, ils proclament : « Nous sommes tous des Ashita no Jo ! ».

Les baby boomers continuant à grandir, l'industrie du manga invente, à l'usage des jeunes adultes mâles, le *seinen manga* qui mêle sentiment et sexe aux problèmes de société et d'actualité, comme dans *Say hello to Black Jack*[7], où un jeune interne en médecine découvre tout ensemble les turpitudes du système hospitalier japonais, l'arrogance des mandarins, les joies de la chair, les tourments de l'amour, le déchirement de voir mourir des malades et la joie d'en sauver. Puis, à mesure que les baby-boomers entrent dans la vie professionnelle, on leur propose le *salaryman manga*, dont l'action se passe dans le monde des entreprises. Kosaku Shima, héros de la plus célèbre série du genre, accompagnera ses lecteurs tout au long de leur vie professionnelle : jeune cadre comme eux en 1983, il est aujourd'hui vice-président de la compagnie commerciale où il a fait toute sa carrière...

À la différence de notre BD, qui l'a toujours laissée en déshérence, le manga a aussi su répondre à la demande de la clientèle des grandes adolescentes, puis à celle des femmes adultes. Au tournant des années 1970, une génération de dessinatrices d'à peine 20 ans, les « Fleurs de

---

6. De Tetsuya Chiba. Le titre signifie « Jo de demain ». Inédit en français.
7. De Syuho Sato, 13 volumes, Glénat.

l'an 24 »[8], fait du manga pour jeunes filles un genre à part entière, avec une esthétique spécifique, une vision féminine de la vie amoureuse et sexuelle, et une attention à des problèmes comme la grossesse ou le viol. Dans une société très machiste, il n'est pas aisé pour des adolescentes de s'imaginer dans une relation amoureuse d'égale à égal avec un garçon. Pour permettre aux lectrices de surmonter leur crainte et de s'identifier aux personnages, les dessinatrices usent de subterfuges. Elles mettent scène des héroïnes travesties aimées à la fois par d'autres filles et par des garçons, à l'instar de Lady Oscar dans *La Rose de Versailles*[9], ou des amours entre éphèbes dont la lectrice peut préférer, selon son goût, l'efféminé ou le plus viril. Pendant les années où elles travaillent avant le mariage, les jeunes femmes ont droit au *OL-manga* (*office lady* : employé de bureau). Puis elles se consacrent à leur foyer : à l'usage des ménagères trentenaires, au début des années 1980, les éditeurs inventent les *ladies comics*, qui leur proposent des avatars adultes des amours entre éphèbes qui avait fait rêver leur dix-huit ans.

En même temps qu'ils segmentent ainsi le marché par sexe et par âge, les éditeurs multiplient les genres : manga de sport ou d'arts martiaux, avatars multiples de la science fiction et du *mecha*, séries historiques (*jidai mono*), manga traitant des problèmes sociaux (*shakai manga*), fantastique, horreur, gag-manga, séries consacrées à la cuisine ou aux hobbies les plus divers, du mahjong à la pêche à la ligne en passant par le pachinko, sans compter une large production pornographique qui

---

8. *Hana 24-nen gumi* – parce qu'elles sont nées pour la plupart en 1947, an 24 de l'ère Showa.
9. De Riyoko Ikeda, 3 volumes, Kana.

n'oublie aucune des déclinaisons de la chose. Un manga pour tous les âges, un manga pour tous les goûts... Cette stratégie a permis à la bande dessinée japonaise de devenir une industrie de masse.

La vitalité du manga se nourrit aussi de sa capacité à épouser en permanence les évolutions de la société et des mentalités. Dans les années 1970, le Japon est sûr de lui : le but est clair et l'effort est récompensé par la reconstruction du monde dévasté. Dans les années 1980, la mondialisation menace le « modèle japonais », l'économie spéculative ébranle le système des valeurs et le Japon est en butte aux critiques incessantes des Occidentaux. L'incertitude qui en résulte se reflète dans le genre post-apocalyptique : en 1972, le jeune héros de *Gen d'Hiroshima* savait pourquoi il luttait et le riz repoussait à la dernière image ; dans *Akira* (1982-1991)[10], les héros se débattent confusément dans les ruines de Tokyo et le monde n'est pas reconstruit au final. Depuis les années 1990, entre pollution et manipulations génétiques, la belle aventure scientifique rêvée par Tezuka a viré au noir, et le manga met désormais en scène la révolte de la nature contre l'humanité (*Inugami*[11]) ou l'assujettissement du monde par des sectes manipulant des virus meurtriers (*20th Century Boys*[12]). La passion de la tolérance fait parfois place à un néo-nationalisme aux relents inquiétants chez de nombreux jeunes *mangaka* à succès comme Yoshinori Kobayashi. Quant aux filles, non contentes de tenir désormais toute leur place aux commandes des robots de combat, elles prennent sans complexe l'initiative dans les jeux de l'amour et du

---

10. De Katsuhiro Otomo, 13 volumes, Glénat.
11. De Naoki Urasawa, 22 volumes, Panini.
12. De Masaya Okazone, 14 volumes, Delcourt.

sexe dans les œuvres de jeunes dessinatrices telles Mari Okazaki ou Anno Moyocco dont les héroïnes n'hésitent plus à dire à leurs amants « *Au pied, chéri !* »[13].

Les années 1990 portent l'industrie du manga à son apogée. Au tournant du XXIe siècle, elle publiait environ 1,5 milliard d'exemplaires (magazines et livres), soit 12 par Japonais, contre environ 60 millions pour la BD française et 110 millions pour les *comics* américains. Certaines séries parmi les plus populaires se sont vendues à ce jour à plus de 200 millions d'exemplaires et, en 1995, le n° 1 des hebdomadaires pour adolescents, *Shonen Jump*, en vendait 6 millions chaque semaine et était lu par près d'un Japonais sur quatre. Pourtant, l'imprimé n'est plus la source principale de profits pour le manga. Il s'est marié pour son plus grand profit avec la télévision dès 1963, quand a débuté sur Fuji TV la série tirée par Tezuka de son *Astroboy*, et n'a cessé ensuite de perfectionner l'art de décliner ses productions et ses personnages sous les formes les plus diverses (alias *media mix*). Une série débute toujours en feuilleton hebdomadaire ou mensuel dans les magazines de prépublication. Si elle survit à cette épreuve de vérité, elle est ensuite publiée en *tankobon* (ouvrages reliés, le plus souvent de format B5), puis déclinée en séries TV et OAV[14], en film d'animation et/ou *live*, en jeux vidéos, en multiples produits dérivés, en supports publicitaires, en romans ; les plus grands best-sellers, comme *Nana*[15], peuvent même donner naissance à des magazines.

---

13. De Yayoi Ogawa, 14 volumes, Kurokawa.
14. Vidéos produites pour être diffusé directement en DVD sans passer par la case « télévision ».
15. De Ai Yazawa, 18 volumes, Delcourt.

Une telle force de frappe ne pouvait pas laisser indifférents les spécialistes de la communication. En 1986, le grand quotidien des affaires *Nihon Keizai* commanda au dessinateur Shotaro Ishinomori une série destinée à expliquer à la nation les spécificités et la supériorité du capitalisme nippon[16]. En 1989, Chuo Koron, l'éditeur-phare de l'intelligentsia japonaise, lui commanda une histoire du Japon en 48 volumes, réalisée avec une équipe de 50 universitaires et approuvée par le ministère de l'Éducation. Aujourd'hui, des administrations, des entreprises et des hommes politiques l'utilisent pour leur communication ; même la délégation de la Communauté européenne à Tokyo a commandé un manga pour vanter dans l'Archipel les vertus de l'euro.

Grâce en bonne partie aux univers imaginaires dérivés du manga, le Japon est aujourd'hui le deuxième exportateur mondial de biens culturels derrière les Etats-Unis. Ses *media mix* sont l'un des fleurons des « industries de contenu », qui sont devenues officiellement un pilier de l'économie japonaise. Des chaires universitaires lui sont consacrées, et Tezuka a été élevé au rang de héros national. De genre pour écoliers à puissante industrie et à patrimoine national, le petit Astroboy est devenu grand. Très grand.

---

16. *Les secrets de l'économie japonaise en bande dessinée*, Albin Michel, 1984.

IV

QUAND LE JAPON S'ÉVEILLERA

Deux cents ans de fermeture ?

De 1639 à 1854, le shogunat des Tokugawa (époque aussi désignée sous le nom de leur capitale, Edo) refusa obstinément de rentrer en relation avec d'autres nations que les Hollandais, les Coréens et les marchands chinois, et interdit plus longtemps encore à ses ressortissants de quitter l'archipel : une longue période de « fermeture des pays » *(sakoku)* qui, à vrai dire, n'était pas une exception en Asie orientale, mais qui eut une influence déterminante sur l'évolution de ce pays. Que s'était-il passé ?

C'est la Chine des Ming qui, au XIVe-XVIe siècle, avait montré l'exemple en instaurant « l'interdiction maritime », une politique restreignant sévèrement le commerce maritime et la navigation pour mieux contrôler les populations côtières. Mais depuis les années 1530, l'exploitation de leurs gisements d'argent avait fourni aux Japonais une marchandise avidement recherchée par les marchands chinois. Des réseaux florissants de contrebandiers et de pirates, ainsi que les Portugais installés à Macao à partir des années 1550, permirent de tourner les interdictions des Ming pour échanger clandestinement l'argent japonais contre de la soie de Chine ; du coup, les autorités impériales chinoises elles-mêmes finirent par assouplir l'« interdiction maritime » en 1567. Surtout, après la période d'anarchie que traversa l'archipel japonais au cours du XVIe siècle, la renaissance d'un pouvoir fort avec la réunification du pays par Toyotomi Hideyoshi en 1590, puis la victoire de Tokugawa Ieyasu dix ans plus tard modifièrent la donne des relations internationales en Asie orientale.

Toyotomi Hideyoshi, très intéressé par les profits de ce commerce au long cours, souhaitait le développer encore davantage. Mais il aurait fallu pour cela en passer par les conditions du système de commerce tributaire des Ming, c'est-à-dire se reconnaître formellement vassal de la cour de Pékin. Le nouvel hégémon, qui avait conquis le pouvoir les armes à la main, n'envisageait nullement de s'humilier devant quelque souverain que ce fût, et ambitionnait au contraire de prolonger ses conquêtes hors de l'archipel. Son dessein grandiose n'aboutit cependant qu'à deux agressions désastreuses de la Corée en 1592 et 1597, et sa mort en 1598 mit un terme définitif aux tentatives pour réaliser ces rêves d'expansion.

Dès qu'il eut triomphé de ses rivaux en 1600, Tokugawa Ieyasu fit du rétablissement des relations avec la Corée et la Chine un des objectifs prioritaires de sa diplomatie. Mais les tentatives d'approche de la cour des Ming butèrent toujours sur des questions de préséance, et n'aboutirent jamais. Toutefois, des solutions de contournement permirent de continuer à s'approvisionner en marchandises chinoises : le Japon d'Ieyasu noua des liens avec la Corée et les royaumes vietnamiens ou des principautés du Sud-Est asiatique qui participaient officiellement au système de commerce tributaire avec les Ming, et offraient ainsi un accès indirect aux coûteux articles chinois. L'invasion et la transformation en protectorat de l'archipel des Ryûkyû par le fief de Satsuma en 1609 concouraient au même dessein : en prenant le contrôle de ce petit royaume tributaire de la

Chine, dont ils laissèrent en place la dynastie, les dirigeants japonais mettaient surtout la main sur ses échanges commerciaux avec la cour des Ming.

À partir des années 1600, les Hollandais puis les Anglais vinrent à leur tour offrir leurs services d'intermédiaires dans les trafics avec la Chine et le reste de l'Asie. C'est alors qu'Ieyasu établit son contrôle sur le commerce entre le Japon et l'étranger, en le réglementant par l'émission de certificats, dits « lettres au sceau vermillon », qui autorisaient leurs possesseurs à faire du négoce entre l'archipel et les autres pays. Le shogun, en fixant les règles du commerce des peuples étrangers avec le Japon, reprenait à son compte l'arsenal symbolique de la puissance impériale chinoise : par cette inversion des rôles, il s'affirmait comme un souverain accordant aux autres nations la grâce de commercer avec son pays, tout en garantissant par sa puissance et son autorité la sécurité des échanges.

Cela n'empêcha pas le commerce international d'être, sous le gouvernement des deux premiers shoguns de la période d'Edo, extrêmement florissant. Il soutint un mouvement d'expansion dans le Sud-Est asiatique de commerçants et mercenaires originaires de l'archipel qui implantèrent des « quartiers japonais » *(nihonmachi)* à Manille, Batavia, Ayutaya (Siam) ou Hoi-An (Vietnam).

À la même époque, cependant, certains facteurs vinrent restreindre le cadre des échanges du Japon avec le reste du monde. D'abord, la volonté des Tokugawa de renforcer leur mainmise sur l'archipel entraîna, entre autres, l'interdiction signifiée en 1609 aux autres maisons guerrières de construire des navires de gros tonnage, une décision qui les écartait du grand commerce international.

Par ailleurs, la persécution des chrétiens, amorcée dans les dernières années d'Ieyasu, si elle n'amena pas immédiatement une rupture avec les marchands des nations catholiques ou protestantes, limita sévèrement leur accès au territoire japonais et les assigna à résidence dans deux comptoirs : Hirado, où les Hollandais demeurèrent seuls après le départ des Anglais en 1623, et Nagasaki, qui abritait les Portugais.

C'est sous le troisième shogun, Iemitsu, que la volonté d'éviter toute infiltration de chrétiens ou d'idées subversives conduisit dans les années 1630 à l'adoption d'une série de mesures désignées plus tard par l'historiographie comme la « fermeture du pays » : dès 1633, les Japonais résidant outre-mer, parmi lesquels de nombreux convertis, furent interdits de séjour dans l'archipel ; et il fut strictement défendu en 1635 aux marins nippons de s'aventurer hors des eaux de leur pays.

Ce fut en fin de compte le grand soulèvement paysan de Shimabara en 1637, où les chrétiens japonais jouèrent les premiers rôles, qui incita Iemitsu à rompre définitivement toute relation avec les marchands issus des nations catholiques, pour éradiquer définitivement une religion perçue comme une menace pour son régime. Alors qu'on expulsait les métis d'Européens, les Portugais furent chassés en 1639 ; deux ans plus tard on fermait le comptoir de Hirado et on déplaça les Hollandais à Nagasaki dans un îlot artificiel et exigu : Dejima. Les Chinois eux aussi ne furent plus autorisés qu'à se rendre dans ce port. Lorsqu'en 1640 les Portugais demandèrent une réouverture des relations commerciales, pour toute réponse l'équipage européen du navire fut exécuté. Les Anglais essuyèrent à leur tour un refus en 1673, sans autre dommage.

Les turbulences que traversait l'Asie orientale dans les années 1630-1640 jouèrent aussi sans doute un rôle important dans le repli de la politique extérieure du shogunat au cours de la seconde moitié du XVIIe siècle. La montée de la puissance mandchoue au nord de la Chine apparaissait comme une menace : après la capitulation de la Corée en 1637, puis la dislocation de l'empire des Ming, la chute de Pékin en 1644 et l'installation de la nouvelle dynastie sous le nom de Qing, on craignait de voir l'archipel envahi à son tour. La mise en état de défense du pays contre les Occidentaux fut d'ailleurs un des instruments dont Iemitsu usa pour parfaire la mainmise du shogunat sur les daimyos de l'archipel.

La propagande des Tokugawa, en s'inspirant des modèles chinois, construisit un édifice idéologique chargé de glorifier le régime : tout devait faire croire que le Japon était devenu le centre de la civilisation, en lieu et place d'un Empire chinois tombé aux mains des « barbares ». Les nations autorisées à maintenir des liens diplomatiques ou commerciaux avec l'archipel étaient plus ou moins présentées comme des pays tributaires, même si la Corée, par exemple, ne s'est jamais reconnue vassale du Japon.

Après le gouvernement d'Iemitsu, la sévère restriction des relations des Japonais avec l'extérieur fut considérée par les gouvernants comme l'une des lois fondatrices du régime des Tokugawa. Et de fait, la « fermeture du pays » constitua indéniablement un des fondements de la longévité et de la stabilité de la suprématie shogunale, en permettant sa coexistence pacifique avec de fortes autonomies régionales issues de la féodalité de la fin du Moyen Âge.

Mais cette « Grande Paix » *(taihei)* de deux cent cinquante ans succédant aux luttes intestines de la période médiévale, et dont les shoguns Tokugawa firent une des principales justifications de leur hégémonie, ne doit pas faire oublier l'inspiration fondamentalement militaire qui régentait l'ordre social et politique. Le *sakoku* était bien la condition *sine qua non* pour établir un contrôle idéologique et politique parfois assez pesant sur les populations japonaises. Sous couvert de traquer les « chrétiens cachés », on institutionnalisa la surveillance entre voisins et la responsabilité collective, les importations d'ouvrages étrangers furent étroitement contrôlés.

Cependant, comme ses prédécesseurs, Iemitsu chercha, en réalité, à trouver un équilibre entre le prestige et la stabilité de son régime, et l'alimentation de l'archipel en productions venues de l'outremer. Car le volume des importations de marchandises chinoises ou exotiques, tout comme celui des exportations d'argent, continua à rester très élevé jusqu'à la fin du XVIIe siècle. La domination mandchoue sur la Chine ouvrit même une ère de stabilité et de prospérité en Asie orientale. Les Qing laissèrent les marchands chinois commercer avec l'archipel et, en feignant d'ignorer la mainmise des Japonais sur le royaume des Ryûkyû, maintinrent un commerce tributaire avec lui.

En cette fin de XVIIe siècle, le Japon conservait trois ouvertures principales sur le monde extérieur : Nagasaki, Okinawa (la principale île de l'archipel de Ryûkû), Tsushima (une île au milieu du détroit de Corée). Il faut y ajouter les confins septentrionaux, dans les parages de l'île d'Ezo (actuelle Hokkaidô) et de la mer d'Okhotsk : les Japonais s'y procuraient auprès des Aïnous toutes sortes de marchandises très recherchées, des fourrures ou des produits de la mer par exemple, et même des soieries chinoises usagées.

De son côté, le Japon continua à être, avec le Pérou, le plus grand pourvoyeur mondial d'argent, avant que ses gisements ne se tarissent à partir des années 1660 ; par la suite, ce fut son cuivre qui irrigua des courants monétaires jusqu'à la Baltique. Par l'intermédiaire de la Compagnie des Indes orientales hollandaise, les porcelaines japonaises se vendaient en Perse et en Europe, où les artisans de Delft ou de Meissen se mirent à les imiter. On le voit : la « fermeture » du Japon ne signifia nullement son retrait d'un commerce mondialisé depuis l'époque des Grandes Découvertes.

En 1668, le gouvernement du quatrième shogun, Tokugawa Ietsuna, commença cependant à endiguer les exportations d'un argent devenu de plus en plus rare, avant que son successeur, Tsunayoshi, ne restreigne les importations de soie chinoise. Mais tout au long du XVIIe siècle, dans le contexte de la « Grande Paix » imposé par les Tokugawa, le Japon connut une formidable croissance. L'essor de la population, qui passa de peut-être 12 ou 15 millions d'individus au début de la période d'Edo à environ 31 millions en 1721, l'extension des terres cultivées, la prospérité des villes nouvelles, nourrirent l'augmentation et la diversification de la production, ainsi que l'intensification des échanges internes.

C'est ainsi qu'au cours du XVIIe siècle, le coton, qui au Moyen Âge faisait encore figure de textile de luxe importé de Corée ou de Chine, fut produit au Japon en quantité suffisante pour devenir le principal textile d'habillement dans toutes les couches de la population. La diminution des importations de soie chinoise imposée par le shogunat stimula la production japonaise qui ne cessa d'accroître son volume et d'améliorer sa qualité pour répondre à la demande interne. Il en alla de même avec le sucre de canne, importé à grands frais au début de la période d'Edo mais produit en quantité au Japon dans la première moitié du XIXe siècle.

Dans ces conditions, les importations étrangères devinrent de moins en moins indispensables, et le commerce avec les Chinois ne cessa de décliner à Nagasaki durant le XVIIIe siècle. On estime par conséquent qu'au moment de l'ouverture des ports dans les années 1850-1860, le Japon pouvait subvenir seul à l'essentiel de la consommation du pays. Dans les années 1770, l'archipel se mit même à exporter certaines de ses spécialités appréciées des Chinois, comme les ormeaux, les ailerons de requin et d'autres produits de la mer, afin d'obtenir de l'argent, en inversant ainsi les termes de l'échange tels qu'ils existaient au XVIIe siècle.

Même si la « fermeture du pays » n'eut pas à l'origine de motivation économique, certains historiens japonais, comme Kawakatsu Heita, font de la limitation des échanges extérieurs l'une des clés du développement économique de l'époque d'Edo : elle aurait permis aux Japonais de se libérer de leur dépendance envers les productions chinoises, à peu près à l'époque où l'Angleterre s'affranchissait des approvisionnements en cotonnades indiennes. Mais alors que l'expansion économique européenne alla de pair avec une expansion coloniale et la conquête de nouvelles zones de production et de consommation hors de la métropole, la dynamique de la croissance du Japon de la période d'Edo fut essentiellement tournée vers la construction d'un marché intérieur. Toutefois, même si le progrès général de la production et des conditions de vie durant la période d'Edo est indéniable, la politique du shogunat avait aussi ses inconvénients : malgré l'amélioration des techniques agricoles (utilisation massive des engrais, développement de la double ou triple récolte sur une même parcelle), l'impossibilité de recourir à des importations pour surmonter les crises de subsistance explique en partie les ravages de famines générales qui frappèrent le pays jusque dans les années 1830.

Mais pourquoi le Japon, tout aussi fermé que la Chine ou la Corée, souffrit-il beaucoup moins que ses deux voisins du choc avec les puissances impérialistes et de la réouverture des ports sous la contrainte au XIXe siècle ?

Pour l'historien démographe Hayami Akira, le facteur clé est peut-être à rechercher dans la stabilisation démographique nippone au XVIIIe siècle, découlant selon lui d'une volonté des populations de maintenir un certain niveau de vie dans un contexte climatique difficile, alors que la population chinoise, elle, continuait à augmenter pour finalement s'appauvrir. Des dirigeants plus ouverts aux perspectives de profit du commerce, une situation de concurrence économique entre les fiefs, provoquée par le maintien d'un relatif morcellement politique du pays, tout cela dut aussi jouer à terme à l'avantage du Japon.

Ce qui différencie les Japonais de la période d'Edo de leurs voisins continentaux fut aussi le degré de curiosité de leurs élites par rapport aux évolutions du reste du monde et la diffusion des informations sur l'étranger et ses savoirs. Alors même que le gouvernement de Tokugawa Iemitsu imposait un contrôle très strict sur les échanges avec l'extérieur, y compris sur les importations d'ouvrages étrangers (toujours par crainte de la propagande chrétienne), les dirigeants promouvaient les études chinoises pour se donner les moyens de bâtir un régime stable, inspiré par les savoirs politiques, administratifs, techniques, expérimentés sur le continent. L'époque d'Edo fut en particulier celle où le néoconfucianisme, doctrine importée de Chine qui reposait sur des valeurs comme la déférence, le respect de l'ordre et de l'État, et qui amena aussi un souci plus grand du bien-être de leurs sujets chez les gouvernants, sortit des monastères et de la cour de Kyôto pour devenir, à la place du bouddhisme, la référence intellectuelle dominante.

Les technologies de l'agronomie chinoise ou de sa médecine connurent également une diffusion sans précédent depuis le régime des Codes, dans le Japon antique du début du VIIIe siècle. Bien qu'on n'envoyât plus d'étudiants sur le continent, comme dans l'Antiquité, la culture chinoise, adaptée aux réalités japonaises, servit une fois encore de modèle de civilisation et irrigua le Japon, tout au long du XVIIe siècle, avec la bénédiction des Tokugawa.

Cette ouverture volontariste aux acquis des expériences continentales semblait inscrire encore davantage le Japon dans l'espace sinisé de l'Asie orientale. Cependant, si la culture chinoise s'avéra au XVIIe siècle un instrument efficace pour discréditer l'influence chrétienne, elle ne put imposer au Japon sur le long terme une hégémonie absolue capable d'étouffer toute autre influence.

Dès le début du XVIIIe siècle en effet, les élites japonaises s'avisèrent à nouveau de l'intérêt des savoirs des Occidentaux, qui apportaient un complément appréciable aux ouvrages chinois dans des domaines comme les sciences naturelles, l'astronomie ou la géographie. À partir du gouvernement du huitième shogun, Tokugawa Yoshimune (1684-1751), les restrictions qui pesaient sur les importations de livres européens et sur leurs traductions ou adaptations en chinois furent assouplies. Cette décision fit de Nagasaki, où arrivaient les livres importés par la Compagnie des Indes orientales, un centre intellectuel dynamique où s'épanouirent au cours du XVIIIe siècle les « études hollandaises » *(rangaku)*, c'est-à-dire l'assimilation des connaissances des Occidentaux à travers des traductions scientifiques d'ouvrages en néerlandais.

C'est ainsi que, par exemple, les théories de Newton furent présentées au Japon entre 1798 et 1802 par Shizuki Tadao – l'inventeur du mot *sakoku*. La médecine occidentale rencontra également un grand succès. Un tournant capital dans le développement des « études hollandaises » fut l'édition en 1774, sous le titre du *Nouveau Livre d'anatomie*, du *Anatomische Tabellen* de l'Allemand Johann Adam Kulmus, traduit à partir du néerlandais grâce à une équipe de savants dirigés par Sugita Genpaku. En 1793 était publié *L'Indispensable de la théorie occidentale en pathologie interne*, premier manuel de médecine générale européenne mis à la disposition des praticiens japonais. Le milieu médical, jusqu'alors dominé par les savoirs chinois, devint dès lors au XIXe siècle un puissant vecteur de l'implantation des sciences occidentales dans l'archipel.

La curiosité finit par déborder les seuls savoirs pratiques et les milieux de spécialistes néerlandophones : les informations sur l'art militaire ou l'histoire récente des pays européens se répandirent dans les milieux dirigeants et les élites intellectuelles. Dès les années 1840, on rédigeait ainsi au Japon des biographies de Napoléon.

L'attention que l'aristocratie guerrière de la fin de la période d'Edo porta aux connaissances sur l'Occident fut stimulée par le retour des Européens dans les parages du Japon. Les Russes, dont la progression vers la mer du Japon avait été bloquée par la Chine dans les années 1680, approchèrent des confins septentrionaux de l'archipel par les Kouriles et Sakhaline à la fin du XVIIIe siècle. Puis ce fut au tour des Anglais, en particulier après les guerres napoléoniennes, de réapparaître aux abords de l'archipel.

Les tentatives insistantes de ces nations ou de leurs marchands pour obtenir des autorisations de commercer conduisirent dans un premier temps les autorités shogunales à faire montre de fermeté, en promulguant en 1825 un « ordre de tir à vue sur les navires étrangers ».

Mais la réflexion des intellectuels et des politiques sur le mouvement d'expansion des nations européennes commençait déjà à modifier les perceptions de l'environnement international. Dès les dernières années du XVIIIe siècle, le penseur Honda Toshiaki remettait en cause, dans ses ouvrages sur le gouvernement et l'économie, la limitation des contacts avec l'extérieur imposée par les Tokugawa.

Ce furent les nouvelles de la première guerre de l'opium opposant l'Angleterre et la Chine en 1840 qui firent brutalement prendre conscience aux Japonais de leur position de faiblesse, et de la nouvelle donne en train de se mettre en place en Asie orientale. La défaite humiliante et complètement inattendue des Qing devant l'Angleterre fit tout à la fois la démonstration de la supériorité de la technologie militaire des Occidentaux, et des risques qu'encouraient les pays trop sûrs d'eux qui s'aventuraient à les mépriser.

Aussi, dans les années 1840, tout en maintenant son refus d'accueillir de nouvelles nations, le shogunat renonça à renvoyer les étrangers à coups de canon, et les laissa même s'infiltrer progressivement dans le royaume des Ryûkyû. Et dans plusieurs fiefs, on lança des politiques volontaristes d'acquisition des savoirs occidentaux, pour renforcer la puissance du pays.

Quel bilan tirer de cette longue période ? À partir de l'ère Meiji, la querelle sur les bienfaits ou les méfaits supposés de la « fermeture du pays » fit rage dans le monde intellectuel : les controverses historiques servaient d'arguments pour des considérations idéologiques sur le caractère plus ou moins « attardé », ou plus ou moins « original », du Japon par rapport à la civilisation occidentale. Mais ces débats se sont à présent apaisés. Le Japon ne fut pas aussi fermé au monde extérieur qu'on l'a prétendu, et l'archipel s'avéra beaucoup plus réceptif aux évolutions du reste du monde que son voisin coréen par exemple. C'est pour cette raison que certains historiens japonais préfèrent utiliser le terme d'« ouverture sélective ».

Il n'en reste pas moins vrai que l'environnement créé par le *sakoku*, en façonnant les mentalités à un moment clé de la construction nationale, devait avoir une influence profonde sur les représentations que les Japonais se faisaient, et continuent dans une certaine mesure à se faire, de leur identité. Les Tokugawa, grâce à leur contrôle sur les relations extérieures, avaient pu imposer la fiction d'un monde centré sur le Japon, confirmant par sa stabilité le caractère exceptionnel du « pays divin » et de ses dirigeants.

L'irénisme qui prévaut parfois de nos jours dans la réévaluation du *sakoku* et de la « Grande Paix » des Tokugawa ne doit pas en camoufler les aspects moins positifs. L'exaltation chauvine de la supériorité du Japon cultivée dans le contexte de la fermeture du pays finit par déboucher, à la fin du shogunat, sur l'éclosion de la mouvance xénophobe des partisans de l'« expulsion des barbares » après l'ouverture des ports dans les années 1850-1860. Ce furent ces mouvements qui entretinrent une agitation terroriste contre les étrangers « bestiaux » et les dirigeants shogunaux.

Quant à la conviction du caractère unique, mais toujours menacé, du peuple nippon, elle continua à irriguer à des degrés divers le nationalisme du Japon, même après son adoption de la civilisation occidentale; sous ses formes les moins virulentes, elle alimente toujours un fort atavisme insulaire et particulariste dans la population.

Et pourtant... Dans la nuit du 25 avril 1854, alors que mouillait à Shimoda l'escadre du commodore Perry qui venait de signer le premier accord entre les États-Unis et les autorités shogunales pour une timide ouverture de l'archipel, les marins américains eurent la surprise de recevoir la visite clandestine de deux jeunes Japonais. Il s'agissait de guerriers qui se déclarèrent résolus à violer les lois de leur pays pour s'embarquer sur les navires étrangers et partir à la découverte du monde.

L'un de ces samouraïs téméraires était Yoshida Shôin, penseur confucéen et ardent patriote, qui devint, après l'échec de cette tentative d'évasion de l'archipel, l'une des grandes sources d'inspiration des activistes xénophobes : plusieurs tombeurs des Tokugawa et des hommes d'État de premier plan de l'ère Meiji se formèrent à son école. Ses prêches et ses menées contre la politique étrangère et les dirigeants du shogunat poussèrent le gouvernement d'Edo à le faire exécuter en 1859, à l'âge de 29 ans. En dépit de son nationalisme intransigeant, ce même Yoshida Shôin ne renia pas son désir de voyages ultramarins, justifié selon lui par la nécessité de mieux connaître l'étranger pour pouvoir lui résister efficacement.

Il s'expliquait ainsi dans ses *Suppléments aux conférences sur le Mencius* (1855-1856) : « Cependant je pense que l'artillerie, les navires de guerre ou la médecine des barbares, leurs études astronomiques ou géographiques, tout cela est d'une grande utilité pour notre pays, et que nous devrions les introduire chez nous en masse. [...] Lorsque les sages souverains du passé prenaient des hommes à leur service, ils ne rejetaient pas d'autres sages sous prétexte qu'ils étaient des barbares. »

Crainte devant l'Occident, mais en même temps fascination pour ses savoirs ; amour de la patrie, mais aussi soif d'horizons nouveaux : Yoshida Shôin incarne les contradictions d'une époque et d'une génération pour laquelle le cadre étriqué où la maintenaient les Tokugawa était devenu une source de frustration. Une génération d'où sortirent les fondateurs du Japon moderne de Meiji.

La révolution Meiji

En l'espace d'une génération, entre 1853 – arrivée de la flotte américaine commandée par Perry – et les années 1885-1890, l'organisation politique, économique, culturelle et technologique du Japon est bouleversée de fond en comble. Le pays s'engage dans la voie de la modernisation de ses structures, phénomène qui s'accélère après la restauration impériale de 1868. Cette modernisation est souvent le fruit de décisions prises dans l'urgence et de manière pragmatique. Relayée dans la population par une soif de changements, elle déclenche une « révolution » des institutions, des manières de penser, de la culture au quotidien.

Que s'est-il passé au cours de ce tiers de siècle qui ait pu pousser le Japon à se moderniser si vite ? Comment expliquer le succès relatif d'un pareil changement ? La première idée qui vient à l'esprit est que la modernisation japonaise s'effectue sous la pression des Occidentaux : ils ont forcé l'ouverture et obligé les dirigeants japonais à évoluer dans leurs pratiques politiques. Certes, mais pourquoi, dans le contexte de l'impérialisme triomphant, l'arrivée des Occidentaux aurait-elle été bénéfique au Japon alors qu'ailleurs elle s'est traduite par la colonisation et, dans le cas voisin chinois, le dépeçage territorial ? Au XIXe siècle, seuls l'Empire ottoman, la Perse, le Siam (actuelle Thaïlande) et le Japon échappent à l'appétit des Occidentaux, mais le Japon est le seul à s'industrialiser rapidement. La plupart des chercheurs aujourd'hui pensent que la société d'Edo (les années 1603-1868), dominée par la dynastie des Tokugawa, était engagée dans un processus de modernisation avant l'arrivée des Occidentaux, processus de modernisation bloqué par un couvercle institutionnel, le régime shogunal. L'arrivée des Occidentaux débloque en quelque sorte une machine qui ne demandait qu'à l'être.

Pour appuyer cette thèse, un certain nombre d'indices montrent que la marche vers la modernité a commencé à la fin du XVIIIe siècle : le développement d'une « révolution industrieuse » entre 1750 et 1850 qui précède la révolution industrielle proprement dite à la fin du XIXe siècle ; un haut niveau d'éducation générale qui donne naissance à une « société lettrée » ; un processus de « désenchantement du monde » qui conduit à une pensée rationnelle et à des démarches de nature scientifique chez certains intellectuels. La modernisation japonaise viendrait donc de loin. Mais l'édifice vermoulu du système shogunal des Tokugawa, mis en place pour l'essentiel au début du XVIIe siècle, tient encore suffisamment pour empêcher tout processus de réforme intérieure décisive. C'est de la « pression étrangère » que vont venir des changements radicaux.

Au milieu du XIXe siècle, les Occidentaux sont en effet de plus en plus pressants. Les Russes engagés dans leur expansion à travers la Sibérie touchent aux portes de l'archipel sur ses frontières nord. Les Britanniques engagés dans le commerce illicite de la drogue avec la Chine sortent victorieux en 1842 de la guerre de l'opium qui met à genoux l'Empire mandchou des Qing. Depuis l'installation des Américains en Californie en 1846, les États-Unis sont devenus une puissance maritime dans le Pacifique et ils mènent la chasse à la baleine dans les mers qui entourent l'archipel. Plus préoccupés de diffusion du christianisme, les Français sont présents aussi, notamment autour de l'archipel d'Okinawa.

C'est dans ce contexte que l'amiral américain Perry arrive sur les côtes japonaises avec quatre navires de guerre dont deux à vapeur, restés célèbres au Japon sous le nom de « bateaux noirs », et mouille dans la baie d'Edo en juillet 1853. Le navire amiral de la flotte américaine embarque 2 450 tonneaux : c'est le plus gros navire de guerre de son temps. Les jonques japonaises qui, par dizaines, encerclent la flotte étrangère ne pèseraient pas lourd si Perry donnait l'ordre d'ouvrir le feu. En fait, l'amiral est porteur d'une lettre du président américain adressée au shogun d'Edo demandant l'ouverture de relations diplomatiques et commerciales entre les deux pays. Le shogunat fait savoir qu'une réponse sera donnée dans l'année.

Les autorités japonaises sont désemparées. Dans un geste d'union nationale, Abe Masahiro, le ministre du shogun, prend la décision de convoquer les grands seigneurs du pays, les daimyos, pour les consulter. Cette attitude qui vise à souder l'ensemble des élites derrière le régime est interprétée par le pays comme un aveu de faiblesse et donne le signal d'une agitation politique nouvelle. Le 31 mars 1854 est signé le traité d'amitié nippo-américain.

La mission de Perry se solde par un franc succès. Les États-Unis ont mis un terme à plus de deux siècles d'isolement relatif du Japon. En 1858, un traité de commerce est signé avec Washington, puis, dans les mois et années qui suivent, avec les autres grandes puissances européennes. Les ports sont ouverts au commerce avec les étrangers. Le shogunat perd son monopole sur les produits d'importation ainsi que son droit de taxer librement les produits à l'exportation. Les étrangers auteurs d'actes délictueux seront jugés selon la loi de leur pays devant leurs autorités. Les zones habitées par les étrangers, les concessions, deviennent des zones extraterritoriales sur le plan juridique. Ces traités n'ont pas de durée spécifiée.

Après l'humiliant traité de Nankin imposé par les Anglais à Pékin en 1842, le Japon est à son tour contraint de signer des traités inégaux. Le Japon a paré au plus pressé, évité une agression militaire qu'il n'aurait sans doute pas pu repousser. Mais il perd là une partie de son indépendance. Nombreux sont ceux qui pensent que la politique des Occidentaux se résume à la formule « La Chine d'abord, le Japon ensuite ». La société japonaise est ébranlée dans ses fondements. Pour le régime shogunal, c'est le début de la fin.

Les grands seigneurs sont divisés. La majorité d'entre eux et de leurs vassaux se montre hostile à cette politique d'ouverture et de compromis. Les « xénophobes » veulent expulser les étrangers et pensent qu'il faut remettre l'empereur au centre du système. Une partie des guerriers pense au contraire qu'il faut ouvrir le pays aux Occidentaux et donc soutenir le shogun tant que celui-ci défend cette politique. D'autres craignent une invasion étrangère, mais ne sont pas nécessairement hostiles à tout contact avec eux. Partisans de l'ouverture et xénophobes sont en réalité unis dans leur volonté de préserver l'indépendance du pays et, en même temps, de découvrir l'Occident. D'une certaine façon, c'est de la « révolte contre l'Occident », un Occident porteur de menaces, que naît la réaction qui aboutit à la construction de l'État de Meiji.

Face à l'arrivée des Occidentaux, le régime shogunal ne reste cependant pas inerte. Dans trois domaines, il se montre même furieusement « moderne ».

D'abord, il établit dès 1856 à Nagasaki un Centre d'instruction de la marine militaire avec des instructeurs néerlandais. En 1860, un équipage japonais relie Edo à San Francisco sur un navire moderne. Ensuite, le régime shogunal décrète la création de l'Office d'investigation des ouvrages barbares, qui sélectionne les ouvrages occidentaux à traduire d'urgence et forme de jeunes spécialistes des études et des langues étrangères.

À l'origine, la langue de travail est le néerlandais. Fukuzawa Yukichi, grand intellectuel favorable à l'ouverture, s'aperçoit en 1859 que, dans le comptoir de Yokohama, la *lingua franca* commerciale entre Occidentaux n'est pas le néerlandais mais bien l'anglais. Stupeur ! Il écrit qu'alors il se sentit « anéanti » : « L'anglais était couramment utilisé de par le monde et je ne le savais pas ! » En plus des langues, on enseigne à l'Institut l'astronomie, la géographie, la physique, la chimie, les mathématiques. Traductions techniques, scientifiques, juridiques, économiques se multiplient.

Enfin, le shogunat envoie des délégations à l'étranger. « Voir l'Occident de ses propres yeux ! » En 1860, une première ambassade se rend aux États-Unis pour ratifier le traité d'amitié et de commerce. Sept missions diplomatiques suivront aux États-Unis et en Europe. Dans chacune de ces ambassades, une place est accordée à des jeunes gens déterminés capables de retirer un très haut profit de leur séjour. À l'origine limité le plus souvent aux questions militaires, leur intérêt déborde vite sur les questions techniques, la pensée, les mœurs, les institutions et même la culture.

Le contact avec l'Occident provoque chez les Japonais un double réajustement des points de vue : les idées qu'ils se font de la Chine et du Japon évoluent considérablement en quelques années. Ils découvrent leur propre pays pour autant qu'ils découvrent les autres. La naissance d'un sentiment national débouche sur l'idée que le régime Tokugawa n'est plus un horizon politique indépassable. Les guerriers reconsidèrent le sentiment de loyauté qu'ils éprouvent vis-à-vis de leur seigneur. Nombreux sont, dans ces années, les jeunes samouraïs qui coupent le lien avec leur fief pour aller étudier à leur gré dans telle ou telle école, ou encore pour se mettre au service d'une cause. Ils deviennent des *rônin*, des guerriers sans maître.

Le sentiment de crise donne aussi conscience à ces guerriers que les statuts sociaux figés tels qu'ils existaient dans le Japon des Tokugawa, un système où chacun est maintenu à son rang par une foule de prescriptions, sont obsolètes. Pour les samouraïs militants de la cause nationale, la marginalisation sociale est intolérable. L'abolition des statuts y remédierait. Ils seraient enfin reconnus pour ce qu'ils sont. Non pas de pauvres samouraïs de statut médiocre mais des talents au service du pays. L'abolition des anciens statuts de la société féodale permettrait aussi la prospérité. Sakamoto Ryoma, l'une des figures historiques de la restauration Meiji, explique : « Ce ne sont pas les antécédents familiaux mais la sagesse qui fait qu'un homme est noble ou vil, c'est son intelligence qui fait qu'on doit le respecter ou le mépriser. » L'abolition des anciens statuts sociaux constituera l'une des premières réformes d'envergure du nouvel État.

Vers 1867-1868, la plupart des anciens partisans de l'expulsion des barbares sont désormais convaincus que la seule politique possible pour le pays, c'est son ouverture maîtrisée et l'assimilation rapide des technologies occidentales. Deux slogans de l'époque résument le problème. Faire du Japon « Un pays riche avec une armée forte » capable de tenir enfin tête aux pays occidentaux. « Assimiler les technologies occidentales en maintenant un esprit japonais », c'est-à-dire prendre aux Occidentaux ce qui fait leur force sans y laisser son âme. Les samouraïs hostiles aux étrangers et partisans de leur expulsion vers 1850 sont, moins de vingt ans plus tard, ceux qui portent à bout de bras la modernisation accélérée du pays.

Dans les cinq ou six années qui suivent la restauration impériale, les réformes administratives et politiques s'enchaînent. Elles détruisent les fondements de l'ancien régime et contribuent à la création d'un ordre nouveau. Le gouvernement proclame l'ouverture du pays comme politique officielle. Il faut « dépasser les anciennes coutumes, se fonder sur la voie dans laquelle s'est engagée le monde », fait-on dire au jeune empereur. Les fiefs, seigneuries et principautés sont supprimés. Ils sont remplacés par des départements à la tête desquels sont nommés des préfets, fonctionnaires du nouvel État (1871). Les grands seigneurs, les daimyos, sont appelés par l'empereur à venir résider à Edo qui, en 1869, prend le nom de Tokyo, « la capitale de l'Est », et devient la nouvelle capitale impériale.

Les anciens statuts sociaux sont également supprimés, levant les réglementations qui gênaient la vie quotidienne (des lois somptuaires par exemple limitaient, selon le statut social, le type de tissu et les couleurs portés ou encore certains types de coiffure). La liberté de circulation est officiellement rétablie. Les gens du peuple désormais porteront un nom de famille, seront autorisés à monter à cheval. Ils ne salueront plus le front dans la poussière le cortège d'un grand, fût-il l'empereur lui-même. En 1876, le port du sabre est interdit, sauf pour les officiers de l'armée ou de la police.

En 1872, une grande réforme de l'éducation vise à la création d'un enseignement obligatoire pour les garçons et les filles. L'année suivante, en 1873, le décret sur la conscription crée une armée nouvelle, constituée de recrues et d'officiers issus de l'ensemble des couches de la population. Cette réforme met fin à la toute-puissance des samouraïs en matière militaire.

En même temps, une réforme fiscale de la propriété foncière est lancée, tandis que le principe de la propriété privée est garanti par le nouvel État. L'adoption du système métrique, du calendrier occidental, d'une monnaie unique, d'une poste publique accélère l'entrée du pays dans l'âge moderne. Enfin, de nombreuses mesures sont prises pour encourager la production industrielle, la construction de chemins de fer ou de ports modernes en eau profonde.

Les transformations accélérées de la société japonaise à partir de 1868 ne se font pas sans heurts ; illusions, désirs et attentes débouchent sur des conflits politiques et sociaux. Les réformes suscitent de violentes réactions dans les couches moyennes et la paysannerie, réactions qui finissent par ébranler l'ensemble du corps social. Ainsi, la réforme dite du « rajustement des impôts fonciers » qui commence à s'appliquer à partir de 1873. Elle vise à remplacer les anciennes redevances annuelles (dont le taux différait d'un fief à l'autre) par un système d'impôt foncier se voulant rationnel et uniforme et supprimant les différentes contraintes pesant sur les terres :

payé par les propriétaires, le nouvel impôt est fixé à 3 % du prix de la terre après établissement d'un cadastre national – montant considérable qui sera finalement réduit à 2,5 % en 1877. Incapables de payer l'impôt, les paysans devenus propriétaires sont contraints de vendre leurs terres, de devenir des fermiers ou d'émigrer vers les villes.

On voit que les réformes ne sont pas le fruit d'une volonté populaire générale ; elles sont imposées par l'État, c'est-à-dire décidées – avec la bénédiction de l'empereur – par ceux qui se sont emparés du pouvoir lors de la restauration impériale. Pour les nouveaux dirigeants, il est urgent de renforcer les pouvoirs de l'État de manière à accélérer les réformes et l'industrialisation. Le pays poussé à marche forcée vers la puissance économique et militaire serait alors capable d'imposer aux étrangers la renégociation des traités inégaux et de repousser toute tentative occidentale d'invasion ou de colonisation[1]. Les dirigeants adoptent une démarche autoritaire qui néglige la manifestation de toute opposition.

Face à cet autoritarisme, un courant émerge qui évoque l'importance des droits du peuple – ce que les historiens nomment le Mouvement pour la liberté et les droits du peuple. Un vrai débat s'engage à la fin des années 1870. Il ne porte sur rien moins que la Constitution elle-même. L'objectif du mouvement, c'est la poursuite de la révolution de Meiji, avec, en premier lieu, « l'ouverture d'une représentation nationale » et la

1. Rappelons que c'est dans les années 1870-1890 que se produit la grande expansion coloniale de la plupart des puissances occidentales. Pour les dirigeants japonais de l'époque, il y avait de quoi être inquiet...

reconnaissance de l'existence de partis, mais aussi la baisse des taxes foncières ou la révision des traités « humiliants ». Régime constitutionnel, réforme agraire et indépendance nationale ne sont-ils pas les objectifs de la plupart des « révolutions bourgeoises » du XVIIIe et du XIXe siècle (même si, dans le cas japonais, la « bourgeoisie » n'a joué qu'un rôle secondaire) ?

À l'origine, les principaux acteurs du mouvement sont des ex-samouraïs relégués dans l'opposition et partisans des droits du peuple ainsi que de jeunes fonctionnaires gagnés à l'ouverture et aux Lumières. Vers 1880, la paysannerie, souvent menée par les notables de village, entre en scène à son tour. Des milliers d'associations sont créées. Par l'intermédiaire de meetings, de débats contradictoires, de lectures publiques, elles ont contribué à la diffusion d'un fervent mouvement de réflexion populaire sur l'avenir politique du pays. Les activités de ces associations sont multiples. Dispensaires de soins, promotion des techniques agricoles modernes, lieux de débats politiques... À partir de 1881, les débats prennent le pas sur les autres activités. L'idée que le peuple doit participer à l'élaboration collective de la constitution se répand. Projets de constitution et pétitions en faveur d'un régime d'assemblée se multiplient à la barbe d'un gouvernement pris de court. Le mouvement contribue à populariser les notions de liberté et de droits du peuple.

« La liberté ou la mort ! » Tel est le cri de ralliement des jeunes militants qui se recrutent jusqu'au fin fond de chaque village. Le mouvement donne naissance à une organisation populaire unifiée, l'Aikokusha (Société des patriotes), qui devient en 1881 le Jiyuto ou Parti de la liberté. Sous la pression populaire, le gouvernement est contraint de faire promettre par l'empereur Meiji la création d'un parlement dans les dix ans. La Constitution

« octroyée » par l'empereur à son peuple est proclamée le 11 février 1889 : c'est la première Constitution moderne en dehors d'un pays occidental. Elle n'est pas de philosophie particulièrement démocratique puisqu'il s'agit d'établir une monarchie constitutionnelle dans laquelle les droits du Parlement sont très réduits ; le suffrage est censitaire et le gouvernement n'est responsable que devant l'empereur. Mais on ne saurait oublier que la Constitution fut adoptée à l'issue d'un vaste débat de dimension nationale, expérience étonnante de confrontation d'idées si l'on songe qu'un quart de siècle plus tôt le pays vivait sous un régime féodal de guerriers.

Même si le mouvement en faveur des libertés a échoué sur le plan politique, il a contribué à implanter dans la société japonaise des pratiques et des modes de pensée fondés sur le débat, la discussion, la confrontation. Ces pratiques contribuèrent à faire passer dans les faits la modernisation du pays.

Nul doute que cette prise de parole populaire des années 1880-1885 correspond, après le coup d'État politique modernisateur autoritaire de Meiji en 1868, à une seconde étape, celle d'une véritable révolution culturelle démocratique. Mais une révolution qui avorte. Un épisode à l'image de toute l'histoire du Japon moderne, oscillant entre la construction autoritaire et brutale d'un État-nation moderne et la tentation de la liberté.

1889, la première Constitution

Le Japon moderne naquit officiellement le 11 février 1889. Ce jour-là, l'empereur octroyait solennellement à ses sujets une constitution, inspirée du modèle prussien. La date n'avait pas été choisie au hasard. Depuis 1873, le 11 février marquait l'anniversaire officiel de l'accession au trône du premier empereur, le mythique Jimmu, en 660 av. J.-C. Deux mille cinq cent quarante-neuf ans plus tard, l'empereur Meiji choisissait d'enraciner la modernité dans les origines les plus lointaines de la dynastie impériale.

Des réjouissances étaient prévues à travers tout le pays, et surtout à Tokyo. La cérémonie de promulgation s'ouvrit à 9 heures du matin dans la Grande Salle du Palais impérial, en présence des membres du gouvernement, de la nouvelle aristocratie récemment instituée, et du corps diplomatique. Un seul siège demeurait inoccupé, celui du ministre de l'Éducation, Mon Arinori, dont personne ne parvenait à s'expliquer l'absence.

Mori – on ne l'apprendrait qu'en fin de journée – avait été poignardé à son domicile alors qu'il s'apprêtait à se rendre au Palais. Il mourrait le lendemain soir, à l'âge de 41 ans. L'assassinat de Mori trouvait son motif dans une profanation que ce dernier aurait commise, plus d'un an auparavant, lors d'une visite au grand sanctuaire shinto d'Ise. Il aurait alors poussé un rideau avec sa canne et foulé un parquet sans se déchausser. Son agresseur, un ex-samouraï du nom de Nishino Buntarô, fut décapité par l'un des gardes du ministre. Le sacrifice de sa vie et les lettres émouvantes qu'il laissait à ses parents et à son frère achevèrent de faire de Nishino un héros de légende, incarnation de l'ancien esprit samouraï, que le public pleura beaucoup plus que sa victime.

L'absence de Mori n'entrava pas le déroulement de la cérémonie qui se déroulait au Palais impérial. L'empereur lut le préambule de la Constitution, qui rappelait son appartenance personnelle à une « lignée ininterrompue et éternelle ». La cérémonie ne dura pas plus d'une dizaine de minutes. Les participants se virent ensuite remettre les versions japonaise et anglaise du texte.

Parmi les journaux mis en vente dans les rues ce jour-là, on trouvait un nouveau titre au nom frappant de simplicité, *Nihon* – le Japon. Son fondateur était un jeune journaliste ambitieux de 31 ans, Kuga Katsunan, qui aspirait à résoudre la question qui tourmentait sa génération : que signifie être Japonais dans le monde moderne ?

Si Kuga choisit le 11 février pour lancer son journal, c'était pour signifier que la Constitution marquait bien le succès de la modernisation, mais qu'elle symbolisait également l'ouverture d'un nouveau chapitre dans lequel le Japon devrait exprimer sa spécificité. En ce 11 février 1889, cependant, peu nombreux étaient ceux qui saisissaient la véritable portée des événements de la journée, ou comprenaient réellement le contenu de la Constitution. « Cette Constitution que l'on nous octroie, personne ne sait encore si c'est une pierre précieuse ou une tuile, et pourtant, tous s'enivrent déjà de son appellation. Ceci montre bien la stupidité de notre peuple », s'indignait déjà, quelques jours auparavant, Nakae Chômin, le traducteur de Rousseau en japonais.

La Constitution était pourtant le fruit d'un long processus. Depuis le milieu des années 1870, les dirigeants de Meiji avaient été soumis à la pression d'une opposition libérale représentant des couches sociales rurales ayant bénéficié de l'amélioration de la situation économique, qui revendiquaient un droit de regard sur l'usage de leurs impôts. En outre, Constitution et élections étaient considérées par les gouvernants japonais comme des développements inéluctables, indissociables de l'avancée de la civilisation, et également indispensables pour mobiliser un véritable soutien populaire au régime.

L'établissement d'un système constitutionnel dans les dix ans avait été annoncé dès 1881. La promesse fut tenue : la Constitution fut promulguée en 1889, et les premières élections se tinrent en 1890. La Constitution de Meiji fut un mariage de constitutionnalisme et d'absolutisme, destiné à renforcer l'unité nationale autour de l'empereur. Elle permit l'émergence de luttes politiques nouvelles, d'une ampleur sans précédent. Plus tard, dans les années 1920, elle servirait la diffusion d'idéaux et d'institutions démocratiques. Mais, dans le même temps, la séparation extrême des pouvoirs qu'elle institua devait également ouvrir la voie au renforcement du poids des armées, et à l'ascension du militarisme dans les années 1930. La Constitution de Meiji constituerait ainsi le cadre légal de la guerre et de la défaite. Et l'une des principales réformes de l'occupation américaine serait la promulgation, en 1947, d'une nouvelle Constitution.

Comment le Japon a envahi la Corée

« Une guerre entre la civilisation et la barbarie » : voilà comment l'un des plus fameux penseurs japonais de la fin du XIXe siècle, Fukuzawa Yukichi, définit le conflit qui, en 1894-1895, oppose le Japon à la Chine. Cette première guerre moderne menée par l'empire du Soleil-Levant, si elle eut bien pour enjeu principal la domination de la péninsule coréenne, fut en effet avant tout, pour le Japon, un moyen de s'élever au rang des grandes puissances occidentales.

Dès le début de l'ère Meiji (1868), le Japon avait manifesté une volonté interventionniste en Corée, placée sous la suzeraineté traditionnelle de la Chine. Les années 1870-1880 avaient ainsi été marquées par la rivalité entre les prétentions japonaises et chinoises sur la péninsule. Finalement, en 1885, les deux pays avaient signé le traité de Tianjin, prévoyant un retrait militaire des deux puissances et la notification mutuelle de tout envoi futur de troupes. Traité qui signifia en fait la reprise en main de la péninsule par la Chine, grâce à son tout-puissant représentant à Séoul, Yuan Shikai.

Début 1894, cependant, le gouvernement coréen se trouve confronté à une révolte paysanne de grande ampleur, encadrée par une nouvelle religion syncrétiste locale, le *tonghak*. L'armée est rapidement débordée, et plusieurs villes tombent aux mains des rebelles. Enfin, le 4 juin 1894, le roi Kojong appelle la Chine à la rescousse. Trois jours plus tard, celle-ci, conformément au traité de Tianjin, informe Tokyo qu'elle s'apprête à répondre favorablement à la demande d'assistance coréenne et à dépêcher des troupes dans la péninsule pour mater la rébellion.

Sans le savoir, elle offre ainsi au Japon l'occasion de déclencher la guerre à laquelle le pays se prépare déjà depuis plusieurs années : moins d'une semaine plus tard, les premières troupes nippones débarquent à Inch'on, officiellement pour protéger les citoyens et les biens japonais.

Pourquoi une telle volonté d'affrontement de la part de Tokyo ? Plusieurs facteurs entrent ici en jeu. D'abord, évidemment, le désir de mettre un terme à la mainmise chinoise en Corée, et d'ancrer la péninsule dans la sphère d'influence japonaise. Ensuite, le souhait, en établissant avec les grandes puissances des relations plus égalitaires, de se placer à l'abri des ambitions coloniales de l'Occident.

Enfin, interviennent des considérations de politique intérieure, les prochaines élections à la Diète doivent se tenir le 1er septembre 1894 et le gouvernement espère faire obstacle au retour d'une majorité d'opposants partisans d'une ligne diplomatique dure.

Une fois la mécanique enclenchée, rien ne pourra plus l'arrêter. Ni l'accord précipité auquel parviennent, dépassés par la tournure prise par les événements, le gouvernement coréen et les rebelles. Ni, non plus, la proposition chinoise de retrait mutuel, que Tokyo s'empresse de neutraliser par une contre-proposition irréaliste de commission conjointe pour réformer la

Corée. Ni, enfin, les avertissements américains, russes ou britanniques.

La guerre sera officiellement déclarée le 1er août, mais les hostilités contre les Chinois sont déclenchées dès le 25 juillet, et, le 23, un gouvernement projaponais a été mis en place, par la force, à Séoul. Les Japonais remportent une série de victoires écrasantes : bataille de P'yongyang (16 septembre), bataille navale du Yalu (17 septembre), chute de Port Arthur (21 novembre), destruction de la flotte chinoise à Weihaiwei (12 février 1895).

Deux conflits aux enjeux différents opposent désormais le Japon et la Chine. Le premier – pour le contrôle de la péninsule coréenne – se conclut par un succès japonais : un gouvernement réformiste est mis en place à Séoul, ainsi qu'un contrôle militaire, tandis qu'est réprimée la rébellion du *tonghak* qui, à partir d'octobre, s'était transformée en résistance armée à l'occupation nippone. Le second conflit se déroule, lui, sur le territoire chinois. Là, il s'agit pour les Japonais, en défaisant les Chinois et en occupant une partie de leur territoire, de se mesurer en fait aux Occidentaux et de s'affirmer comme une puissance de rang égal au leur. Une puissance capable de victoires militaires, de conquêtes territoriales, bref, une puissance capable de s'insérer sur un pied d'égalité dans la diplomatie de l'impérialisme en vigueur à l'époque.

L'affaire, cependant, se terminera par une immense déception pour le Japon. Le 20 mars 1895, celui-ci consent aux pressantes demandes chinoises de négociations, et entame des pourparlers à Shimonoseki.

Le 24 mars, Li Hongzhang, le délégué chinois, vétéran depuis les années 1870 de tous les contacts sino-japonais, est grièvement blessé par un opposant à la paix. Les réactions indignées de l'opinion occidentale à cet attentat obligent dès lors Tokyo à modérer ses demandes. Le traité de Shimonoseki, conclu le 17 avril, prévoit l'indépendance de la Corée ; la cession au Japon de la péninsule du Liaodong, de Taiwan et des Pescadores ; le versement par Pékin d'indemnités ; la promesse, enfin, de conclusion d'un nouvel accord commercial, sur le modèle de ceux qui étaient déjà en vigueur entre la Chine et les puissances occidentales.

Pourtant, dès le 23 avril, le Japon doit faire face à une triple intervention : la Russie, la France et l'Allemagne exigent de concert qu'il renonce au Liaodong – la première parce qu'elle redoute l'avancée japonaise en Mandchourie ; la deuxième tout autant par crainte irrationnelle d'une alliance asiatique dirigée contre l'Occident que pour assurer la sécurité de l'Indochine ; la troisième, enfin, parce qu'elle espère ainsi s'attirer les bonnes grâces de Pékin. Et, le 4 mai, Tokyo, après d'inutiles appels à l'aide vers Londres et Washington, abandonne ses prétentions sur la péninsule stratégique.

C'est la fin de la guerre et le début des désillusions. Malgré les victoires militaires et le peu de pertes en vies humaines (2 700 morts, dont seulement un millier tombés au combat, le reste ayant été surtout victime de maladies), le Japon ressent plus que jamais sa faiblesse. Humilié par l'Occident, contraint d'imposer dans le sang sa domination sur Taiwan (5 000 Japonais seront tués et 17 000 blessés lors de la campagne de pacification de l'île), bientôt obligé de faire face à une présence russe croissante en Corée, le pays médite déjà sa revanche.

Celle-ci sera assurée dix ans plus tard, lors de la guerre russo-japonaise de 1904-1905. Une guerre que les historiens considèrent généralement comme un tournant dans la formation de l'impérialisme japonais, sa victoire sur la Russie permettant à l'empire du Soleil-Levant d'affirmer définitivement sa position en Corée et, plus généralement, sur la scène est-asiatique. La péninsule est alors placée sous protectorat nippon, avant d'être annexée en 1910. Cette annexion ne prendra fin qu'avec la défaite de 1945.

Malgré l'importance de ce conflit russo-japonais, c'est dès la guerre contre la Chine de 1894-1895 que se met en place le cadre dans lequel va évoluer la politique du pays durant le demi-siècle à venir : accélération de l'industrialisation et de la militarisation, poids croissant de l'élément militaire dans la prise de décision politique, divinisation et marginalisation de l'empereur, expansionnisme territorial. C'est à partir de ce moment également que se modifie l'image du Japon en Occident. Plus d'exotiques lotus et de samouraïs, mais un pays menaçant, incarnation du « péril jaune ».

1905, la première victoire sur les Blancs

Le 6 février 1904 à l'aube, une flotte de 55 vaisseaux de guerre japonais quittait la base de Sasebo, sur l'île de Kyushu. Objectif : Port-Arthur, à la pointe de la péninsule du Liaodong, où était stationnée la flotte russe du Pacifique.

En chemin, une partie de l'armada devait mettre le cap sur le port coréen de Chemulpo, situé à proximité de la capitale, Séoul. Dans la nuit du 8 au 9 février, Chemulpo et Port-Arthur étaient la cible de premières attaques japonaises. Le 10, le Japon et la Russie entraient officiellement en guerre.

Ce conflit était l'aboutissement d'une profonde rivalité entre les deux pays. Dès la fin du XVIIIe siècle, des navires russes avaient fait leur apparition le long des côtes septentrionales du Japon, cherchant à établir des relations commerciales. Pays partiellement clos, le Japon opposa un ferme refus aux demandes des envoyés du tsar. Et l'empire russe, dont le territoire avoisinait l'archipel japonais, fut dès lors perçu comme une menace potentielle.

À partir de 1868, l'ère Meiji marqua l'ouverture d'un Japon qui deviendra puissance impériale, et qui visera à exclure toute puissance étrangère de la Corée voisine, définie comme « première ligne de défense de l'archipel ». La guerre de 1894-1895 permit certes au Japon d'évincer la Chine de la péninsule coréenne. Mais il dut bientôt y affronter un adversaire bien plus redoutable : la Russie.

L'empire tsariste avait en effet, dès le lendemain de la guerre sino-japonaise, considérablement renforcé son influence en Corée, où un gouvernement prorusse avait été établi. Les Japonais avaient tenté d'enrayer cette avancée russe en assassinant la reine Min, qui dominait alors la cour coréenne. En vain : affolé par la tournure des événements, l'époux de Min, le roi Kojong, s'était réfugié en 1896 au sein de la légation russe, où il séjourna une année entière.

Tokyo et Saint-Pétersbourg parvinrent à un accord sur la Corée en 1898. Les deux pays s'engageaient à ne pas intervenir dans les affaires intérieures coréennes, et la Russie à respecter les intérêts commerciaux japonais dans la péninsule.

Ce repli russe était motivé par les succès du tsar en Mandchourie. La Russie venait en effet d'obtenir de la Chine le droit de construire une ligne de chemin de fer à travers la péninsule du Liaodong, ainsi que la concession des villes de Dalian et de Port-Arthur, qui deviendra une formidable base militaire. Port-Arthur, dont les eaux ne gèlent pas en hiver, offrait à la Russie un accès permanent sur l'océan Pacifique. La Mandchourie passait ainsi sous influence russe exclusive ; la Corée perdait de son intérêt pour l'empire tsariste.

Malgré ses relatifs succès en Corée, le Japon se trouvait humilié : il perdait définitivement la péninsule du Liaodong. Bien plus : l'avancée russe en Mandchourie faisait planer, à terme, de lourdes menaces sur l'avenir de la Corée, dont la Russie risquait un jour de s'emparer.

Les craintes japonaises semblèrent rapidement se justifier. Dès 1900, la Russie profitait de la révolte des

Boxers, en Chine, pour faire pénétrer quelque 80 000 soldats en Mandchourie.

Entre 1900 et 1903, le Japon et la Russie tentèrent de régler pacifiquement leurs différends. D'intenses contacts diplomatiques eurent lieu entre les deux pays. Diverses options furent examinées : partage de la péninsule coréenne ; neutralité coréenne sous garanties internationales ; échange de la Corée contre la Mandchourie – le Japon aurait reconnu les intérêts et privilèges russes en Mandchourie, et la Russie les intérêts et privilèges japonais en Corée.

Finalement, aucune de ces propositions n'aboutit. Car, entre-temps, le Japon avait fait un autre choix, celui d'une alliance militaire avec la Grande-Bretagne. Londres craignait en effet également les ambitions régionales russes, mais sans posséder les moyens de s'y opposer directement : le gros des troupes britanniques en Asie orientale avait été transporté en Afrique du Sud, où la guerre des Boers avait éclaté en 1899. Situation inespérée pour le Japon, auquel s'offrait la possibilité de conclure, pour la première fois de son histoire, une vraie alliance militaire avec une puissance occidentale.

L'alliance anglo-japonaise fut signée à Londres en janvier 1902. La Grande-Bretagne et le Japon s'engageaient à demeurer neutres dans tout conflit régional où serait impliqué l'un des signataires. Cependant, en cas d'agression par deux États ou plus, ils se porteraient réciproquement assistance. La menace d'une intervention française aux côtés de la Russie était ainsi écartée : Paris ne prendrait pas le risque d'un conflit avec Londres pour secourir un allié russe aux prises avec le Japon. La voie vers la guerre russo-japonaise était ouverte.

À Tokyo, cependant, on hésitait encore. La Russie était un géant de 146 millions d'habitants, avec une armée de plus de 2 millions d'hommes. Le Japon ne possédait que 46 millions d'habitants, et un million de soldats. Sur mer, le rapport des forces était encore plus défavorable. Le coût humain et financier d'un affrontement avec l'empire tsariste risquait d'être colossal, et l'issue était loin d'être assurée.

Des négociations intermittentes avec Saint-Pétersbourg se poursuivirent jusqu'à la fin de l'année 1903, mais sans aboutir. L'opinion publique japonaise, chauffée à blanc par l'éducation patriotique alors en vigueur, poussait le pays vers la guerre. Finalement, au début du mois de février 1904, la décision tomba : le Japon attaquerait la puissante armée russe. Quelques jours plus tard, les hostilités étaient déclenchées.

Une fois passé le choc des premiers assauts nippons, la Russie parvint à entraîner le Japon dans une guerre d'usure sans précédent. Tranchées, barbelés, mitrailleuses : le siège de Port-Arthur, qui dura huit mois (de février à septembre 1904), préfigurait les combats de la Première Guerre mondiale. Plus de 15 000 soldats japonais périrent pour conquérir la ville. Et la titanesque bataille de Mukden, en mars 1905, fut remportée par les Japonais au prix de sacrifices encore plus élevés.

Malgré ses défaites en Mandchourie, le tsar espérait encore retourner la situation en sa faveur. Il décida de jeter dans la bataille la flotte de la Baltique. Mais, en mai 1905, l'armada russe, enfin parvenue sur les lieux après un périple de plusieurs milliers de kilomètres, fut anéantie à son tour par l'amiral Togo dans le détroit de Tsushima.

Les deux adversaires, épuisés, acceptèrent alors d'entamer des négociations. Le président américain Théodore Roosevelt proposa ses bons offices, et le 5 septembre 1905 fut signé à Portsmouth, aux États-Unis, un traité de paix russo-japonais. Le tsar, affaibli par ses défaites, mais aussi par la situation révolutionnaire dont il avait peine alors à se rendre maître, concéda au Japon les privilèges qu'il avait acquis en Mandchourie, et reconnut l'existence d'intérêts politiques, économiques et militaires japonais en Corée. La Russie, en outre, cédait à Tokyo le contrôle de la moitié méridionale de l'île de Sakhaline.

Malgré ces succès, le traité de Portsmouth fut accueilli avec amertume et colère par l'opinion publique japonaise, qui avait largement soutenu le conflit. Les sacrifices humains et matériels de la population avaient été selon elle bradés par les politiciens. Un million trois cent mille soldats avaient été mobilisés, plus de 80 000 d'entre eux étaient morts et 450 000 blessés, tout cela pour des gains jugés dérisoires. En outre, la Russie ne verserait pas d'indemnités de guerre au Japon. Or le conflit avait coûté l'équivalent de six années de budget national. Le nationalisme japonais était frustré de sa victoire.

La furie populaire explosa dès le jour de la signature du traité de paix. Les émeutes débutèrent au parc Hibiya, à Tokyo. La foule s'en prit à tout ce qui symbolisait le défaitisme des dirigeants. Postes de police, journaux progouvernementaux, domiciles ministériels furent attaqués et incendiés. Les heurts s'étendirent rapidement à l'ensemble du territoire, et, le 7 septembre, le gouvernement dut instaurer l'état d'urgence dans les grandes villes du pays.

L'ordre fut rétabli quelques semaines plus tard. Le choc, toutefois, avait été rude. Pour la première fois, le Japon avait été secoué par un mouvement populaire d'ampleur nationale.

Le « peuple » faisait une entrée fracassante sur la scène publique.

À l'étranger aussi, la guerre russo-japonaise avait éveillé les passions. Des Juifs de Russie aux Arabes de l'Empire ottoman, de l'Indien Nehru au Chinois Sun Yat-sen, la victoire inattendue du Japon sur la puissance russe avait enthousiasmé foules et dirigeants à travers le monde, et insufflé espoir aux populations soumises. Les empires étaient vulnérables, la libération était possible...

C'est une tout autre conclusion qu'il fallait tirer. Si l'emprise russe avait été ébranlée, la guerre de 1904 allait être le point de départ de l'expansionnisme japonais. Dès novembre 1905, la Corée devint protectorat japonais, avant d'être purement et simplement annexée en 1910. Le Japon n'eut plus qu'un objectif : le maintien et l'élargissement de son empire.

La vérité sur le « miracle » économique

L'Histoire : *Quel est l'état de l'économie japonaise au moment de la capitulation ?*
Sébastien Lechevalier : Environ 3 millions de Japonais sur 73 millions (en 1940) sont morts dans le conflit. Quant aux pertes matérielles, on estime en général qu'un quart des actifs physiques (les immeubles, les usines, les infrastructures, etc.) ont été démolis. La destruction des villes (Hiroshima et Nagasaki bien sûr, mais aussi la plupart des grandes villes comme Tokyo, Ôsaka et Nagoya) a été particulièrement dramatique. Cela fait régresser le Japon à peu près au niveau de 1935.

Pourtant, d'un point de vue purement économique, le bilan des années de guerre n'est pas entièrement négatif. Les besoins de production d'armes ont conduit à la forte croissance des usines et des équipements dans les industries lourdes (notamment acier et chimie). Par exemple, la capacité de production d'acier était de 3 millions de tonnes en 1937 et elle est montée jusqu'à 6,6 millions de tonnes pendant la guerre ; à la fin du conflit, 5,6 millions de tonnes étaient encore en place, malgré les destructions. Dans le même temps, la main-d'œuvre spécialisée a été préservée.

C'est pendant le conflit que l'économie japonaise a acquis ses caractéristiques d'après-guerre. 1) L'habitude de faire appel à la sous-traitance, notamment dans les industries de machinerie et d'équipement, assure la souplesse et la réactivité au système. 2) La mise en place, en 1943, d'un système spécifique de financement stable, centré sur une banque principale, pour les entreprises produisant des munitions, est à l'origine de l'institutionnalisation de la banque principale après guerre[1]. 3) La forte intervention de l'État a perduré après-guerre, sous la forme atténuée du « contrôle administratif », le fameux MITI (ministère de l'Industrie et du Commerce). Ces trois éléments font partie des clés du miracle économique japonais après 1945.

L'H. : *Quel rôle ont joué les Américains dans la reconstruction du pays ?*

S. L. : Le 2 septembre 1945, la capitulation est signée à bord du *Missouri*, qui mouille dans la baie de Tokyo. Quelques jours plus tard, les forces d'occupation américaines débarquent. Cette occupation durera jusqu'en avril 1952. Jusqu'en octobre 1948, les deux mots d'ordre sont démilitarisation et démocratisation : l'objectif de l'occupant américain est à la fois de « punir » le Japon et de s'assurer qu'il ne sera plus jamais tenté par la guerre. Même si cela n'était pas là l'objectif des occupants, la période de démocratisation prépare à bien des égards la reconstruction proprement dite. Les réformes adoptées sous la direction du général Douglas MacArthur, commandant suprême des forces alliées (SCAP), vont dans ce sens.

1) En 1947, la dissolution des *zaibatsu* (notamment les quatre grands, Mitsui, Mitsubishi, Sumitomo et

---

1. Un mode de financement qui permet à chaque entreprise de faire appel principalement à une banque pour ses besoins en crédit, laquelle lui accorde des facilités en échange d'un droit de regard sur la gestion en cas de difficultés.

Yasuda) crée un nouvel environnement concurrentiel qui stimule les entrepreneurs.

2) En avril 1947, une loi antimonopole interdit toute activité de cartel. Une politique de déconcentration lui est associée – ses effets seront limités puisque seulement 17 compagnies seront concernées sur les 300 initialement visées par la loi.

3) En novembre 1946, la réforme agraire limite la propriété de terres agricoles à 1 hectare (de quoi faire vivre une famille nombreuse mais aussi de commercialiser la majeure partie de la production), le reste devant être vendu aux métayers. En favorisant l'introduction de nouvelles technologies (fertilisants par exemple), elle améliore la productivité et par conséquent les revenus de la population agricole, créant un cercle vertueux.

4) Quant aux syndicats, ils sont démocratisés par trois lois successives (loi sur les syndicats, loi sur les standards du travail et loi sur les ajustements des relations de travail) qui fondent de nouvelles relations professionnelles. Concrètement, les employés obtiennent le droit de former des syndicats indépendamment de la direction de l'entreprise, même si, dans les faits, le patronat continue à contrôler étroitement la plupart des initiatives.

Jusqu'à l'automne 1948, la responsabilité de la reconstruction elle-même a cependant été laissée aux Japonais. L'initiative la plus remarquable est celle de Tanzan Ishibashi, ministre des Finances dans le cabinet de Yoshida Shigeru à partir de juillet 1946, qui met en place un système de production prioritaire *(keisha seisan hoshiki)*. Le principe est de sélectionner des industries – surtout l'acier et le charbon –, auxquelles on réserve des fonds. Son succès a cependant été limité par l'inflation, qui atteint en 1948 127 % par an.

À l'automne 1948, le contexte international change : la guerre froide s'intensifie et la chute de la Chine aux mains des communistes semble inévitable. Pour les Américains, la priorité est d'assurer le redressement du Japon, de favoriser une reconstruction rapide et d'en faire un allié privilégié des États-Unis. C'est le plan Dodge, mis en place en avril 1949, dont la ligne de base est la restauration des principes de libre marché, ce qui se traduit par exemple par la fin des subventions et l'interdiction de la Banque de financement de la reconstruction. Dans le même temps, l'environnement est stabilisé avec la fixation du fameux taux de change de 1 dollar pour 360 yens, qui perdure jusqu'à l'abandon de la convertibilité du dollar en or en 1971.

Le véritable tournant dans la reconstruction du Japon et dans la relance de l'économie intervient au début de la guerre de Corée, en juin 1950. Pour leurs besoins considérables en matériels, les Américains font alors appel à l'industrie japonaise, ce qui constitue le choc positif initial dont a besoin le tissu productif pour se relancer. L'indice de production industrielle, fixé à 100 en 1949, passe de 123 en 1950 à 240 en 1954 ! C'est certainement là la principale contribution américaine à la reconstruction de l'économie japonaise.

L'H. : *Et le début du « miracle » japonais...*

S. L. : Reprenons la chronologie. On peut grossièrement distinguer quatre périodes depuis 1945.

1) Celle de l'après-guerre, que l'on vient de décrire. Cette période se termine au début des années 1950 quand on retrouve le niveau du PIB d'avant-guerre.

2) S'ouvre alors ce que l'on appelle la période de « Haute Croissance » (1950-1974), qui correspond peu ou prou à nos Trente Glorieuses, et pendant laquelle l'économie japonaise croît à un rythme annuel de 10 %.

C'est à la fin de cette période, alors que le Japon a rattrapé les pays européens, que l'on parle de « miracle japonais ». Pendant cette période, les principaux secteurs d'activité sont le textile, la sidérurgie, la chimie puis la machinerie.

3) Une période de « chocs et ajustements réussis ». Malgré une série de chocs négatifs – fin du système de Bretton Woods en 1971, double choc pétrolier en 1973 et 1979 et *endaka* (appréciation du yen) qui suit les accords du Plaza de 1985 –, l'économie japonaise continue à faire beaucoup mieux que ses principaux compétiteurs (5 % en moyenne sur la période).

4) Enfin, au début des années 1990, alors que les théories du modèle japonais sont au faîte de leur influence intellectuelle, le pays entre dans ce qu'on a appelé la « décennie perdue », marquée par un nouveau ralentissement de la croissance (1 % en moyenne, soit deux fois moins qu'en France pendant la même période) et une crise financière.

Cette exceptionnelle croissance japonaise de l'après-guerre est le résultat de la mobilisation du capital, du rattrapage technologique du point de vue de l'offre, et de l'investissement du point de vue de la demande. À bien des égards, cette période est similaire aux Trente Glorieuses que connaît la France au même moment, la seule différence étant que la croissance française repose relativement plus sur le progrès technique que sur le capital. À partir du milieu des années 1970 et jusqu'au début des années 1990, alors que le progrès technique continue d'être un facteur clé du point de vue de l'offre, ce sont les exportations qui tirent la croissance du point de vue de la demande.

L'H. : *C'est cela, le modèle japonais ?*

S. L. : Ce « modèle » a fortement évolué au cours du

temps : avant la guerre, l'économie japonaise était une économie de marché de type américain. Ce qu'on appelle couramment le « modèle japonais », tel qu'il a été théorisé dans les années 1970 et 1980, s'est mis en place après 1945.

Mais, quand il s'agit de définir en économiste ce qu'est le modèle japonais, on est un peu gêné car il y a au moins autant de théories sur le sujet que d'économistes spécialistes de la question... On peut en gros les classer en deux grandes catégories : ceux qui mettent l'accent sur l'organisation de la firme (le niveau microéconomique) et ceux qui insistent sur l'efficacité de la coordination économique et sociale dans son ensemble (le niveau macroéconomique). Pour les premiers, le modèle de la firme japonaise repose sur des relations de long terme entre partenaires, qui maximise la croissance de la firme. Ce modèle s'oppose donc point par point au modèle de la firme américaine fondé sur des relations de court terme entre employés (y compris managers) et actionnaires, dont l'objectif est la maximisation du profit dans le court terme. Les autres insistent sur les formes de coordination qui assurent la cohérence de ce système fortement décentralisé, au niveau privé – les *keiretsu* (qui ont pris la suite des *zaibatsu*), la sous-traitance, et le *shunto* (négociations salariales de printemps coordonnées par secteur) – et au niveau public – politique industrielle notamment.

On peut conclure que c'est l'interaction de ces deux niveaux – micro et macro – qui définit l'originalité du modèle.

L'H. : *Qu'est-ce qu'on appelle le « toyotisme » dont on dit qu'il est la clé du succès des entreprises japonaises ?*

S. L. : À partir des années 1950, Toyota a développé un système de production particulier, le « Toyota Productive System » (TPS). Il s'agit d'une forme d'intensification du travail, à l'image du taylorisme. Mais, à la différence du taylorisme, qui s'appuie sur la mécanisation, ce système repose sur l'« humanisation » de la production.

En un mot, il s'agit de faire intervenir l'homme plus souvent sur la chaîne de production, en comptant sur son « sens de la crise ». On peut résumer le système en deux principes simples. D'une part, on fait entrer les fluctuations de la demande sur le lieu de production (en termes de variété et de quantité). D'autre part, on fait porter l'effort d'adaptation sur les travailleurs au niveau de l'atelier, qui est le cœur de la création de la valeur ajoutée.

Le « sens de la crise » que l'on demande aux employés est censé être porteur de créativité et de mouvement. Pour ne pas dégénérer en un pur stress organisationnel, il doit être contrebalancé par des facteurs de stabilité (sécurité de l'emploi, notamment), qui constituent le cœur du toyotisme. Pour le dire autrement, la réussite du système est fortement conditionnée par ce qu'on peut qualifier de « rapport salarial toyotiste » : les conditions de carrière, la sécurité de l'emploi, la répartition dans l'entreprise, en bref tout ce qui assure la reproduction de la force de travail et son implication dans le processus de production – c'est tout cela le toyotisme.

L'implication remarquable des salariés de Toyota ne tient donc pas à un prétendu trait culturel immuable (l'obéissance par exemple !) mais à un contrat implicite de type donnant-donnant. C'est cet ensemble – système de production de Toyota + rapport donnant-donnant – qui est à l'origine de la formidable réussite de l'entreprise, en plus des stratégies de marketing et d'internationalisation.

L'H. : *Ce système de production a-t-il été généralisé à d'autres entreprises ?*

S. L. : La réponse est clairement non : tout n'est pas toyotiste au Japon et il est essentiel de distinguer le modèle japonais du système de production de Toyota. Plusieurs grandes entreprises ont tenté d'adopter le TPS dans les années 1980. Certaines ont réussi (comme Denso, initialement un sous-traitant de Toyota qui fabrique des composants électroniques pour les automobiles et qui est depuis devenu indépendant), d'autres non (Sony par exemple). Les tentatives de transfert ont été modestes et limitées.

Ajoutons que le système de production de Toyota et le toyotisme sont, je vous l'ai dit, un cas tout à fait particulier. De fait, on dit souvent que dans les années 1960, l'entreprise la plus représentative du « modèle japonais » du point de vue de l'organisation du travail n'est pas Toyota, mais Matsushita.

L'H. : *Au total, comment caractériser ce mode d'organisation du travail ?*

S. L. : La représentation habituelle du système, ce sont les « trois trésors » – l'emploi à vie, le salaire à l'ancienneté et le syndicat d'entreprise –, mais cette image, qui correspond à une certaine réalité, doit être relativisée.

D'abord, ce système d'emploi, qui se met en place au début des années 1950, est le produit d'un contexte très particulier, marqué, depuis la fin des années 1930 par un déficit de main-d'œuvre qualifiée. Sa principale caractéristique n'est pas tant l'emploi à vie (qui mérite plutôt la qualification d'emploi « de long terme ») ou le salaire à l'ancienneté (qui n'est qu'une composante de la formation des salaires) que ce que l'économiste japonais Koike appelle « *the white collarization of blue collar workers* », c'est-à-dire l'égalité de traitement entre les ouvriers (cols bleus) et les employés (cols blancs).

La mobilité du travail n'est pas absente de ce système, mais elle est concentrée en début et en fin de carrière. Quant à la pratique des licenciements, elle n'est pas rare, mais le plus souvent en dernier ressort, après que tous les autres instruments de flexibilité (réduction des heures supplémentaires, mobilité interne, réduction des embauches, etc.) ont été mis en œuvre.

Quant au salaire à l'ancienneté, il n'est en fait pas très différent de ce qu'on observe dans les grandes entreprises manufacturières d'Europe ou des États-Unis, à la différence près que, au Japon, il s'applique également aux ouvriers. La spécificité japonaise, jusqu'au début des années 1990 se situe plutôt au niveau du *shunto* (« l'offensive de printemps »), cette négociation salariale entre patrons et syndicats dans les entreprises, coordonnée au niveau de chaque secteur de production (par exemple, sidérurgie, automobile).

Il faut également mentionner l'existence d'un système de bonus, bisannuel, qui représente parfois jusqu'à cinq salaires mensuels, et qui permet de faire dépendre les rémunérations des salariés en partie des performances de ces entreprises.

En conclusion, c'est un système d'incitation destiné à obtenir une forte implication des travailleurs. Cette dernière se traduit, par exemple, par des durées de travail plus longues qu'en France, mais moins longues qu'aux États-Unis dans les années 1990 (moins de 1 800 heures par an en moyenne au Japon contre moins de 1 600 en France et plus de 1 900 aux États-Unis).

L'H. : *Où en est-on aujourd'hui ? Le Japon est-il devenu un pays comme les autres ?*

S. L. : Pour beaucoup d'analystes, la période qui s'ouvre en 1992, cette « décennie perdue », signifie la fin du miracle japonais. Alors que le Japon a dépassé tous les pays européens et presque rattrapé les États-Unis, les vertus du modèle que l'on vient de décrire, qui était essentiellement tourné vers la croissance et le rattrapage, disparaissent.

Je ne souscris pas à cette analyse. En particulier parce que la longue stagnation de l'économie japonaise n'est pas due à un excès de régulation ou un manque de compétition ; elle résulte plutôt des effets néfastes de la dérégulation entreprise depuis le début des années 1980. Celle-ci a permis une meilleure insertion de l'économie japonaise dans l'économie mondiale et offert de nouvelles sources de financement aux entreprises (par exemple, l'émission d'obligations). Mais elle a favorisé la formation des bulles financières et foncières et, de façon encore plus profonde, elle a déstabilisé les formes de coordination précédemment décrites.

Les liens des *keiretsu* et de la sous-traitance se sont distendus et la politique industrielle est tombée en désuétude. À mon sens, le renouveau de l'économie japonaise que l'on observe à partir de 2005 s'explique de façon structurelle par l'émergence de nouvelles formes de coordination, par exemple la revitalisation de la politique publique d'innovation ou la formation d'alliances inédites entre des entreprises concurrentes pour développer des technologies innovantes et très coûteuses. Ce fut récemment le cas de Toshiba et Hitachi par exemple, ce qui aurait été impensable il y a dix ans.

L'H. : *Le Japon est-il condamné à s'américaniser ?*

S. L. : Le succès de Toyota est là pour rappeler qu'il est possible pour des entreprises japonaises de réussir tout en maintenant des principes d'organisation contraires à ce qu'on observe dans les entreprises américaines.

Cependant, dans le même temps, des entreprises, comme Nissan à la suite du plan de revitalisation initié par Carlos Ghosn dans le cadre de l'alliance avec Renault en 1999, ont clairement changé de modèle et se rapprochent d'un mode de gouvernance à l'anglo-saxonne, dans lequel les actionnaires et la rentabilité de court terme sont prioritaires par rapport aux employés et la croissance de l'entreprise. De la même façon, dans le secteur clé de l'électronique, alors que, comme on l'a rappelé, le modèle dominant était incarné par une entreprise comme Matsushita et qu'une entreprise comme Sony faisait figure d'exception (son mode de gouvernance a toujours été plus proche du modèle américain, ou, si l'on veut, du modèle de Nissan aujourd'hui), aujourd'hui, plusieurs entreprises (IBM Japan, Kyocera) suivent, avec succès, un modèle tout à fait différent.

Autrement dit, ce qui caractérise aujourd'hui le monde des entreprises nippones, ce n'est pas la fin du « modèle japonais » mais sa diversité croissante.

La puissance paradoxale

L'Histoire : *Quand le Japon apparaît-il sur la scène internationale ?*

Karoline Postel-Vinay : Avant l'expansion impérialiste européenne en Asie orientale, au milieu du XIXe siècle, il existe une scène internationale à l'échelle de la région, dominée par la Chine, et dont fait partie le Japon. Les Européens vont créer un ordre international à l'échelle planétaire, dont ils seront les acteurs dominants [1]. Le Japon va alors quitter le système asiatique pour basculer vers ce nouvel ordre global lorsqu'il attaque la Chine en 1894 et la vainc en 1895, obtenant entre autres Taiwan. C'est le point de départ de la rupture historique entre les deux pays. La formule d'un intellectuel du début de l'ère Meiji (1868-1912) résume le sentiment des Japonais face à l'expansionnisme occidental en Asie orientale : « Nous avons le choix entre être à la table des grands ou faire partie du menu. »

Le Japon poursuit son rejet de l'ordre asiatique et son intégration dans le système global en signant en 1902 un traité d'alliance avec la Grande-Bretagne. C'est un symbole fort car c'est la première fois qu'un pays non occi-

---

1. Cf. K. Postel-Vinay, *L'Occident et sa bonne parole*, Flammarion, 2005.

dental signe sur un pied d'égalité un traité d'alliance avec une puissance occidentale[2]. Ce traité dure jusqu'en 1921, et le Japon sera donc l'allié de la Grande-Bretagne pendant la Première Guerre mondiale. Il participe aux négociations du traité de Versailles en 1919. Une délégation japonaise défile sur les Champs-Élysées le 14 juillet 1919.

Le Japon fait partie du groupe dominant sur la scène mondiale. Il entre ainsi à la Société des nations (SDN), mais n'est toutefois pas considéré comme véritablement l'égal des puissances occidentales. À la conférence de Paris, en 1919, la délégation japonaise veut obtenir la reconnaissance de l'égalité des races : sa proposition est rejetée, notamment par la Grande-Bretagne. Dans l'esprit de beaucoup d'Occidentaux, l'humanité est hiérarchisée, et les Japonais restent inférieurs.

Dans les années 1930, les Japonais vont être rattrapés par l'idée de puissance, jusqu'au dérapage : la volonté de domination systématique portée par un régime ultramilitariste, et qu'a symbolisée l'expression « sphère de coprospérité » (inventée en 1940), dure une quinzaine d'années.

L'H. : *Défait en 1945, le Japon est occupé par les États-Unis... Avec quelles conséquences ?*

K. P.-V. : Le Japon entre du jour au lendemain dans l'orbite américaine. Depuis l'ouverture forcée de l'archipel aux Occidentaux dans les années 1850, le Japon n'avait quasiment jamais traité avec les États-Unis. En 1945, Américains et Japonais se connaissent à peine.

L'occupation du Japon par les Alliés de la Seconde Guerre mondiale, et *de facto* par les États-Unis, durera

---

2. Ce traité ouvre la voie de la domination japonaise de la Corée et apporte à la Grande-Bretagne le soutien des Japonais dans sa rivalité contre la Russie.

près de sept ans. Le traité de paix de San Francisco signé en 1951 par une cinquantaine de pays (mais rejeté par l'URSS) prévoit l'indépendance du Japon et officialise son retrait de Corée, de Taiwan et d'autres territoires dont les îles Kouriles. Simultanément un traité de sécurité nippo-américain garantit la protection de l'archipel par les États-Unis. Ce traité est révisé en 1960 puis revu et ratifié tous les dix ans. Plusieurs bases américaines sont établies dans l'archipel, la majorité d'entre elles à Ôkinawa, regroupant près de 50 000 militaires (l'essentiel du dispositif armé des États-Unis en Asie-Pacifique).

Sous l'occupation américaine, le Japon est démilitarisé et retrouve la voie de la démocratie. Une nouvelle Constitution, essentiellement dictée par l'équipe de MacArthur, est promulguée le 3 novembre 1946. Elle donne un rôle symbolique à l'empereur et stipule dans son article 9 l'interdiction de faire la guerre : « Aspirant sincèrement à une paix internationale fondée sur la justice et l'ordre, le peuple japonais renonce à jamais à la guerre en tant que droit souverain de la nation, ainsi qu'à la menace ou à l'usage de la force comme moyen de règlement des conflits internationaux. » Le Japon s'interdit d'entretenir des forces terrestres, navales ou aériennes, ou « tout autre potentiel de guerre ».

Avec le déclenchement de la guerre de Corée en juin 1950, et le départ temporaire des troupes américaines stationnées dans l'archipel, le gouvernement japonais constitue, en accord avec les autorités d'occupation, des « forces d'autodéfense » *(jieitai)*. Composées de 75 000 militaires en 1950, elles grossissent progressivement pour atteindre un plafond, dans les années 1970, de 238 000 personnes (ce qui met, en 2008, les forces japonaises uniquement au 21e rang mondial…). Parallèlement s'est instituée la règle de ne pas dépasser 1 %

du PNB pour le budget de la défense. Les Japonais n'ont pas la bombe nucléaire, ni d'autres armes de destruction massive ; ils n'ont pas d'armement à but offensif, comme des bombardiers de longue portée.

L'H. : *Comment les Japonais ont-ils perçu cette tutelle américaine ?*

K. P.-V. : Pour les Japonais, la présence américaine aura signifié le retour de la paix, de la prospérité et de la démocratie, après plus de dix ans d'une dictature militaire désastreuse à tous points de vue. On peut dire que l'occupation a été une réussite. Si la démocratie a pu s'imposer si facilement, c'est que le Japon avait connu une expérience démocratique au début du siècle. En 1889, le Japon est le premier pays non occidental au monde à se doter d'une Constitution. En 1890 est établi un Parlement, élu au suffrage censitaire. Des partis politiques et des syndicats se constituent au tournant du XXe siècle. En 1925, le suffrage masculin est établi, y compris pour les sujets coréens. Les Japonaises obtiennent le droit de vote en 1945, peu de temps après les Françaises (1944). Mais la rapidité de la démocratisation tient sûrement beaucoup au fait qu'en 1945 la population japonaise est très éduquée.

Le pacifisme a également pris racine très vite et très profondément. Au moment de la capitulation, le sentiment général, c'était le soulagement que la guerre soit enfin finie. Les Japonais avaient l'impression d'avoir été trahis par l'armée. A donc prévalu un rejet total du militarisme en phase avec les mesures voulues par les Américains. Et l'article 9 de la Constitution a fini par être sacralisé. Lorsque la guerre de Corée a éclaté, les Japonais ne voulaient pas en entendre parler : au point que MacArthur juge dans ses Mémoires que les Américains étaient allés trop loin dans l'éducation pacifiste...

L'H. : *Quelles sont les étapes du retour sur la scène internationale du Japon ?*

K. P.-V. : En 1956, le Japon entre à l'ONU, après la normalisation de ses relations avec l'URSS : un armistice est enfin signé entre les deux pays (mais aucun traité de paix, de sorte que, techniquement, l'URSS et le Japon sont restés en guerre jusqu'en 1989 !). L'armistice permet cependant aux prisonniers de guerre japonais de revenir, onze ans après la fin de la guerre (en août 1945, près de 600 000 Japonais étaient prisonniers dans les camps du Goulag ; beaucoup y sont morts).

Mais c'est bien la puissance économique du Japon qui le propulse, dans les années 1970, sur la scène internationale : en 1975, il est assis, à Rambouillet, à la table des six grands. Son PNB est alors au troisième rang derrière l'Allemagne, qu'il dépassera quelques années plus tard. En 1972, le journaliste Robert Guillain publie *Japon, troisième grand* et Ezra Vogel *Japon as Number One*.

L'H. : *Mais ce nouveau géant économique est resté un « nain politique » ?*

K. P.-V. : En effet, car le Japon n'a pas recouvré sa puissance diplomatique. Il n'a aucune marge de manœuvre par rapport aux États-Unis. Il s'aligne systématiquement sur toutes les grandes décisions politiques prises à Washington. Après le premier choc pétrolier de 1973, il a bien essayé de faire preuve d'un peu d'autonomie en adoptant des positions moins pro-israéliennes et plus pro-arabes – lui qui est très dépendant du pétrole. Mais l'essentiel est resté l'alliance avec les États-Unis.

Ce profil bas de la diplomatie japonaise est assumé et proclamé. Le pays revendique son pacifisme, son absence d'armée. Même sur le plan économique, une trop grande puissance inquiète les Japonais dans la mesure où elle pourrait mettre en péril les liens américano-japonais. Dans les années 1980, alors que les relations économiques avec les États-Unis commençaient à se tendre et que le Japon était accusé de mener une guerre économique, les Japonais ne voulaient surtout pas devenir numéro un.

Remettre en cause l'alliance pro-américaine, même s'il y a eu des hauts et des bas dans la relation nippo-américaine, ce n'est pas possible. Pas quand on a comme voisins une Chine de plus en plus puissante et dont les intentions sont difficiles à lire ou une Corée du Nord incontrôlable.

L'H. : *Le grand ennemi du Japon, c'est la Chine ?*

K. P.-V. : C'est plus compliqué que cela. Les deux voisins, on l'a vu, sont de vieux rivaux. Mais les Japonais gardent un grand respect pour la Chine dans la mesure où elle représente la source de leur patrimoine culturel classique. Ce qui divise le Japon et la Chine de manière immédiate, c'est leurs régimes politiques opposés, et plus récemment le nationalisme antijaponais en Chine.

Les relations entre les deux pays ont été régularisées en 1972, juste après l'établissement de relations sino-américaines. Pendant des décennies le ressentiment antijaponais n'était pas exprimé ; la Chine de Mao n'a jamais réclamé de réparations pour les victimes de la guerre sino-japonaise. Les relations se sont tendues depuis 2001 sous les gouvernements Koizumi Junichirô et Abe Shinzô à cause des orientations politiques de ces Premiers ministres, mais aussi parce que le Parti communiste chinois perd sa légitimité, et retrouve des ressources politiques dans le nationalisme. Le nouveau Premier ministre japonais Fukuda Yasuo est lui très pro-asiatique et pour l'ouverture avec la Chine. Mais les relations restent fragiles.

L'H. : *Y a-t-il des risques de guerre ?*

K. P.-V. : Des tensions en tout cas. Face à la montée en puissance politique de la Chine, Tokyo cherche des soutiens auprès des grandes démocraties voisines. Le Japon s'est tourné vers l'Australie et à présent l'Inde. Mais si les tensions régionales s'affirmaient les Japonais pourraient se réarmer[3]. Ils voient bien le désastre en Irak ; ils ont conscience de la limite de la puissance américaine. Si les Américains donnaient un signe tangible de désengagement en Asie orientale, les Japonais se réarmeraient très rapidement.

L'H. : *Le vrai problème pourrait venir de la Corée du Nord ?*

K. P.-V. : Il y a la question de savoir si elle possède la bombe nucléaire. Les services secrets japonais sont assez bien renseignés. Il semble que les Nord-Coréens n'aient pas la technique pour développer un véritable armement nucléaire, mais on reste vigilant.

La plus grande inquiétude vient d'ailleurs : le pays est une bombe en soi ; la société est malade, les risques de famine sont chroniques (on a estimé que plus de 2 millions de personnes étaient mortes de faim entre 1996 et 1998). La Corée du Nord risque d'imploser, engendrant un déséquilibre régional, un afflux de réfugiés en Corée du Sud. Aussi le Japon, la Corée du Sud, mais aussi la Chine maintiennent-ils le pays sous perfusion. Si la Corée du Nord s'écroule, le prix à payer pour le Japon serait très lourd.

L'H. : *L'économie, c'est aussi un instrument de puissance ?*

---

3. Rappelons qu'ils ne disposent aujourd'hui que d'une armée défensive de 250 000 hommes environ ainsi que de forces d'interposition généralement déployées sous l'égide de l'ONU.

K. P.-V. : À l'échelle régionale certainement. L'économie japonaise reste très importante. Son PNB vient juste d'être dépassé par celui de la Chine. Mais le PNB par habitant du Japon est équivalent à celui des pays les plus riches d'Europe tandis que le PNB par habitant chinois continue d'être comparable à ceux de pays en développement. Par son niveau de vie, et par sa capacité technologique, le Japon n'est pas un « pays émergent » et continue donc d'être la seule puissance du G7 dans la région[4].

L'H. : *Puissance économique désarmée, quelle influence peut bien avoir le Japon ?*

K. P.-V. : Il y a l'aide humanitaire pour laquelle le Japon dépense beaucoup. La Chine a longtemps et beaucoup bénéficié de l'aide japonaise au développement ; ce n'est qu'en 2007 que celle-ci a été supprimée. Le Japon est aussi le premier donateur de l'Indonésie.

La Banque asiatique de développement, la BAD, la grande banque de développement régional fondée en 1966, est fortement investie par le Japon. Cette politique de développement est une forme de politique de puissance.

Cela ne semblait pas toujours suffisant aux yeux de certains Japonais comme à l'étranger. Au moment de la première guerre du Golfe, en 1991, les États-Unis ont fait peser une pression énorme sur le Japon pour qu'il intervienne, sous une forme ou une autre. L'opinion publique américaine accusait les Japonais de mener une « politique du chéquier », payant mais refusant d'aller au combat.

Au Japon, le débat a été intense. Une majorité continuait de s'identifier au pacifisme post-1945. Une partie

---

4. Cf. K. Postel-Vinay, « Le Japon, une puissance paradoxale », *Questions internationales* n° 30, mars-avril 2008.

des jeunes Japonais, les plus à droite, proposaient de supprimer l'article 9 et voir le Japon devenir une puissance normale. Troisième voie, Ozawa Ichirô, qui était alors une des étoiles montantes du Parti libéral démocrate (PLD), a prôné l'idée de « puissance civile » : contribuer aux grands problèmes du monde, en particulier environnementaux, cesser d'être un nain politique, mais de façon civile. Le protocole de Kyôto, qui comme son nom l'indique, a été proposé par les Japonais et adopté en 1997, va dans ce sens.

Surtout, en 1992, la loi sur les opérations de maintien de la paix (PKO, *Peace Keeping Operations*) est votée : l'aide humanitaire japonaise peut prendre la forme d'interventions « militaires ». Le Japon a ainsi pu participer à plusieurs missions de l'ONU, la première au Cambodge à partir de septembre 1992[5].

Au lendemain du 11 septembre 2001, une loi antiterroriste est votée, permettant d'accroître le champ d'action des forces d'autodéfense japonaises mais toujours dans un cadre strictement humanitaire. Cela a permis d'apporter un soutien logistique aux États-Unis durant leur attaque contre l'Irak. Cette mesure a été voulue par le Premier ministre très pro-américain de l'époque, Koizumi Junichirô, qui était prêt à soutenir inconditionnellement l'administration Bush – l'opinion publique était, elle, majoritairement défavorable à l'intervention en Irak. L'ensemble de sources de pouvoir non-militaires (économiques, humanitaire mais aussi culturel) représente ce qu'on appelle le « soft power ».

L'H. : *Diriez-vous que le Japon aujourd'hui est une puissance ?*

---

5. Un Japonais y a trouvé la mort, créant un grand choc dans l'opinion (c'était le premier soldat japonais mort depuis 1945).

K. P.-V. : S'il y a une puissance japonaise, c'est une puissance « postmoderne », qui n'est pas fondée sur le rapport de force. Elle se fonde sur l'économie, la culture, la capacité d'intervention dans les institutions internationales sur les questions d'environnement, d'aide humanitaire, de promotion de la démocratie. Le Japon est très présent à l'ONU dont il est un des très gros contributeurs (il n'a d'ailleurs pas renoncé à obtenir un siège permanent au Conseil de sécurité). L'Organisation mondiale de la santé (OMS) et le Haut-Commissariat aux réfugiés ont longtemps été tenus par des Japonais ; l'envoyé spécial de l'ONU en ex-Yougoslavie était un Japonais.

Les Japonais agissent souvent dans les coulisses, avec discrétion. Ainsi dans les comités parallèles aux réunions de l'Asean+3 (l'Association des nations de l'Asie du Sud-Est à laquelle se joignent le Japon, la Chine, la Corée du Sud[6]). Ils y discutent des manières de soutenir les ONG, la société civile pour aider les mouvements démocratiques.

Mais est-ce que le monde est prêt pour cette forme d'intervention ? Pour une puissance qui fonctionne par la loi, par le droit, par la consultation, et non par la force ? Je n'en suis pas sûre. On a pu le penser durant une courte période, entre la chute du mur de Berlin et le 11 Septembre : on a cru à la gouvernance globale, au triomphe du multilatéralisme. Sur ce plan, le Japon est proche de l'Union européenne (UE) : l'un et l'autre croient au pouvoir par la norme (imposer au monde des normes économiques, financières, écologiques). En ce sens, le Japon, comme l'UE sont ce que j'appelle des « puissances paradoxales ».

---

6. Créée en 1967, l'ASEAN regroupe l'Indonésie, la Malaisie, les Philippines, Singapour, la Thaïlande. Les rejoignent Brunei, le Vietnam, la Birmanie, le Laos et le Cambodge.

L'H. : *Le Japon ne souhaite-t-il pas devenir une puissance « normale », dotée d'une véritable armée ?*

K. P.-V. : Les Japonais peuvent aujourd'hui discuter de l'article 9 de la Constitution, de son interprétation, de ses amendements possibles – c'est nouveau. Mais ils ne sont pas prêts, dans leur grande majorité, à abandonner le pacifisme. Année après année les sondages d'opinion montrent que la majorité des Japonais reste attachée à l'article 9. Je ne crois pas possible de mobiliser la population japonaise sur une position de puissance classique. Et le spectre d'une guerre avec la Chine n'est simplement pas possible.

Liste des auteurs

Lionel Babicz est maître de conférences à l'université de Sydney. Il est notamment l'auteur d'un ouvrage sur *Le Japon face à la Corée à l'époque Meiji* (Maisonneuve et Larose, 2002). Ses articles ont été publiés sous les titres « Le jour où le Japon a conquis la Corée » dans L'Histoire n° 194 (décembre 1995), « 1904 : le Japon attaque la Russie » dans L'Histoire n° 284 (février 2004) et « 1889, la première Constitution » dans L'Histoire, n° 333 (été 2008).

Jean-Marie Bouissou est directeur de recherche à Sciences-Po (Centre d'études et de recherches internationales). Il a notamment publié *Quand les sumos apprennent à danser. La fin du modèle japonais* (Fayard, 2003), *Le Japon contemporain* (Fayard, 2007, direction d'ouvrage) et *Manga. Histoire et univers de la bande dessinée japonaise* (Philippe Picquier, 2010). Il est le fondateur du Manga Network (http://www.ceri-sciencespo.com/themes/manga/index.php) Son article a été publié sous le titre « Le manga, enfant de la Bombe » dans L'Histoire n° 333 (été 2008).

Guillaume Carré est maître de conférences à l'EHESS. Il a notamment participé à une *Histoire du Japon, des* *origines à nos jours* (Hermann, 2001). Ses articles ont été publiés sous le titre « Le seppuku : la mort sur ordre », dans L'Histoire n° 361 (février 2011) et « 200 ans de fermeture » dans L'Histoire n° 333 (été 2008).

Francine Hérail a été directeur d'études à l'École pratique des hautes études jusqu'en 1998. Elle a notamment dirigé *L'Histoire du Japon. Des origines à nos jours* (éditions Hermann, 2010). Son article a été publié sous le titre « Japon : les Mongols attaquent ! » dans L'Histoire n° 64 (février 1984).

André Kaspi, professeur émérite d'histoire de l'Amérique du Nord à la Sorbonne (Université de Paris I Panthéon Sorbonne), a notamment publié *Les Américains. Les États-Unis de 1607 à nos jours (*2 vols. Le Seuil, Points – Histoire, nouvelle édition 2008) et *Franklin D. Roosevelt (*Fayard, 1988). Son article a été publié sous le titre « Pearl Harbor : une provocation américaine ? » dans L'Histoire n° 101 (juin 1987).

Christian Kessler, historien, est professeur détaché à l'Athénée français de Tokyo et enseigne aux universités Kanagawa et Musashi de Tokyo. Il a notamment écrit *Le château et sa ville au Japon : pouvoir et économie du XVIe au XVIIIe siècle* (Sudestasie, 1995), *Le Petit Dictionnaire du Japon* (Desclée de Brouwer, 1996) et en collaboration *Dans les archives inédites des Services Secrets : un siècle d'histoire et d'Espionnage Français (1870-1989)* (L'Iconoclaste, 2010). Ses articles ont été publiés sous le titre « Japon : la dernière bataille des seigneurs de la guerre », dans

L'Histoire n° 249 (décembre 2000); « Kamikazes : Pour l'Empereur, contre l'Amérique » dans L'Histoire n° 299 (juin 2005); « Fallait-il bombarder Hiroshima ? dans L'Histoire n° 298 (mai 2005) et « Nationalisme et crimes de guerre au Japon. Le dossier Hiro-Hito » dans L'Histoire n° 239 (janvier 2000).

Sebastien Lechevalier est maître de conférences à l'École des hautes études en sciences sociales et fondateur de la Fondation France-Japon de l'EHESS (http://ffj.ehess.fr/). Il est l'auteur de nombreux articles sur l'économie et la société japonaises. Son article a été publié sous le titre « La vérité sur le "miracle" économique » dans L'Histoire n° 333 (été 2008).

Jean-Louis Margolin est maître de conférences en histoire contemporaine à l'université de Provende (Aix-Marseille-I). Il est notamment l'auteur de *Singapour, 1959-1987 : Genèse d'un nouveau pays industriel* (L'Harmattan, 1989) et de *L'armée de l'empereur. Violences et crimes du Japon en guerre, 1937-1945* (Armand Colin, 2007, réédition revue et augmentée sous le titre *Violences et crimes du Japon en guerre, 1937-1945*, Hachette-Littérature, 2009). Ses articles ont été publiés sous le titre « Massacres dans le Pacifique » dans L'Histoire n° 333 (été 2008) et « Nankin, 1937. Le premier massacre de la Seconde Guerre mondiale » dans L'Histoire n° 326 (décembre 2006).

François Macé est membre du Centre d'études japonaises de l'Inalco. Il a codirigé l'ouvrage collectif *Éloge des sources. Reflets du Japon ancien et moderne* (Philippe Picquier, 2003) et a écrit avec

Mieko Macé *Le Japon d'Edo* (Les Belles Lettres, « Guide des civilisations », 2006). Son article a été publié sous le titre « Le Japon est-il chinois ? » dans L'Histoire n° 333 (été 2008).

Mieko Macé est chercheur HDR au Centre de recherche sur les civilisations chinoise, japonaise et tibétaine. Elle a notamment publié en 2006 aux Belles Lettres, en collaboration avec François Macé, *Le Japon d'Edo*. Son article a été publié sous le titre « Du poisson et du riz » dans *L'Histoire* n° 333 (été 2008).

Franck Michelin est maître de conférences à l'université Meiji, à Tokyo. Son article a été publié sous le titre « Le procès des criminels de guerre japonais » dans L'Histoire n° 271 (décembre 2002).

Laurent Nespoulous est archéologue, maître de conférences à l'INALCO et associé au Laboratoire d'Archéologie de l'Université d'Ôsaka. Son article a été publié sous le titre « Une civilisation sans agriculture » dans L'Histoire n° 333 (été 2008).

Philippe Pelletier est professeur de géographie à l'université Lyon-II. Il est notamment l'auteur d'un ouvrage sur *Le Japon, géographie géopolitique et géohistoire* (Sedes, 2007) et sur *Le Japon, idées reçues* (Le Cavalier bleu, rééd. 2008). Son article a été publié sous le titre « Le paysage des extrêmes », dans L'Histoire n° 333 (été 2008).

Philippe Pons est correspondant au Japon pour *Le Monde*. Il est l'auteur *D'Edo à Tokyo, Mémoires et Modernités* (Gallimard, 1988) *Misère et crime au*

Japon du XVIIe siècle à nos jours (Gallimard, 1999), *Peaux de Brocard, Le corps Tatoué au Japon* (Le Seuil, 2000) et, en collaboration avec Pierre-François Souyri, *Le Japon des Japonais* (Liana Levi, 2002). Son article a été publié sous le titre « "Yakuza" : la mafia du Japon », dans L'Histoire n° 51 (décembre 1982).

Karoline Postel-Vinay est directeur de recherche au Centre d'études et de recherches internationales (Sciences-Po-Ceri). Elle est notamment l'auteur de *La Révolution silencieuse du Japon* (Calmann-Lévy, 1994) et *Le Japon et la nouvelle Asie* (Presses de Sciences-Po, 1997). Son article a été publié sous le titre « La puissance paradoxale » dans L'Histoire n° 333 (été 2008).

Pierre-François Souyri est professeur à l'université de Genève où il dirige la section d'études japonaises et enseigne l'histoire du Japon. Il est notamment l'auteur de *Le Monde à l'Envers, La dynamique de la société médiévale japonaise* (Maisonneuve & Larose, 1998), et de *Nouvelle Histoire du Japon* (Perrin, 2010). Il prépare un ouvrage *Moderne sans être occidental. Aux origines du Japon d'aujourd'hui* qui doit paraître prochainement. Ses articles ont été publiés sous le titre « Le temps des samouraïs » et « La révolution Meiji » dans L'Histoire n° 333 (été 2008).

Michel Vié est professeur émérite à l'Inalco. Il est notamment l'auteur d'une *Histoire du Japon* (PUF, « Que sais-je ? », 2009). Son article a été publié sous le titre « Pearl Harbor : la responsabilité américaine » dans L'Histoire n° 260 (décembre 2001).

Cet ouvrage a été composé par IGS-CP
à L'Isle-d'Espagnac (16)

*Achevé d'imprimer en septembre 2013
sur les presses numériques de l'Imprimerie Maury S.A.S.
Z.I. des Ondes – 12100 Millau*

Fayard s'engage pour l'environnement en réduisant l'empreinte carbone de ses livres. Celle de cet exemplaire est de : 0,650 kg éq. CO_2
Rendez-vous sur www.fayard-durable.fr

PAPIER À BASE DE FIBRES CERTIFIÉES

27-06-0697-6/04
N° d'impression : H13/49602L

Imprimé en France